小中一貫教育のマネジメント

地域ビジョンと学校評価の活用

耳塚寛明 監修　熊坂伸子 著

第一法規

監修の言葉

　熊坂伸子さんは奇跡の人です。

　戒能民江さん（お茶の水女子大学名誉教授）から「大学院の研究生として紹介したい人がいる」と連絡を受け，お目にかかり，熊坂さんの経歴を拝見したときの驚きは，いまも忘れることができません。弘前大学で生物学を学び，就職を経て，その後東北大学大学院で自治体経営をテーマに博士（経営学）号を取得したという学歴。岩手県滝沢村助役，岩手県普代村教育長という職歴。ありえません。いくら自治体経営を専攻したからといって，なんら実務経験を持たずに落下傘のように助役や教育長として役所に飛び込んで，職をまっとうできるものなのだろうか。いやそれ以前に，そういうポストを提示されたからといって，引き受ける人がいるのだろうか。いたのです，目の前に。

　そもそもすでに，博士号を持っておられ，著書もあり，その上教育長として2期8年にわたる実績のある方が，大学院の研究生として，いったい何を学びたいというのだろうか。私が指導すべきことなどあるのだろうか。疑問は尽きませんでした。が，強い熱意にほだされて，こういう人なのだから独力で研究を進めてくれるだろうと身勝手に考え，研究生としてお迎えすることにしました。

　2年間の研究期間はあっという間に終わろうとしています。この本の材料集めのための数次にわたるフィールドワーク。フィンランドへの視察。日本教育経営学会でのはじめての学会報告。熊坂さんは，行動力の点でも奇跡の人であることを実証しました。大学院のゼミにも参加しました。お客様としての参加などではなく，輪番の学術的報告をふつうに担当し，議論に参加しました。助役や教育長として役所に飛び込んでいったのとまったく同じように，畑違いの大学院に落下傘のように飛び降りてきた熊坂さんは，瞬く間に大学院での研究生活に適応し，こうしてたった2年間で研究成果をまとめて出版しようとしています。熊坂さんは奇跡の人です。ただこの奇跡は，地道で着実な努力によって成し遂げられたものにほかなりません。教育長として，児童・生徒，保護者，教師，地域住民の願いをよ

く聞き，実現の方途をいっしょに探し，一つ一つ課題をクリアしていく——こうした地道な一歩一歩を，大学院での研究生活においても大切にしたからこそ，研究成果を確実に手に入れることができたのだと思います。奇跡は必然の結果です。

　この本の主なテーマは小中一貫教育です。普代村教育長時代に岩手県ではじめて手がけたという小中一貫教育の実態と課題を，先進的な取組で知られる5つの地域での現地調査の結果を踏まえて，とくに学校評価をマネジメントに生かすという視点から明らかにしています。職業的研究者による専門書としてこの本を見ると，いくつか課題もあります。比較的評価の高い実践例のみならず，形ばかりの小中一貫に陥っている事例をさらに観察すれば，実践的なインプリケーションはいっそう豊かなものになったでしょう。また，事例を評価する根拠がやや薄弱な点も気になるところです。教育の成果のレベルで，より客観的な指標を蒐集することができれば，実証性がさらに高まったと思います。ただ，それらを熊坂さんの研究に起因する弱点と考えることは誤っています。そうではなく，日本の教育界が抱える課題がそのまま熊坂さんの研究に映し出されているととらえたほうが生産的であると思います。この点も含めて，教育界は熊坂さんの提言に耳を傾けてほしいと願っています。

　この文章のタイトルは「監修の言葉」としていますが，じつのところ，私は言葉の真の意味での「監修」に相当する行為をした記憶はありません。この本は，これまでの経験に裏打ちされた熊坂さんの目によって，丹念に事実を拾い集めた結果であり，分析も提言もすべてが熊坂さんの仕事として理解されるべきものです。

　最後に，熊坂さんの勇気と努力に，拍手を贈りたいと思います。熊坂さんのようなキャリアが存在し得たことは，日本社会もまだまだ捨てたものではないと教えているように思われます。

2017（平成29）年正月
耳塚寛明

まえがき

　2014（平成26）年3月に，岩手県普代村教育委員会教育長の職を2期8年務め任期満了で退職しました。その後は，東日本大震災復興支援のNPO活動などをして過ごしていました。2015（平成27）年10月からは，縁あってお茶の水女子大学大学院人間文化創成科学研究科研究生として2年間の再学習の機会を得ることができました。教育長時代に取り組んでいた小中一貫教育等の理論的な枠組みについて確認・研究してみたいという思いを抱き続けていたからです。

　学ぶということは「自分が何を知らないのか」ということの確認作業です。この2年間で私はこれまで気付かなかった多くの事実を知ることとなりました。

　一つは，もちろんその目的のために勉強を始めた小中一貫教育のマネジメントのあり方について，私が考えていたように，施設一体型の小中一貫教育こそがベストの選択ではないということ。施設分離型でも一体型でもどちらでもマネジメント次第でそのメリットを十分に生かすことができるということがわかりました。

　二つ目は，お茶の水女子大学教授の耳塚寛明先生の大学院ゼミで，教育社会学という初めての領域に足を踏み入れることとなったのですが，そこで学んだことは，少なくとも教育を善きもの子どもたちの未来と幸福の創生に100％資するものと信じて，教育界の一隅で過ごしたことのある私にとっては衝撃的な事実でした。私はそれまで何の疑いもなく，教育は社会の格差を解消するための最も建設的な営みであると考えていたのですが，実はそうとばかりも言えないこと。もっとはっきり言えば，教育は逆に社会の格差構造を増大させ固定させる役割を果たしている面が確かに存在するということでした。

　そして三つ目は，全国各地の学校現場を訪問したり，フィンランドの教育視察旅行等を経験してわかったことです。教育は様々な課題を抱えながらも，未来に向かって目を輝かせる子どもたちや，その成長を願ってひたむきに日々努力する多くの先生方のおかげで，やはり未来を照らす大きな

希望であると確信することができました。

　本書は論文ではなく，私の主観と願いが満載の「読み物」として上梓しました。教育を取り巻く社会はめまぐるしく変化し，その中で我が国の教育もゆっくりですが確実に変化し続けています。本書を手に取ってくださった方が，私と一緒にこの国の教育の今と未来について考える時間を過ごして，そして，少しでも幸せな気持ちになってくだされればと願っています。

2017（平成29）年8月

熊坂伸子

検証・小中一貫教育のマネジメント
~地域ビジョンと学校評価の活用~

監修の言葉

まえがき

第1章　小中一貫教育との出会い

1-1　　教育との出会い ……………………………………………… 2
1-2　　普代村の小中一貫教育が目指したもの ………………… 5
1-3　　小中一貫教育の現状と成果 ……………………………… 8
　1-3-1　中央教育審議会答申から ……………………………… 8
　1-3-2　小中一貫教育等についての実態調査の結果から ……… 10
　1-3-3　初等中等教育の学校体系に関する研究~報告書2~
　　　　　「小中一貫教育の成果と課題に関する調査研究」から …… 12
1-4　　本章のまとめ ……………………………………………… 16

第2章　諸外国との比較から見た小中一貫教育

- **2-1**　各国の学校制度と小中一貫教育 ……………………… 19
- **2-2**　各国の学校評価と日本の学校評価 ……………………… 24
  - 2-2-1　諸外国における学校評価 ……………………… 24
  - 2-2-2　我が国の学校評価 ……………………… 30
  - 2-2-3　諸外国と比較した我が国の学校評価の特徴 ……………………… 42

第3章　各地の小中一貫教育

- **3-1**　教育日本一の都市を目指して～つくば市～ ……………………… 48
  - 3-1-1　つくば市における小中一貫教育 ……………………… 48
  - 3-1-2　竹園東中学校の取り組み ……………………… 56
  - 3-1-3　つくば市の教育のこれから ……………………… 61
- **3-2**　ひとづくりから始まるものづくりのまち～三条市～ ……………………… 62
  - 3-2-1　三条市の小中一貫教育 ……………………… 62
  - 3-2-2　第二中学校区の取り組み ……………………… 75

3-3	コミュニティ・スクールと小中一貫教育〜三鷹市〜	80
3-3-1	三鷹市の小中一貫教育	80
3-3-2	連雀学園の取り組み	86
3-4	横浜版学習指導要領で育てる「横浜の子」〜横浜市〜	93
3-4-1	横浜市の小中一貫教育	93
3-4-2	日限山中学校ブロックの取り組み	102
3-5	小さくてもきらりと光る小中連携〜三好市〜	103
3-5-1	三好市の教育	106
3-5-2	東祖谷小・中学校の小中連携教育	116
3-5-3	三好市におけるこれからの小中連携・一貫教育	124

第4章　小中一貫教育のマネジメント

4-1	小中一貫教育の学校評価	129
4-1-1	つくば市の事例	129
4-1-2	三条市の事例	143
4-1-3	三鷹市の学園評価と学校評価	159
4-1-4	横浜市の学校評価	168
4-1-5	三好市の学校評価	184

4-2	学校評価による小中一貫教育のマネジメント	195
4-2-1	事例分析と比較	196
4-2-2	考察と提案	203

第5章　我が国の教育の将来を考える

5-1	フィンランドの教育制度に学ぶ	221
5-2	我が国の教育の将来	232
5-2-1	OECDの評価	233
5-2-2	小中一貫教育とローカル・スタンダード	236

あとがき

第1章
小中一貫教育との出会い

　この本のテーマは小中一貫教育なのですが，そもそもなぜ小中一貫教育を取り上げるのかについては，私の個人的な体験から話さなければなりません。

　私は，2006（平成18）年4月に岩手県普代村の教育長に就任しました。その少し前に，岩手県内の市町村長や市町村議会議長対象の男女共同参画トップセミナーが県主催で開催され，私はそのパネリストの一人として出席させていただいたのですが，その時の私の発言に関心をもたれての就任要請だったそうです。

　元々，自治体経営の研究者で，研究の一環で訪問した滝沢村（現：滝沢市）で，村長さんと意気投合して助役の仕事を約2年間務めたことがありましたが，教育行政に関しては全くの素人でした。

　岩手県では，教育長といえば校長経験者が多いのですが，校長どころか教員の経験さえもなく，無謀といえば無謀な挑戦でした。

　私は，こう考えていたのです。助役は住民の皆さんが求める地域像，希望する自治体像を実現するために，一つ一つの課題をクリアしていくのが仕事。そのために何をすべきか，何を考えるべきかは，住民の方々の声をよく聞きながら考えればおのずとわかるはず。教育行政も同じこと，児童生徒，教職員，保護者，地域住民の方々が求める教育とは何か，望む地域のあり方は何かを聞きながら，一緒に探して受け止めてその実現のために努力すればいいのだと。答えは，地域にあるのだと。

1-1　教育との出会い

　普代村は岩手県の沿岸部，陸中海岸国立公園の北部に位置する人口3,000人余の小さな村です。

　就任当時，村内には中学校1校と小学校4校がありました。最初にしたことは地域を知ること，学校を知ること，子どもたちを知ることです。毎日のように出かけては，地域の人たちと言葉を交わし，子どもたちとおしゃべりをし，校長室にもお邪魔しました。

　校長先生一人一人と膝を交えて話をする中で，少子化が進み翌年には児童数が3人になってしまう小学校の校長先生から「何とかしてください」という悲鳴にも似た声があがりました。確かに，地域にとって学校の存在は大切なものですが，かといってあまりにも小規模では，学校教育の体をなさないのではないかと危惧しました。

　子どもにとって大人との付き合い以上に同年代の子ども同士の交流が大切なのは言うまでもありません。子ども同士の切磋琢磨の中で，生きるために必要な優しさやたくましさが育まれていきます。何人かの保護者と話をすると，保護者の中にも心配する声が多数ありました。

　早速，村民全戸アンケートを実施しました。すると，回答者の8割以上が小学校の再編統合を早期に検討すべきと回答しました。けれども，少数ながら検討そのものに反対する意見もありました。特に統合されると予想される地区の住民からの自由意見欄には，地域から学校が消える寂しさが綴られていました。反対意見が多ければ検討に入ることさえ難しいと考えていましたが，大方の意見が，教育委員会の動きの遅さに対するお叱りでしたので，少数意見も考慮しながらまずは検討に入ることにしました。

　住民公募委員も含めた検討委員会の結論は，急を要する学校の統合を早期に実施し，その2年後には村内で小学校1校に統合するというものでした。

　前述のように，学校統合には地域から学校が消える寂しさや不安がつき

ものです。少しでも多くの住民，保護者，そして児童自身が前向きに受け入れることのできる統合にしなければなりません。そのためには，学校統合をゴールとするのでなく，村民皆で共有できるわかりやすい村の教育ビジョンを描き，その実現に向けての第一のステップとしての学校統合であるべきだと考えました。

普代村教育ビジョン

　学校統合はゴールではなく，普代村が目指すべき教育ビジョン実現のスタート地点と位置付けて，前向きな未来を示す必要がある。そう考えた私は，学校統合の検討と同時に，普代村の地域性に合った，普代村ならではの教育ビジョンの策定に取りかかりました。始まりは地域懇談会での村民の方からの一言をヒントにした，ささやかな私案でした。その案を村長他村幹部，村議会議員，校長会，住民懇談会等で多くの人々にお示ししながら意見をいただき修正を加える作業が約2年間続きました。

　そして，2008（平成20）年の秋，教育委員会の定例会議で委員のお一人から「もしも教育長が代わっても村の財産として残るような，正式な村の教育ビジョンにすべき」という意見が出されたのを契機に整理して，10月の教育委員会の定例会議に正式議案として提出しました。「普代村教育ビジョン」が正式に承認されたのです。このことが普代村の教育行政の大きなターニングポイントになったと考えています。

「普代型スクール・コミュニティ」構想

　2008（平成20）年10月に正式に普代村教育委員会の定例会議で承認された「普代村教育ビジョン」は，村の宝である子どもたちを守り育てながら，その限りない未来を学校と住民自身の手でしっかりと切り開き，支えながら，住民自身もまた，子どもたちと学校の姿から，地域をより良くし，住民自身がより良く生きる活力と勇気を生み出していこうとする，双方向の関わり合い，支え合いを基本的な理念としています。

その具体的な姿として，学校運営協議会を活用した開かれた学校を中心とする地域づくりとしての，「普代型スクール・コミュニティ」構想が提案されました。
「普代型スクール・コミュニティ」構想とは，具体的には
①小中学校は施設一体型の一貫校とし，施設は社会教育にも活用できる仕様とするとともに，地域住民が自由に出入りできる空間を設けて，地域に開かれた学校とすること。
②無認可保育所扱いの村立（保育型）児童館を教育委員会管轄とし，0歳から就学前の児童の保育と幼児教育，および子育て支援機能を一手に担う認定こども園（仮称：子どもセンター）とし，こども園から小中学校まで，村の人材育成方針を一貫させること。

図　普代型スクール・コミュニティ

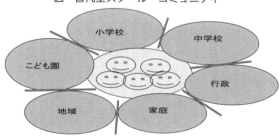

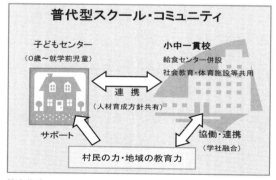

筆者作成

③学校には学校運営協議会を置き，保護者・地域が学校運営に関与し，評価も行うこと。
④校内で放課後子ども教室等を充実させ，図書室は村民利用と共有させるなどし，それらの運営に常駐のコーディネーターや，（有償・無償の）ボランティアの活用を図ること。
⑤ボランティアの募集や，学校と地域の連絡調整，さらには学校資源（人材や施設）を村の生涯学習にも活用するために，学校支援地域本部を置き，校内にコーディネーターを常駐させること。

等が，その主な内容です。普通はコミュニティ・スクールという言葉を使いますが，スクール・コミュニティ構想としたのは，学校だけの取り組みではなく，あくまでも学校を中心とした新しい地域づくりとしての提案であること，そして，学校は地域と離れてはより良く存在できないという気持ちを表したかったからなのです。

1-2 普代村の小中一貫教育が目指したもの

教育ビジョンの理念を受けて，2009（平成21）年度から普代村の小中一貫教育構想がスタートしました。

初年度は先進校視察や，一貫教育について学ぶ講演会などを実施。本格的な実施に入ったのは小学校の統合が完了し，小中の学区が揃った2010（平成22）年度からです。

「学校づくりは住民と共に」「普代村の一貫教育の目標は子ども達と村民の幸せ」を，基本的な考えとして，公募の村民を含む，村民，保護者，保育士，教員，行政，ときには中学生も交えて，普代村が小中一貫教育で育てたい「普代村の15歳像」を，

写真1-1　ワークショップの様子

筆者撮影

1年間，ワークショップの手法で話し合いました。話し合いの内容は，その都度「小中一貫便り」で村民に周知され，村民から広く意見を求めました。そして策定したのが，「育ちあい　助けあい　認めあい　"愛"がいっぱい普代っこ」という，普代村小中一貫教育のキャッチ・フレーズです。
　「育ちあい」は「夢を持ち，進んで学ぶ元気な子ども」，「助けあい」は「思いやりを持ち，心をひらいて笑顔であいさつする子ども」，「認めあい」は「自信をもち互いの良さを知り，共に生きる子ども」を意味し，それぞれ，村の課題である「学力向上」「コミュニケーション力向上」「自尊感情の涵養」を目指しています。写真1－1は7回開催されたWSの様子です。

　2011（平成23）年3月にあの東日本大震災が発生しました。普代村は高さ15.5mの普代水門と，同じく15.5m高の防潮堤のおかげで，被害は海岸・港湾・漁業施設等に限定され，学校や民家は守られました。しかしながら，通学路には水門の高さを優に5mは超えた津波によって瓦礫が散乱し，当然ながら，海に近い学校に通わせることに対する不安が，保護者・地域住民の間で高まっていきました。

写真1－2　地震発生後に港を襲う津波

写真提供：普代村漁業協同組合

写真1－3　子ども向けの避難指示看板

写真提供：普代村教育委員会

　小中学校の避難マニュアルの見直し，当面のスクールバスによる安全区域までの輸送，小学校裏山への避難路整備，通学路の各所に子どもでも避難経路がわかる看板の設置，小学校校庭の嵩上げ工事，中学校からバイパス道路への避難階段の建設等々，次々に安全対策を打ち出しながら，当初の予定どおり，4月には認

定こども園「普代村立はまゆり子ども園」を開園させました。写真1－2，1－3は地震発生20分後に普代村の港を襲う20mの津波と，震災後各所に設置された子ども向けの避難指示看板です。

　2012（平成24）年には，小中学校の教員全て（校長，副校長，養護教諭等は除く）を小中兼務発令とし，小中乗り入れ授業や，交流授業を増やしていきました。秋に小中学校の同時学校公開を行い，広く県内外に，小中一貫教育導入の経緯と成果を発信しました。
　この取り組みの一番の成果は，教員の授業力の向上と，住民の皆さんが学校への関心を高めてくださったことにあります。地域の関心が学校に向けられ，学校が孤立せずに開かれることこそが，非行やいじめを防ぐ最も有効な方法であると同時に，教員や児童生徒の授業意欲を高める，最善の方法であると確信した1年でした。

　2013（平成25）年度秋には，「はまゆり子ども園」の初めての公開を行い，普代村の幼児教育のスタートと幼小連携の試みを広く発信しました。
　また，海に近い場所にある小中学校は，津波の危険のない高台への一貫校建設に向けて，官民あげての準備が開始され，小中学校の教員が小中一貫教育の進め方について意見を交わすWSを開催したり，小中合同の挨拶運動をしたりしました。写真1－4は小6と中1の合同の音楽の授業風景です。

写真1－4　小6と中1の合同の音楽の授業風景

撮影：菊池一章

　これらの取り組みの中で，岩手県教育委員会の支援もあり，算数と数学の連携に特に力を入れました。その結果，明らかに算数・数学の学力の向上が見られ，その効果は次第に他教科にも広がっていきました。ま

た，地域の関心が学校へ向けられる機会が多くなったことで学校の風通しの良さが子どもたちの問題行動の抑止につながっていると感じました。

　学力の向上は見られたものの，それが小中一貫教育の成果と言いきれるものなのか，また，不登校やいじめについてはもともと普代村の規模では発生数が少ないので，中1ギャップの解消効果が出ているのかなど，普代村の小中一貫教育による効果を示す客観的なデータは存在しません。けれども，全国規模で見れば，小中一貫教育の関心は学力の向上のみならず，児童生徒の問題行動の減少にも効果が期待できると感じています。実際はどうなのか，これまで公にされた文部科学省等の調査報告書などから確認していきます。

1-3　小中一貫教育の現状と成果

　近年，小中一貫教育については，教育再生実行会議や中央教育審議会等において「学制改革」が議論のテーマとなっており，喫緊の政策課題の一つとなっています。教育再生実行会議の第五次提言（平成26年）や中央教育審議会の答申「子供の発達や学習者の意欲・能力等に応じた柔軟かつ効果的な教育システムの構築について」において制度化が提案され，「学校教育法」の改正が行われました。これにより，2016（平成28）年4月より小中一貫教育を行う新たな校種である義務教育学校が制度化されました。

　このような小中一貫教育をめぐるめまぐるしい政策動向の根拠とされる，最近の三つの資料から，我が国の小中一貫教育を取り巻く現状認識を，学力向上，不登校やいじめの減少等を中心にまとめてみました。

1-3-1　中央教育審議会答申から

　2014（平成26）年12月，中央教育審議会は少子高齢化やグローバル化の進展に伴う厳しい時代を生きる子どもたちに，子どもの能力や可能性を引き出すとともに，自信を育む教育の実現を目指した学校制度の提案を行い

ました。

　その中で大きな部分を割いて小中一貫教育の制度化に触れています。

　この審議に先立って，文部科学省では「小中一貫教育等の実態及び成果・課題の分析に関する協力者会議」における検討を踏まえて，国立教育政策研究所の協力を得ながら大規模な実態調査を行いました。この「小中一貫教育等についての実態調査」（平成27年2月，文部科学省：後述）によって，「学力向上」「不登校・いじめ等の減少」に関してもかなりのデータが集められています。

　答申によれば，全国各地で進められている小中一貫教育の背景として次の五つがあげられています。

　①教育基本法，学校教育法の改正による義務教育の目的・目標規定の新設
　②近年の教育内容の量的・質的充実への対応
　③児童生徒の発達の早期化等に関わる現象
　④中学校進学時の不登校，いじめ等の急増など，「中1ギャップ」への対応
　⑤少子化等に伴う学校の社会性育成機能の強化の必要性

　これらの中で②は，いわゆる「ゆとり教育」からの転換を目指した2008（平成20）年の学習指導要領改訂における，教育内容の質と量の充実（増加）に対応するために，小中学校の教員が連携して，長期的な視点に立ったきめ細やかな指導の充実などの学習指導の工夫に取り組んでいる例も多いとみています。そしてこのような取り組みを行いやすくするために，それぞれの学校等の実情に応じた形で小中一貫教育の推進が図られていると認識しているのです。

　また，④については小中学校の教育活動の差異が児童生徒の発達状況と過度にずれた場合に，いわゆる「中1ギャップ」の背景となり得るとの認識をもち，小学校から中学校への接続をより円滑なものとするために，小中学校間での柔軟な教育課程の編成や学習指導の工夫を行う観点から小中

一貫教育が取り組まれるようになっていると述べています。

　すなわち，中央教育審議会答申において，小中一貫教育推進の根拠として学習上の効果や，中1ギャップの解消はすでに，取り上げられており，その根拠となるデータも，明記されていたのです。

1-3-2　小中一貫教育等についての実態調査の結果から

　2014（平成26）年5月に実施された「小中一貫教育等についての実態調査」の報告書によれば，同調査の目的は「小中一貫教育等の実態を調査し，今後の小中一貫教育の制度化およびその推進方策並びに小中連携の一層の高度化方策の検討に資する基礎資料を得る」ものでした。

　ちなみに，「小中一貫教育」と「小中連携教育」の定義については，本報告書の定義が広く一般に使われていることから，本書でもこれに準じることとし，参考までに以下に示します。

　「小中一貫教育とは小中連携教育のうち，小・中学校が目指す子ども像を共有し，9年間を通じた教育課程を編成し，系統的な教育を目指す教育」

　「小中連携教育とは，小・中学校が互いに情報交換や交流を行うことを通じて，小学校教育から中学校教育への円滑な接続を目指す様々な教育」

　この調査の対象は全都道府県，全市区町村，および小中一貫教育を実施している全国の国公立小中学校です。その中で，小中一貫教育の成果や課題については，実施している市区町村と学校に聞いています。

　ちなみに，実施していない市区町村のうち今後実施予定と回答した市区町村は4％，実施を検討中が7％でしたが，その推進の目的に「学習指導上の成果」をあげた市区町村が95％，「中1ギャップの緩和など生徒指導上の成果」をあげた市区町村が96％でした。次に多いのが「9年間を通して児童生徒を育てるという教職員の意識改革」が94％で，この3項目のみが90％以上であることを見れば，小中一貫教育が学力向上や，中1ギャップの解消に有効であるという認識は，未実施のところも含めて，周知の事

実になりつつあると言えます。

　成果や課題等については，実施市区町村にも，実施校にも聞いています。より現場の声を反映させていると思われることから，実施校の回答を見ていきましょう。

　実施校の主なねらいとしては多い順に「生徒指導上の成果」98％，「学習指導上の成果」95％，「9年間を通し児童生徒を育てるという教職員の意識改革」92％，「教職員の指導力の向上」77％などです。

　では実際に取り組んでみて，学校の評価はどうであったのでしょうか。

　総合的な評価では実施校の10％が「大きな成果が認められる」としています。「成果が認められる」77％とあわせて，87％の実施校で成果を感じていることになりました。

　項目別の成果を見ると，学習指導関係では，「学習習慣の定着が進んだ」が「大きな成果」5％，「成果」57％で合計62％。「学習意欲が向上した」が「大きな成果」4％，「成果」56％で合計60％。「授業が理解できると答える児童生徒が増えた」が「大きな成果」4％，「成果」52％で合計56％等が50％を超えており，「都道府県または市町村独自の学力調査の結果が向上した」が「大きな成果」3％，「成果」42％で合計45％，「全国学力・学習状況調査の結果が向上した」が「大きな成果」2％，「成果」40％で合計42％，等とあわせて，学力向上の成果については，多くの学校が認識しています。

　一方，生徒指導上の成果については，「いわゆる『中1ギャップ』が緩和された」が「大きな成果」22％，「成果」67％で合計89％と，高い数値を示しており，「いじめの問題等が減少した」も「大きな成果」6％，「成果」51％が合計57％，「不登校が減少した」が「大きな成果」8％，「成果」46％が合計54％で，半数以上の実施校で成果を認識しています。ちなみに，「いわゆる『中1ギャップ』」と言われるものには，不登校やいじめ等のほか，暴力行為等も含まれています。

いじめや暴力行為等の認識には，教職員の主観や学校の理解に差があることを割り引いても，すでに小中一貫教育を実施している多くの学校で，不登校やいじめの減少を実感していることが本調査により明らかとなりました。

1-3-3 初等中等教育の学校体系に関する研究～報告書2～「小中一貫教育の成果と課題に関する調査研究」から

2015（平成27）年8月に国立教育政策研究所から発表されたこの報告書は，近年の政策動向を踏まえて，小中一貫教育の円滑かつ効率的な導入に資する目的で，その成果と課題を分析するために，小中一貫教育を先行実施する学校や教育委員会への訪問調査，および前述の文部科学省実施の実態調査の2次分析等を行った結果をまとめたものです。

報告書は3部構成となっており，第Ⅰ部が文部科学省実態調査の2次分析結果，第Ⅱ部が全国各地の先導的小中一貫教育の事例，第Ⅲ部が第Ⅰ～Ⅱ部から得られた小中一貫教育の取り組みと課題に関する考察のまとめとなっています。ここでは第Ⅰ部と第Ⅲ部から本書に関連のある部分について見ていきましょう。

第Ⅰ部では，今後，教育委員会や各学校において，小中一貫教育を推進する際に，それぞれの学校環境の事情に沿った客観データによる情報が有用となるとの認識から，学校環境を考慮した上での2次分析を行っています。

本報告書では小中一貫教育を実施している学校の環境を以下の六つの観点から分析しています。

①施設形態と学校の組み合わせによる施設類型

施設形態としては，施設一体型，施設隣接型，施設分離型およびその他（前記三つの混合や複数中学校区の合同での小中一貫教育など）の四つに分けて分析。教職員の移動や児童生徒の交流を考えれば，施設一体型や施設隣接型と施設分離型では具体的な取り組みに違いが生じること

が予想されます。

　また学校の組み合わせに関しては一対一（中学校1校と小学校1校）と一対多（中学校1校と複数小学校）が考えられます。

　文部科学省実態調査では，公立小中一貫校全体の4分の3を超える873校が施設分離型で，施設一体型と施設隣接型は合計しても2割にも達しません。また，施設分離型の中で学校の組み合わせは「一対一」が173校，「一対多」が700校となっています。

②経過年数

　ここ数年で急速に小中一貫教育の取り組みが拡大しています。約半数（53.3％）が，小中一貫教育を始めて3年以内です。多くの学校では小中一貫教育が始まったばかりであり，発展途上の段階にあります。4～6年経過が30.3％，7～9年が11.7％，10年以上が4.6％です。

③学年段階の区切り

　これはいわゆる「6・3」制を維持しているかそれ以外かということです。文部科学省実態調査段階では「6・3」制が72％，「4・3・2」制が26％，その他が2％でした。施設一体型に限ってみれば過半数が「4・3・2」制ですが，その他の施設類型では「6・3」制が大多数でした。

④学校規模：中学校の学級数

　小中一貫教育に取り組む学校は比較的小規模校が多いようです。中学校の適正規模とされる12～18学級に満たない学校が半数以上でした。5学級以下19.4％，6～11学級34.4％，12～18学級33.6％，19学級以上12.5％です。一対一の組み合わせに限定してみると，施設一体型では5学級以下が7割以上であり，施設分離型でも適正規模以上は2割程度にとどまっています。

⑤制度要件への適合状況：9年間の一貫した教育目標・カリキュラム

　義務教育学校等の制度化によって，この制度の枠内で小中一貫教育を行う際には「9年間の教育目標の明確化」と「当該教育目標に即した教

科等ごとの9年間一貫した系統的な教育課程の編成・実施」が求められることとなります。文部科学省実態調査の中にこの要件に対応した二つの取り組みを実施しているかを尋ねる設問があり，両方行っている場合は「適合あり」とし，そうでない場合を「適合なし」として分析しています。

全体では「適合あり」は4分の1程度ですが，施設一体型では6割に上ります。施設隣接型や施設分離型では2割程度です。

⑥地域環境（自治体規模および全域展開の有無）

参考情報として，小中一貫教育校のある自治体の規模や，自治体内での全域展開の有無を分析していますがここでは割愛します。

以上のような環境要因を設定した上で，文部科学省実態調査において成果や課題の自己評価を「大きな成果（課題）が認められる」「成果（課題）が認められる」「成果（課題）があまり認められない」「ほとんど成果（課題）が認められない」の4件法で尋ね，それぞれの環境要因とのクロス分析を行っています。

例えば，総合的な成果の自己評価の分布を施設形態別に分析すると，施設一体型，施設隣接型，施設分離型の順に総合的な成果を認識しやすい傾向が見られました。また，一対多よりも一対一の組み合わせの方が，より成果を感じているという傾向も見られました。

一方，総合的な課題の有無については，施設分離型，施設隣接型，施設一体型の順により多くの学校で課題を大きく認識しており，一対一よりも一対多の組み合わせの方がより課題を大きく感じる傾向がありました。

次に，施設一体型と施設隣接型の小中一貫教育において，学校関係者の小中一貫教育に関する成果の自己評価の状況と，成果と関係性の高い取り組みについて見てみます。

学習面では「授業スタイルの緩やかな統一」は「中1ギャップ緩和」に，

「学力調査等の合同分析・結果共有」は「全国学力調査結果での向上」という成果につながったと実感されていることがわかります。

また，人間関係固定化への取り組みとして「異学年交流の機会設定」や，「多様な教職員との関わり」「地域との連携」「いじめへの早期対応」などが，「不登校減少」や「自己肯定感の高まり」という成果項目と関連していることが示されました。

さらに教職員交流に関する取り組みと総合的な成果との関係では「小学校段階での教科担任制導入」「片方向・相互での乗り入れ授業の実施」「教職員の兼務発令」「校務分掌の合同担当」などの取り組みが，成果の自己評価を高めていることが示唆されました。特に「片方向・相互での乗り入れ授業の実施」は「授業を理解できる児童生徒の増加」に，「一貫教育コーディネーター役の存在」が「中1ギャップ緩和」に有効でした。

同様の分析が，一対一の施設分離型でも，一対多の施設分離型でもなされました。

まとめとして言えることは，ほとんどの取り組みについては施設類型に関係なく，取り組みを行った学校がより成果を感じられやすいということです。

第Ⅲ部では，小中一貫教育の取り組みと課題に関して考察されています。その中で興味深いのは，国立教育政策研究所が文部科学省実態調査とは別に独自に個別調査した先進事例からまとめた小中一貫教育への取り組みの流れです。本報告書によれば，各校の取り組みの流れは多様ですが，大まかにまとめると以下のようになります。

①市区町村内の教育課題等の検討の過程で小中一貫教育実施論
②小中一貫教育の実施構想や計画等の調査・研究協議する組織の設置
③基本構想や基本方針などの策定
④基本構想や方針に基づく実施計画を策定
⑤実施に伴う具体的な課題について検討する組織の設置と運営

⑥小中一貫教育の実施
⑦様々な方法を組み合わせた評価の実施と実施計画や実施要項の見直し
⑧評価・検証結果を踏まえた実施要項等の徹底

この一連の流れは学校経営のいわゆるPDCAサイクルに即していると考えられます。①〜④がP（計画），⑤〜⑥がD（実行），⑦がC（評価），⑧がA（改善）です。

1-4　本章のまとめ

ここまで，小中一貫教育について，私自身の経験や各種資料を参考にしながら概観してみました。

我が国の小中一貫教育の歴史は浅く，現場から経験が積みあげられて，近年やっと国の制度化が図られるところまできました。多くの実践例が蓄積され，いわゆる中1ギャップの解消や学力向上等に対する効果も認識されつつあります。多くの先進事例によって導入から実施までのプロセスは共有され，それぞれの地域や児童生徒の実態に即した導入と実施のノウハウも積みあげられてきています。

けれどもいまだに十分でないのは，小中一貫教育を導入後，いかに継続し発展させてその効果を維持していくかという，小中一貫教育のマネジメントの議論です。マネジメントには様々な要素が必要です。校長先生のリーダーシップや，教職員同士の意識の共有，教育委員会と学校の連携，さらには保護者や地域との関係等です。私は自治体経営における政策評価の研究の経験から，学校運営のマネジメントにおける学校評価の可能性に関心を寄せてきました。特に，新しい仕組みを取り入れていく際の，保護者や地域住民への説明責任や，関係者間の意識の共有，モチベーションの維持などが必須の小中一貫教育にあっては，そのマネジメントに特に学校評価の活用が有効であろうと考えています。国立教育政策研究所の報告書は，評価の実施と実施計画や実施要項の見直しについて，次のようにまとめて

います。「小中一貫教育はいまだ実践の蓄積が十分ではないゆえに，取組の評価・検証は様々な方法を組み合わせ実効性のあるものにすることが大切である。したがって，既にある各種の研究・協議機関等の活用ではなく，できるだけ多くの専門家等をメンバーとして客観的で取組の改善に結びつくような評価専門の組織を設置することも意義のあることだと筆者（筆者注：答申をまとめた委員）は考える。しかし，そうした取組をしている事例は極めて少ない」

確かに，小中一貫教育の導入や実施のノウハウについての議論は多く見られますが，評価と改善に関する具体的な議論はほとんどありませんでした。これは，小中一貫教育の揺籃期ともいうべき時期に現場を経験してきたゆえの実感かもしれません。評価と改善の議論を充実させて，小中一貫教育の導入期から定着と成熟の時期に移るために今後必要なのは，評価についての議論でしょう。

学校評価については，国のガイドラインもあり，それぞれの現場で多様な試みと報告がされていますが，小中一貫教育校に限って，さらに，その評価のあり方を考えてみたいと思います。

教育の現場を離れて2年以上が過ぎましたが，私のしてきたことの振り返りと検証をしてみたい気持ちが高まっています。そして私の関心は今，「学校評価を活用した小中一貫教育のマネジメント」に向かっています。

具体的には，
①小中一貫教育校の中で独自の学校評価に取り組む先進校を何校か聞き取り調査して，成果を検証したい。
②そして分析と検証，提言をまとめて，今後の小中一貫教育のマネジメントの参考に資するように具体化したい。
と考えました。

この後の第2章では，小中一貫教育に関連して世界各国における学校制度と学校評価の現状を概観します。続く第3章では私が訪問させていただ

いた五つの自治体と，それぞれの地域の代表的な学校での小中一貫教育の取り組みを紹介します。そして第4章では第3章で紹介した地域において小中一貫教育のマネジメントに学校評価をどのように活用しているのかを検証します。

〈参考URL〉
・中央教育審議会「子供の発達や学習者の意欲・能力等に応じた柔軟かつ効果的な教育システムの構築について（答申）」平成26年12月22日
http://www.mext.go.jp/b_menu/shingi/chukyo/chukyo0/toushin/__icsFiles/afieldfile/2014/12/22/1354193_1_1_1.pdf
・文部科学省初等中等教育局「小中一貫教育等についての実態調査の結果」平成27年
http://www.mext.go.jp/a_menu/shotou/ikkan/__icsFiles/afieldfile/2016/04/08/1369584_01.pdf
・渡邊恵子（研究代表者：国立教育政策研究所　教育改革・評価研究部長）「平成27年度プロジェクト研究報告書　初等中等教育の学校体系に関する研究報告書2『小中一貫教育の成果と課題に関する調査研究』」平成27年8月
http://www.nier.go.jp/05_kenkyu_seika/pdf_se ka/h27/1-1_all.pdf

第2章 諸外国との比較から見た小中一貫教育

　我が国では2016（平成28）年度から，義務教育学校が法制化され，明治時代以来の初等教育の6・3制に加えて9年制も選択できるようになりました。また，世界を見渡せば，6・3制，9年制以外にも多様な制度が存在することがわかります。

　本章では，第3章で概観する国内各地の小中一貫教育に先立ち，世界の学制と我が国の学制の特徴を比較します。また，第4章で述べる学校評価についても諸外国と我が国の現状を比較してその特徴をまとめておきます。

2-1　各国の学校制度と小中一貫教育

　ここでは，まず我が国の戦後の学制に影響を与えたアメリカおよびその他の主要な国々の学制を概観し，小中一貫教育が日本以外でも取り組まれてきたことを確認します。

諸外国の学校制度と小中一貫教育

　アメリカでも何度か学制の変更が行われていますが，その都度，改正の根拠や説明が示されてきました（アメリカでは州や，地方の教育行政単位である「学区（school district）」によって学校制度が異なります（二宮, 2014））。

- 8・4制…アメリカでもっとも古い制度と言われています。
- 6・6制…19世紀末に改革。中等教育期間が短すぎるという理由でした。
- 6・3・3制…20世紀初頭，オハイオ州で6年間の中等教育を一つの

学校で行うことは生徒の精神的身体的発達段階から好ましくないという理由で始めました。これが全国に普及していきます。
- 5・3・4制…1959年以降，6・3・3制が児童生徒の心身の発達状況に即していないという批判から改革されました。教科担任による教科教育の開始を早めたのです。現在最も多くの学区で採用しています。
- 4・4・4制…5・3・4制と同様に発達段階を考慮して，バリエーションが生まれました。
- 現在はその他に6・2・4制，7・5制もあります。

また，表2－1の文部科学省（2016）によれば，イギリスでは義務教育年限は5〜16歳の11年間です。初等学校6年間，中等学校5年間の6・5制が基本ですが，2・4・5制，3・4・4制，4・4・3制等も見られます。

フランスでは6〜16歳までの10年間が義務教育です。通常は小学校（6〜11歳）が5年間，コレージュと呼ばれる中等学校（通常11〜15歳）が4年間，リセと呼ばれる中等学校（通常15〜18歳）が3年間です。そのうち義務とされるのは16歳までです。

ドイツでは州ごとに様々な形をとっていますが，義務教育年限は9〜10年間が多くなっています。学校区分は一般的なものでは基礎学校（6〜10歳）が4年間ですが，その後はハウプトシューレ（10〜15歳）と呼ばれる普通教育学校が5年間，実科学校（10〜16歳）が6年間，ギムナジウム（10〜19歳）と呼ばれるエリート学校が9年間と分かれています。13年間の総合制学校（6〜19歳）もあります。その後普通教育学校または職業教育学校に進学します。基礎学校修了後，どこにも就学しない者は，18歳まで定時制の職業教育学校に行くことが義務付けられています。

韓国は日本と同様の6・3制を採用しています。

その他にも，アメリカ型に近いカナダ，イギリス型に近いイタリア，ス

第2章　諸外国との比較から見た小中一貫教育

表2-1　各国の義務教育制度の概要

	アメリカ	イギリス	フランス	ドイツ	韓　　国
根拠法	各州の州憲法及び教育法（または学校法）	1996年教育法	教育法典	連邦憲法	憲法，教育基本法，初等中等教育法
就学年齢	ほとんどの州で6歳または7歳（ほとんどの公立小学校は入学前1年間の就学前クラスを有し多くの児童が5歳から就学）。	法令上，義務教育は5歳に達したのちの最初の学期に始まる。通常5歳になる年度（4歳の間）に入学する（レセプション・クラス）。	法令上，義務教育は6歳に達する学年度に始まる。保護者または幼稚園の担任教員が申請し，各校の教員会議の審査に合格すれば5歳入学も可。	満6歳から始まるが，保護者の申請を条件に，基準日に満6歳とならない子どもにも早期就学を認めている。	法令上，6歳に達したのちの最初の学年から始まるが，優秀な児童に対しては早期就学（5歳）が認められている。
就学期間	各州で異なるが義務教育年限は9～10年間。開始年齢はほとんどの州で6歳または7歳。終了年齢は多くの州で16歳。	義務教育年限は5～16歳の11年間。初等教育6年間（5～11歳）。中等教育5年間（11～16歳）。	義務教育年限は6～16歳の10年間。初等教育5年間（6～11歳）。中等教育5年間（11～16歳）	義務教育年限は州によって9～10年間。学校段階区分は一般に基礎学校4年，中等学校5，6年または9年。その後，普通または職業教育学校に就学しない者は，通常満18歳まで定時制の職業学校に就学することが義務付けられている。	義務教育年限は6～15歳の9年間。初等教育6年間。中等教育3年間。
義務教育制度の対象となる学校の範囲	小学校，ミドルスクール，ハイスクールなど6-3(2)-3，5(4)-3(4)-4等，州・学区で異なる。	初等学校6年，中等学校5年が基本。このほか2・4・5，3・4・4，4・4・3などもある。	小学校5年（通常6～11歳），コレージュ4年（通常11～15歳），リセ3年（通常15～18歳）。義務教育は16歳まで。	基礎学校4年（6～10歳），ハウプトシューレ5年（10～15歳），実科学校6年（10～16歳），ギムナジウム9年（10～19歳）。総合制学校13年（6～19歳）。	初等学校6年，中学校3年。

出典：文部科学省ホームページ「各国の義務教育制度の概要」より一部抜粋，筆者修正

ウェーデン，ロシア，日本型に近い中国などがあります（図2－1参照）。

また，ロシアでは，普通教育学校は，都市部では11年一貫制（6歳半～17歳半）が多いですが，初等教育段階のみの「初等学校」や，1～9学年までの「基礎普通教育学校」のほか，5～11学年のみ，10・11学年のみの学校もあるということです（澤野，2014）。

そして，スウェーデンやフィンランドでは義務教育はおおむね7歳から始まりますが，基礎学校は制度上，9年一貫制です（渡邉，2014）。

このようにして見てくると，義務教育期間は日本をはじめとして9年間というのが多数であることがわかりますが，一方で学制は国によって実に様々で，小中一貫教育も特段珍しい制度ではないことがわかります。また，我が国においても現在の制度に至るまでに様々な制度の時代を経てきており，近年の義務教育学校制度化や小中一貫教育推進への動きは特段のことではなく，その時代，その社会状況にあった様々な制度が模索検討されていく中の，一つの選択肢であるように思われます。

我が国においても，児童生徒中心の学校制度見直しの一つとして義務教育学校の設置あるいは，小中一貫型小中学校の制度化が図られてきているものと考えることができます。

ここで重要なのは，我が国では義務教育学校，小中一貫型小中学校，そして従来からの6・3制の小学校や中学校と，設置主体である自治体が，それぞれの地域文化や住民意識を集約して制度選択が可能になってきたということです。つまり，従来どおりでも良く，先行事例の成果や課題を確認してから制度移行することもでき，さらに言えば，児童生徒・保護者は，各自がそれぞれの地域の学校のあり方を見極めて入学する学校すなわち居住する自治体を選択するという行動も可能になるということです。我が国の教育も今や多様性と選択可能性を目指す方向に向いていることは間違いありません。そうであれば，選択や決定の根拠となる学校評価の存在とそのあり方は，我が国ではもっと工夫されて論じられる必要があるのではないでしょうか。

第 2 章　諸外国との比較から見た小中一貫教育

図 2 − 1　諸外国の義務教育の期間

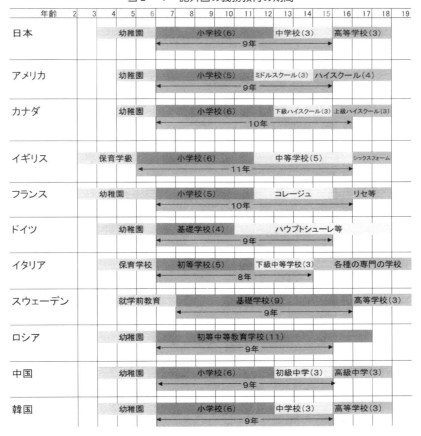

・ ←——→ が義務教育の期間
・国によっては、地域で学校制度が異なるなどの場合があり、その場合は代表的なもののみ記した

出典：文部科学省ホームページ「諸外国の義務教育の期間」

次節では，その学校評価について諸外国と我が国の現状を確認していきます。

2-2 各国の学校評価と日本の学校評価

学校評価は「子どもたちがより良い教育を享受できるよう，その教育活動等の成果を検証し，学校運営の改善と発展を目指すための取組」（文部科学省）で，2007（平成19）年に改正された学校教育法第42条においてその根拠となる規定が，第43条において学校の積極的な情報提供についての規定が設けられました。我が国の教育制度の大きな改革の第一歩ともいうべき小中一貫教育に取り組む学校については，あえてそのような改革に取り組むことについての説明責任を果たす意味で，小中一貫教育校ならではの学校評価のあり方を模索し，実施し，公表して，教育関係者のみならず児童生徒や保護者，地域住民，そして社会全体に向けてもその成果や課題を発信していくべきでしょう。

けれども，そもそも，説明責任を果たすためのツールとなるべき学校評価は，我が国ではどのような状況にあるのでしょうか。そして，参考とすべき諸外国の学校評価とはどのようなものなのでしょうか。本節では，最初に諸外国における学校評価の多様性を概観し，その後で，我が国の学校評価の現状と特徴を諸外国と比較して考えてみます。

2-2-1 諸外国における学校評価

イギリスの学校評価

まずは，イギリスでの学校評価の仕組みを小原（2014）に依拠して述べることにします。

イギリスでは，国の標準的なカリキュラムはありますが，日本の学習指導要領ほど厳格ではなく，学校に多くの裁量権が与えられています。その

分,学校は結果についての説明責任も大きく負っているのです。そのために,学校評価に関する優れたスキームと徹底した情報公開の制度がその説明責任を担保しています。

イギリスの学校評価の大きな特徴として School Performance Table と呼ばれる学校データの存在があります。これは学校に関する様々なデータを一つの表の形にして各学校間の比較が行えるようにしたものです。そのデータの中で最も重要だと考えられているのが,ナショナル・カリキュラム・テストと呼ばれる全国的な学力調査の結果です。

イギリスでは学習到達度は1年ごとに測るのではなく,決められたキーステージ（小学校1－2年生のK1,3－6年生のK2,中学校1－3年生のK3,4－5年生のK4の4段階）に応じて行われ,それぞれのキーステージの最後に学力調査が行われます。K1～K3ではナショナル・カリキュラム・テストが用いられ,K4では義務教育修了試験（General Certificate of Secondary Education：GCSE）が行われます。GCSE のスコアは生徒の卒業後の進学に大きな影響を与えます。これらのテストの結果はウェブサイトで公表され,自治体別に学校を検索できるようになっています。

テスト結果以外にも,児童生徒の性別比,無償給食を受けている児童生徒の割合,教職員数や財務状況など,多岐にわたる情報を比較することができるようになっています。

もう一つの仕組みは,外部監査です。イギリスでは学校に対する監査を行う組織として英国教育水準局（Office for Standards in Education, Children's Services and Skills：Ofsted）があります。Ofsted は政府から独立した組織で,実際に学校の授業を視察して,学校で行われている教育そのものに対して評価を行います。

Ofsted は1992年の教育法改正によって誕生しました。それ以前は地方教育当局（Local Education Authorities：LEA）所属の監査官がそれぞ

れの地域の監査を行っていましたが，全国的な統一基準がないことが問題となり，ナショナル・カリキュラムの制定をはじめとする教育の中央集権化の中でOfstedが誕生したのです。

　Ofstedの最大の役割は，全国統一の学校監査基準を作成し，一定の水準を保つことにあります。その内容は学校の説明責任を担保すること，質の向上を図ること，保護者の選択肢を広げることなど多岐にわたりますが，最も重要なことは，Ofstedによる監査は，学校が提供する教育の恩恵を直接受ける児童生徒や保護者のためのものであるということです。

　児童生徒や保護者のためにという方針を守るため，Ofstedは監査の前日の午後になってから，学校に監査の予告を行います。学校の通常のあるがままの姿を評価するためです。監査は2日間行われ，授業視察や校長先生等へのインタビューを行います。この際重要なのは監査官の「主観的な評価」をいかにして取り除くかということです。それを徹底することで，全国で統一した監査基準の確保につながると考えられているのです。

　客観的なデータとしてはナショナル・カリキュラム・テストの結果や，児童生徒の出席率，オンラインでの保護者アンケート，学校の自己評価などがあり，それらも組み合わせた上で総合的に評価します。

　監査終了後，その学校についてのInspection Reportを作成し，児童生徒の学力の到達度，指導の質，児童生徒の態度や安全管理，校長のリーダーシップとマネジメント等の項目について4段階で評価し，その結果はホームページで公開されます。レポートには，評価の理由，より良くなるためのアドバイス，学校改善の具体的ヒントなども同時に提示されます。

　評価はしばしば現場に負担感を生みますが，イギリスの学校評価はそれによって学校にインセンティブが生まれる仕組みを導入しています。つまり，4段階評価で上位の1または2と評価された学校には，それ以降Ofstedの監査は原則として入りません。さらに，イギリスでは学校選択制が一般的であるために，Ofstedが優良校としての「お墨付き」を与えることで学校はそれを大いにPRすることができるのです。一方，評価の低

い学校は監査の頻度が高くなり，学校改善のための研修やセミナーに出席しなければなりません。それでも改善しない場合には，LEAや政府が介入して，学校理事会の役員や校長を交代させることが法的に認められているのです。そして最終的には政府は学校の閉鎖を命じることもできます。

透明性を確保するイギリスの教育政策は「児童生徒や保護者のため」というしっかりとした方針のもとで行われています。我が国の学校評価に不足しているのはその視点ではないでしょうか。そもそも日本人には評価する，されることに対する抵抗感が根強いように感じられます。これは客観的に学校を外部から評価するスキームが成熟していないことが原因の一つと考えられ，その意味でイギリスのOfstedのあり方は，我が国の学校評価の今後のあり方に大きな示唆を与えるものと考えられます。

アメリカの学校評価

次に，アメリカの学校評価を見ていきます。

八尾坂（2002）によれば，アメリカでは，ハイスクールが普及しつつあった19世紀後半には，ハイスクールによって修業年限・教育内容・教員構成等に著しい差異がありました。そこで20世紀初頭から前半にかけて，大学入学資格の基準を大学と関係のある地域の何らかの機関が定めて，個々のハイスクールがこの基準に合致しているかどうかを社会的に認定するということが始まりました。これがアメリカで総合的な学校評価が発達した歴史的背景であると言われています。

認定としての学校評価の対象は①教育の理念・目標，②カリキュラム，③生徒指導関係，④教職員，⑤組織と運営，⑥施設・設備，⑦学校とコミュニティでした。さらに学校評価はこの伝統的な認定基準の存続の中でパフォーマンス（成果）評価が志向されます。パフォーマンス評価の対象は①生徒の学業成績，②学校管理職の経営行動，③学校文化・風土，④学校を基礎とした経営（School Based Management）のように領域分化して焦点化されていきました。

アメリカの学校評価にはアカウンタビリティ（説明責任）政策の必要性の考え方が背景にあります。けれども，それ以上に各州が成果重視を打ち出すようになった契機は1973年に連邦議会に提出された「教育改革に関する教書」であると言われています。連邦政府はそれまで年間10億ドル以上も費やして貧困児童生徒の多数に見られる能力遅滞を克服する補償教育政策を実施してきましたが，その成果は，わずか19％の児童生徒に読解力の向上が見られただけで，むしろ全体の3分の2の児童生徒の学力が低下していることが判明したのです。これを契機に，学校の授業成果について，より的確に測定できる新しい方法の開発が求められること，予算の支出に見合うだけの成果を学校側に求めていくこと，などが地方の教育関係当局の責任として自覚されるようになったのです。

アカウンタビリティの要求に伴って，教育成果に重きを置いた学校評価には大別して次の4つの基本的要素が含まれています。

①測定（measurement）…州基準に対する児童生徒の学力の到達度の測定
②報告（reporting）…学区・保護者・地域社会に対する学校教育の報告
③分類（labeling）…報償校・支援校・緊急学校改善校のどれに該当するかを確認
④救済（remedies）…成果のあがらない学校に対する人的・物的支援措置

2002年1月に，連邦政府は「どの子も置き去りにしない法（No Child Left Behind Act：NCLB法）」を施行しました。この法律は，全ての子どもたちに一定の学力を付けさせるために，各学校に厳しいアカウンタビリティを求めるもの（二宮，2014）で，州学力テストが全州で行われています。テストを受ける学年は州によって様々ですが，テスト結果は進級や卒業要件に利用されます。このテスト結果を報告している州は36州を超え，報告書の内容は児童生徒のテストスコア，卒業率，ドロップアウト率，保

護者の学校参加，教員の給与・資格・経験・出勤状況等多岐にわたっています。

報告結果を通して低い成果を示す学校を認定し「制裁」（市民への公表，教職員配置換え，閉校，学校管理の変更等），あるいは「支援介入」（外部評価チーム派遣，エキスパート教員の派遣，財源交付等）を講じています。また，高い成果を示す学校を補助金等で報償する州もあります。学力の底上げを図ろうとするこの政策は，オバマ政権になっても続きました。

このようなラベリングや制裁について，職員団体である全米教育協会は，教育成果をあげる動機付けよりも，汚名を着せられることによるインセンティブの低下の影響が大きいとして反対の表明をしています。また，成果重視によって学校間格差を拡大するとの指摘も一部にあります。

これらの報告書は全てではないものの，何らかの形で公表する方向にあります。納税者や保護者・教育関係者は学校が責任を果たす上で最優先の指標は「学校安全」であると考えています。日本では，校内暴力・いじめ・不登校に関する全国的データは公表されていますが，アメリカにはこれらのデータは存在しません。その他に重視される指標は「教員の資格」「学級規模」「卒業率」「ドロップアウト率」などです。「州統一テストの成績」や「大学入学テストの成績」は，それほど重視されていません。

さらに2015年4月，連邦議会上院の教育関連委員会は，初等中等教育法の改正法案「すべての子どもたちが成功するための法律（案）（Every Child Achieves Act）」を可決しました。この法律案は現行のNCLB法と同様，児童生徒の学力向上を目標としてアカウンタビリティを重視した州や学区の取り組みを支援するものですが，現行法で比較的厳格に定められていたアカウンタビリティの考え方や低迷する学校の改善策などは州の裁量で決定するとしています（文部科学省，2016）。

イギリスでは国が，アメリカでは各州が，それぞれ教育の質に対する責任を負い，国や州の制度として厳格な評価システムを構築しているのです。

2-2-2　我が国の学校評価

　一方，我が国においては，2002（平成14）年4月に施行された小学校設置基準等において，各学校は自己評価の実施とその結果の公表に努めることとされました。

　文部科学省は2006（平成18）年3月に，主として市区町村立の義務教育諸学校を対象に「義務教育諸学校における学校評価ガイドライン」を策定して，各学校の自己評価の取り組みの参考にするようにと呼びかけました。

　さらに，2007（平成19）年6月に学校教育法，同年10月に学校教育法施行規則が改正されて，自己評価・学校関係者評価の実施と公表，および評価結果の設置者への報告に関する規定が新たに設けられました。

　このことを受けて，2008（平成20）年，文部科学省は従前のガイドラインの記述を全面的に見直すとともに，それまで含まれていなかった高等学校を対象に加えて「学校評価ガイドライン〈改訂〉」を作成しました。

　さらに2010（平成22）年には，学校の第三者評価のあり方に関する記述を充実した新たな「学校評価ガイドライン〈平成22年改訂〉」としたところです。

注：「学校評価ガイドライン」は，その後，2016（平成28）年にも改訂されている。

　文部科学省が作成したガイドラインは，あくまでも各学校や学校の設置者が学校評価に取り組む際の参考に資するためのものです。したがって，全国各地，各学校での学校評価への取り組みは，その方法も考え方も実に多様であり，学校評価の意味が学校運営に十分生かされるように工夫しているところとそうでないところなど，学校の数だけ評価のあり方も存在しているのが現状です。

学校評価ガイドライン〈平成22年改訂〉のポイント

　2010（平成22）年7月に改訂された「学校評価ガイドライン〈平成22年改訂〉」の，従来のガイドラインとの大きな違いは，第三者評価のあり方に関する記述を充実させたところにあります。

それ以外は、つまり学校評価の目的、定義、自己評価や学校関係者評価のあり方とその公表の仕方などは従来どおりでした。

学校評価の目的として次の三つがあげられています。

①各学校が学校評価を通じて、自らの教育活動その他の学校運営について、組織的・継続的改善を図ること。

②学校評価の実施と公表により、説明責任を果たし、それにより保護者・地域住民等から理解と参画を得て、その連携協力による学校づくりを進めること。

③設置者が学校評価の結果に応じて、学校に対する支援や条件整備等の改善措置を講じることにより、教育水準の保証と向上を図ること。

また、その手法としては次の三つがあります。

ア自己評価…各学校の教職員が行う

イ学校関係者評価…評価委員会（保護者・地域住民等学校関係者で構成）が、アの自己評価の結果について評価する

ウ第三者評価…学校とその設置者が実施者となり、学校運営に関する外部の専門家を中心とした評価者により、ア、イも踏まえつつ、教育活動その他の学校運営状況について専門的視点から行う評価

このうちアは法令で義務とされていますが、イは努力項目、またウについては学校および設置者が必要と判断した場合に実施するとされています。

本ガイドラインでは、これらの評価の具体的な進め方等について、あくまでも「参考」としながらも事細かに説明されています。さらに、実際に評価の設計をする際の評価項目や評価指標を検討する際の視点となる例についても多数記載されています。

ところが、このガイドラインには、残念ながら評価に関する基本的な視点が欠けているように思われます。それは、学校がそもそも何のために存在するのかを考えれば自明のことですが、子どもたちの変容を評価の項目に取り入れる視点が決定的に不足しています。

［評価項目・指標等を検討する際の視点となる例］として、「教育課程・

学習指導」「キャリア教育（進路指導）」「生徒指導」等，学校運営における12の分野ごとに参考例をあげていますが，例えば「教育課程・学習指導」では，「各教科等の授業の状況」として「説明，板書，発問など，各教員の授業の実施方法」「視聴覚教材や教育機器などの教材・教具の活用」といった，「アウトプット」が多数あげられており，児童生徒の変容に関わる「アウトカム」項目はわずかに「（データ等）学力調査等の結果」「（データ等）運動・体力調査の結果」「（データ等）児童生徒の学習についての観点別学習状況の評価・評定の結果」の三つにとどまっているのです。他の項目ではこの傾向がさらに顕著で，「キャリア教育（進路指導）」「保健管理」「安全管理」等，全くアウトカム指標の例示がない項目もあります。

　文部科学省自身も言うように，あくまでも評価の中身は各学校の創意工夫のもとに行われるのであり，本ガイドラインはその参考に資するというのであれば，学校および設置者は，学校評価を有効に学校改善に役立てるために，評価の設計と指標に，子どもたちの変容（アウトカム）をどのように取り入れるのかを真剣に考えなければならないでしょう。

　小中一貫教育校の評価にあっても，それは同様です。9年間の連続という歴史的に新しい学校文化を創造する教育課程を編成しているわけですから，一般的な学校教育目標の達成という面での評価だけではなく，小中一貫教育という新たな視点から学校の教育目標が達成されているのかどうかを最重要項目として設定する必要があります。全国に多くの実践校があるといっても，まだまだそれぞれの地域においてはモデル校的な役割を担っているに過ぎないのが現状です。人々や社会の関心は，小学校と中学校が連携を超えて一貫して取り組む教育のあり方やその成果にあるはずですから，一般の学校以上に情報の発信者としての意識をもって学校評価の設計と実施を行い，その情報を詳らかに提供する責任があると言えましょう。

具体例「その1　あきた型学校評価システム」

　前述のように国はガイドラインを出したものの，実際の現場では取り組みにばらつきが見られます。そんな中で都道府県教育委員会が都道府県内の学校向けに，より具体的なガイドラインともいうべき指針を提案する事例がいくつか見られます。ここでは，その一例として文部科学省のホームページで「学校評価を普及，啓発することを目的に教育委員会が作成したパンフレット等」として一番最初に紹介されている「あきた型学校評価システムの推進〜学校（園）・家庭・地域が一体となった学校づくり〜」を見ていきましょう。これは，2008（平成20）年6月に秋田県教育委員会が示したもので，提案時期からわかるように，第三者評価については触れていません。

「あきた型学校評価システム」の基本的な考え

　秋田県では保護者に限らず，地域住民誰もが1日授業参観できる「みんなの登校日」等の取り組みを通して，学校・家庭・地域が一体となって，より良い学校をつくっていこうとする基盤が形成されてきました。「あきた型学校評価システム」は，当該年度に達成すべき目標の重点化と具体化を図り，目標達成のための具体的な取り組み内容や推進状況を保護者や地域住民に公表するとともに，保護者や地域住民の支援・協力を得て，PDCAサイクルの流れの中で，学校・家庭・地域が一体となって学校教育の充実・改善を図っていこうとするものです。

　この考えに沿って，実施にあたっては次の三つのポイントがあげられています。

　①市町村の課題や各学校の課題をもとに，<u>当該年度に達成すべき目標の重点化と具体化を図り，成果をできるだけ数値化して取り組む。</u>（下線：筆者）

　②目標達成のための具体的方策を保護者や地域に公表し，目標の達成を

図2-2 あきた型学校評価システムの進め方

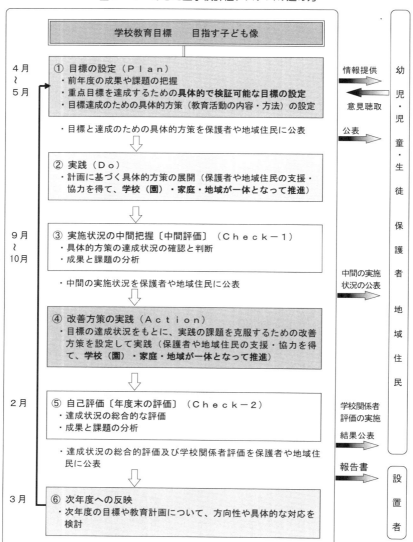

出典:秋田県教育委員会「あきた型学校評価システムの推進」平成20年6月

目指して学校（園）・家庭・地域が一体となって取り組む。
③具体的な取り組み状況や達成状況，評価結果を保護者や地域に公表するとともに，結果に基づいた改善策を講じる。

具体的な進め方

　学校教育法施行規則では，学校関係者評価の実施と公表は努力規定となっていますが，「あきた型学校評価システム」では実施する形で全体の進め方を提示しています（図２－２参照）。
　また，PDCAサイクルのそれぞれについて具体例をあげながら説明しています。

　目標の設定（Plan）
　①評価領域
　　教育計画の中から，重点的に対策を講じる領域をあげる。
　　「学習指導」「道徳教育」「生徒指導」「進路指導」「健康・安全教育」など
　②重点目標
　　市町村の課題や前年度の学校評価の結果，学校運営全般の点検等を基に，学校の特色づくりや直面している問題の解決を目指す項目を重点化して設定する。
　　「学力の向上」「体験活動の充実」「問題行動の減少」など
　③現状
　　重点目標についての前年度の達成状況と推進上の課題，幼児・児童生徒の状況，重点目標として設定した理由等を記述する。
　④具体的目標
　　重点目標を達成するために対策を講じる項目について，可能な限り数値目標を設定する。教育活動の中には数値化することが難しいものもあるので，その際には，できるだけ具体的な取り組み（「いつまでに，何

を実施する」等）を指標にする。
　「<u>各教科の学習意識調査において，『授業が分かる』と回答する生徒の割合</u>」「遅刻者数」等（下線：筆者）
⑤目標達成のための方策
　目標達成のために取り組む内容や方法を具体的に記述する。

実践（Do）
⑥具体的な取り組み状況
　目標達成のために取り組んだ内容を具体的に記述する。
⑦達成状況
　具体的な目標に対する実績を数値等で示す。

自己評価（Check）
⑧自己評価
　教職員による評価と児童生徒や保護者によるアンケート等を参考にして，最終的に校長が判断する。
⑨学校関係者評価の意見
　自己評価の結果について学校関係者評価委員会が評価した内容（意見）を記述する。

改善した実践（Action）
⑩自己評価および学校関係者評価に基づいた改善策
　自己評価（中間評価・年度末評価等）および学校関係者評価の結果をもとに，達成状況や実践の課題等を明らかにし，改善方策を記述する。

　「あきた型学校評価システムの進め方」では，さらに評価シートのひな形を示した上で，記入例も，幼稚園，小中学校，高等学校に分けて掲載しています。このようにして秋田県内ではほぼ統一した様式で各学校の評価

が進められていくことになります。

　この「あきた型学校評価システム」の優れている点は、目標設定が「具体的で検証可能」であることを目指していることと、「可能な限り数値目標を設定する」としていることです。またその一例としてあげている「各教科の学習意識調査において、『授業が分かる』と回答する生徒の割合」「遅刻者数」等もアウトカム指標としてふさわしいものです。

具体例「その2　岡山県矢掛町の学校評価」

　次に、学校の設置者である自治体が主体となって取り組んだ岡山県小田郡矢掛町の学校評価システムを見ていきましょう。実は前節で紹介した文部科学省のホームページには、全国から61の事例が紹介されていました（平成23年2月更新）。その内訳は秋田県など22の県、京都市、札幌市など36の市、そして和歌山県かつらぎ町など二つの町の事例でした。県はともかく、市レベルでも作成しているのは大きな市がほとんどです。町村に至っては、その多くが県の示したガイドラインを拠り所に取り組んでいるものと思われます。

　私が矢掛町の取り組みを知ったのは、現職当時、兵庫教育大学が主催した全国教育長セミナーに参加したときに、当時、矢掛町の教育長をされていた武泰稔氏の存在を知ったからです。武氏はとても温和な印象ながら、全国から沢山の教育長が集まった中でも特別な存在感を漂わせておられました。お話される言葉に説得力と自信が感じられて、どのような教育政策を展開されておられるのか大変興味をもちました。3日間のセミナーの間に、武教育長が学校評価に積極的に取り組んでおられること、その取り組みを本にされたことなどを知りました。当時、私は自治体経営における政策評価の重要性を認識していたので、教育においても学校評価の活用が学校改善に有効であることを感じていましたが、教育界全体で見れば、やらされ感や徒労感が現場に広がりかけていた時期でした。そんな中で、矢掛町の学校評価について熱い思いを語られる、武教育長の言葉に感動して、

早速本を求めたのです。

　文部科学省の研究指定を受けて取り組んだそのシステムづくりは，町レベルでは，人的にも時間的にも大変なご苦労があったと思いますが，大きな市や県が作成したガイドラインよりもずっと身近で，現場の教職員方の心に浸み込んでいくような，暖かい思いやりにあふれていました。

注：執筆当時の内容である。

矢掛町の学校自己評価

　矢掛町では，学校運営の改善をさらに図り，学校・家庭・地域の連携協力による学校づくりを進めるために，2006（平成18）年度から学校評価の研究に着手しました。約2年間の試行錯誤を重ねて，望ましい自己評価を行うためのポイントを以下の五つにまとめています。

①教職員全員で取り組む

　学校をより良くするために評価を行うという認識のもと，教職員全員が学校評価に参画できるようにする。その方法は各学校で工夫する。教職員の「やらされ感」「負担感」を軽減し，主体的に取り組めるようにすることに心を砕く。

②地域ぐるみ

　学校だよりやPTA総会，ホームページ等で広く学校評価結果を公表し，保護者や地域住民などにも学校に対する理解を深めてもらい，学校運営に参加する意識を高めていく。

③学校評価に基づく行政支援

　評価結果に基づく要望には，設置者の立場で教育委員会や町は最大限実現に努める。このことが評価者や教職員，地域住民等にとっての学校評価の有用感を高める。

④評価項目の重点化

　評価書の様式（表2－2参照）は各校の代表からなる学校評価委員会が決めるが，評価項目に関しては各校で重点化を図り，教職員の負担軽

⑤見通しをもった評価スケジュール

　1年間の評価スケジュールを明示し，見通しをもって評価に取り組む。学校評価書は12月末に提出することとし，PDCAサイクルの改善（Action）に十分な時間をかける。

出典：梶田叡一監修・武泰稔編著『「学校力」を培う学校評価　矢掛町の挑戦』三省堂，p. 25, 27, 2011年（下線：筆者）

表2－2　矢掛町の評価書の様式

平成〇〇年度　矢掛町立〇〇〇学校（幼稚園）学校評価書

（様式の図表：本校（園）のミッション、学級数、職員数、学級、家庭数、児童数、学校関係者評価委員、領域、中期目標、単年度目標、具体的計画、達成基準、自己評価、評価、分析・改善方策、学校関係者評価、来年度の重点・方針）

出典：梶田叡一監修・武泰稔編著『「学校力」を培う学校評価　矢掛町の挑戦』三省堂，p. 26, 2011年

矢掛町の学校関係者評価

　矢掛町の学校関係者評価は文部科学省のガイドライン並びに，2006（平成18）年度に策定された「矢掛町学校評価指針」に基づいて2008（平成20）年に策定された「矢掛町学校関係者評価委員設置要綱」に従って行われます。

　この要綱によれば「学校関係者評価を実施するために，幼稚園・小学校・中学校に学校関係者評価委員を置く」（第2条）また「学校関係者評価委員は，学校関係者評価を実施した後，学校関係者評価書を作成するものとし，作成した学校関係者評価書は，当該校へ提出する」（第3条2項）とされています。

　学校関係者評価委員会の1年間のスケジュールはおおよそ次のとおりです。
- 第1回学校関係者評価委員会…6月頃
- 第2回学校関係者評価委員会…11月初旬頃
  　自己評価結果等の説明，質疑応答，意見交換等。
  　委員の委嘱，学校関係者評価の意味と活動内容の説明，今年度の学校経営方針の説明，自己評価書案に基づく諸活動計画・評価項目・評価指標の説明等
- 第3回学校関係者評価委員会…11月下旬頃
  　学校関係者評価書作成。この会議で原案を作成し，字句修正等は委員長に一任する学校が多い。
- 第4回学校関係者評価委員会…12月初旬頃
  　校長に対する学校関係者評価書の提出と，懇談。委員長による教職員への説明と情報交換等を行う学校もある。

　矢掛町の学校関係者評価は，多くの評価委員が「学校の良さや頑張って

いるところはどこか，学校に対して自分たちがどのような貢献ができるか，という共感的・支援的な共通認識のもと」評価に望んでいるのが特徴です。多くの評価委員は決して教育の専門家ではありませんが，当該校や地域に対する有益な情報を多くもっており，地域の学校に対する愛着もあります。第三者評価や専門家による評価と違って，客観性や批判的な視点は少なくならざるを得ませんが，むしろ，学校運営改善のツールとしての学校評価において，それぞれの特性を生かした評価活動は，評価全体の豊かさと可能性を示唆するものだと矢掛町では肯定的に捉えているのです。

矢掛町の第三者評価

　矢掛町では，学校評価をより有意義なものとするために専門家を加えた第三者評価の研究を行いました。2011（平成23）年時点で，有効な第三者評価のあり方を次のようにまとめています。

　　第三者評価の基本的なコンセプト
　　　①評価者の専門性や客観性を生かす
　　　②学校の良さを引き出し，学校を元気にする
　　　③教職員や評価委員にとって負担感の少ない評価
　　　④地域に根差した評価

　評価委員については，教育委員会が，大学関係者・元校長・教育行政関係者・地域関係者の中から委嘱します。

　評価は，学校評価書，授業参観，保護者・児童生徒・教職員への聞き取り調査等を用いて1日で行うこととしました。

　評価実施後は，評価報告書を作成して各評価委員の点検・確認を受けた上で，評価リーダーが学校を訪問して評価報告書を手交します。この報告書を受けて教職員全体で説明を聞く学校が多いということです。

　矢掛町では，これらの評価システムが，「やる気のある学校が一層元気になる評価システム」であると自認し，より効率的で効果的な実践を重ねていきたいとしています。

ここまで見てきたように我が国の学校評価は，おおむね文部科学省のガイドラインに沿って進められています。義務とされた自己評価はほとんどの学校が実施しており，努力事項とされた学校関係者評価，第三者評価については教育委員会の強いリーダーシップのあるところと，そうでないところでは取り組みに差が出てきているようです。

　現状では，それぞれ県あるいは市区町村単位での教育委員会の独自の研究や試行錯誤により，少しずつ，学校関係者評価，第三者評価を行う学校が増えてきている状況にありますが，その手法，考え方は実に多様であることがわかりました。

2-2-3　諸外国と比較した我が国の学校評価の特徴

　本節では，諸外国と我が国の学校評価の現状を見てきました。

　イギリスでは提供する教育の質の保障は国にあるとの考えで，評価や支援の制度が確立されていました。イギリスでは16歳で義務教育が修了しますが，この時に国が定めた統一試験（General Certificate of Secondary Education：GCSE）を受けます。このGCSEの結果はその後の進学や就職の際の選考基準とされます。GCSEより上の資格を得たい場合や大学進学を希望する場合にはさらに，A-Levelという試験を受けます（国立教育政策研究所，2009）。大学はA-Levelの試験結果をもとに合否が決まります。日本ではそれらの代わりに上級学校の入学試験（高校入学試験や大学入学試験）で教育の質保証をしていることになります。

　また，分権化の進んでいるアメリカでは，分権の結果の説明責任としての学校評価があり，教育の質保証システムの中で大きな役割を果たしていましたが，日本では国が各学校の設置基準や「公立義務教育諸学校の学級編制及び教職員定数の標準に関する法律」，学習指導要領等を整備して指導することで義務教育水準の維持向上を図り教育水準の最低限の保障を行ってきました。アメリカのlocal controlに対して，日本はnational controlを機能させてきたのです。

そのような背景もあって，我が国では，学校評価の歴史そのものもまだまだ浅いといえます。

　ただし，国による教育の質の保証はどこの国であっても，最低限の教育に必要な機能を保障するものでしかありません。教育の成果という意味での教育の質は公的なあるいは国全体としての質保証システムを基礎に，各学校が保証しなければならない（徳永，2011）のです。

　日本でも教育活動の評価や改善はあくまでも学校とその設置者に委ねられています。そして，学校運営の不断の改善は待ったなしの我が国の課題です。

　大学の認証評価制度のように，将来は国が義務教育諸学校や高等学校を評価する仕組みや組織が誕生する可能性もないとは言えませんが，現状では，現行制度のもとで学校や設置者である市区町村が創意工夫しスキルアップせざるを得ないのです。

　評価という文化が我が国の価値観や教育という分野になじみにくいせいか，我が国における学校評価の進展は遅々としており，一部の熱心な自治体の取り組みが見られる程度でした。

　けれども，近年，小中一貫教育の導入を始めた自治体や各学校は，他に先駆けて取り組んだ小中一貫教育の成果や課題を明らかにして，戦後日本の教育制度の大きな改革にあたってのトップランナーとしての説明責任を果たすと同時に，現場で日々努力している教職員の労に報いたいというニーズもあって，競って学校評価に注目し始めています。そして多くの小中一貫教育導入校が，一般の学校以上に積極的に，また，前向きに小中一貫の学校評価に取り組み始めています。次章第3章では，成熟しつつある各地の小中一貫教育への取り組みを紹介し，続く第4章で，学校評価を活用した小中一貫教育のマネジメントについて考察していきます。

〈参考文献〉
・文部科学省『諸外国の教育動向　2015年度版』明石書店，平成28年

- 二宮晧編著『新版　世界の学校　教育制度から日常の学校風景まで』学事出版，平成26年
- 小原一晃「英国における学校評価制度について」『2013年度海外事務所インターンシップ研修報告書』財団法人自治体国際化協会，平成26年
- 澤野由紀子「大国ロシアの発展を支える学校　ロシア」二宮晧編著『新版　世界の学校　教育制度から日常の学校風景まで』学事出版，平成26年
- 梶田叡一監修・武泰稔編著『「学校力」を培う学校評価　矢掛町の挑戦』三省堂，平成23年
- 徳永保「教育の質保証をどう進めるか①」『月刊　高校教育』2011年11月号，学事出版，pp.74-75，平成23年
- 渡邉あや「高い学力と平等性を誇る学校フィンランド」二宮晧編著『新版　世界の学校　教育制度から日常の学校風景まで』学事出版，平成26年
- 八尾坂修「学校評価と教員のクオリティ向上」『CS研レポート』Vol.46，教科教育研究所，平成14年
- 吉田多美子「フィンランド及びイギリスにおける義務教育の評価制度の比較―学力テスト，学校評価を中心に」『レファレンス』No.676，国立国会図書館，平成19年

〈参考URL〉
- 秋田県教育委員会「あきた型学校評価システムの推進〜学校（園）・家庭・地域が一体となった学校づくり〜」平成22年
  http://www.pref.akita.lg.jp/www/contents/1215062164150/files/akita-gakkouhyouka.pdf
- 国立教育政策研究所「Ⅱ．教科書制度と教育事情　5．イギリス」『第3期科学技術基本計画のフォローアップ「理科教育部分」に係る調査研究　第Ⅱ部「理数教科書に関する国際比較調査結果報告」』pp.113-117，平成21年
  https://www.nier.go.jp/seika_kaihatsu_2/risu-2-205_kingdom.pdf
- 国立教育政策研究所「我が国の学校教育制度の歴史について」平成24年
  http://www.nier.go.jp/04_kenkyu_annai/pdf/kenkyu_01.pdf
- 文部科学省ホームページ→「各国の義務教育制度の概要」
  http://www.mext.go.jp/b_menu/shingi/chukyo/chukyo0/toushin/05082301/018.htm
- 文部科学省ホームページ→「学校評価ガイドライン〈平成22年改訂〉」
  http://mext.go.jp/a_menu/shotou/gakko-hyoka/index.htm
- 文部科学省ホームページ→「学校評価ガイドライン〈平成28年改訂〉」

http://www.mext.gc.jp/component/a_menu/education/detail/__icsFiles/afieldfile/2016/06/13/1323515_02.pdf
・文部科学省ホームページ→教育→小学校，中学校，高等学校→「学校評価について」
　http://www.mext.go.jp/a_menu/shotou/gakko-hyoka/index.htm
・文部科学省ホームページ→「諸外国の義務教育の期間」
　http://www.mext.go.jp/b_menu/shingi/chukyo/chukyo6/gijiroku/05030101/007/003.pdf

第3章
各地の小中一貫教育

　私は，2006（平成18）年から8年間，岩手県普代村教育委員会教育長の職にあり，在職中に，岩手県で最初の小中一貫教育の導入に関わった経験から，全国の小中一貫教育の状況に関心を寄せ続けてきました。2016（平成28）年度から義務教育学校が法制化されたのも，全国各地で取り組まれてきた小中一貫教育が，それぞれの地域で成果をあげてきたことが認められたからに他ならないと感じています。本章では成果と同時に課題も見えてきた全国の小中一貫教育について，私の訪問した五つの地域の事例を紹介させていただきます。

　ちなみにここでいう小中一貫教育とは，第1章で紹介した文部科学省の定義により「小中連携教育のうち，小・中学校が目指す子ども像を共有し，9年間を通じた教育課程を編成し，系統的な教育を目指す教育」のことを指します。

　また，ここで紹介する五つの地域は，私が2015（平成27）年10月22・23日に新潟県三条市で開催された「第10回小中一貫教育全国サミット in 三条」（主催：小中一貫教育全国連絡協議会，三条市教育委員会）に出席した折に情報収集し，小中一貫教育実施地域のうちで積極的に学校評価に取り組んでいる地域に取材依頼をしたものです。サミットに参加された各地の指導主事や，学校の現場の教職員の方々の生の声を参考にさせていただき，かつ，取材依頼に快く応じてくださった五つの地域の教育委員会と，教育委員会からご紹介いただいた学校です。他にも多くの地域で先進的な取り組みがなされていますが，ここに取り上げたのはその中のほんの一部であることをお断りしておきます。

　つくば市，三鷹市，横浜市は典型的な都市型の事例です。その中でもつ

くば市は施設一体型の義務教育学校を志向するタイプです。三鷹市は施設分離型で現行の校舎を維持したままですが，コミュニティ・スクールと一体となった運営が特徴です。横浜市は「横浜版学習指導要領」というローカル・スタンダードに基づく実践例です。

三条市と三好市は地方の事例として取り上げました。児童生徒数の減少による学校のダウンサイジング，それに伴う学校再編や統合，そんな中にあって教育環境の質の維持をどうやって進めていくのかという，全国で多くの自治体が直面している課題への果敢な挑戦の実践です。

3-1 教育日本一の都市を目指して～つくば市～

つくば市は，1960（昭和35）年代から筑波研究学園都市として開発が進み，現在は日本国内最大の学術都市となっています。2005（平成17）年につくばエクスプレスが開業し，市中心部より最短45分で東京都心と結ばれました。

2015（平成27）年12月上旬，つくば市教育局と，つくば市立竹園東中学校を訪問しました。対応してくださったのはつくば市教育局総合教育研究所所長石黒正美氏，つくば市立竹園東中学校校長岡野和夫氏（当時）です。
注：内容についても，執筆当時のものである。

3-1-1 つくば市における小中一貫教育

つくば市での小中一貫教育は柿沼宜夫教育長の強いリーダーシップのもとで導入されてきました。茨城県は小中学校の教員採用が一緒で，教員の多くは小中学校両方の教員免許をもっています。

「『つくば市学校ICT教育40周年記念　21世紀の学びを変えるICTを活用した小中一貫教育研究大会』配布資料」に柿沼教育長が寄せた「大会趣旨　21世紀の学びを変えるICTを活用した小中一貫教育のあり方」から，一部を抜粋してその経緯を紹介しましょう。

「私も教員時代は，小学校と中学校両方の担任と管理職の経験をしてきた。教材研究や教育課程の改善などさまざまな手立てを行い，子供たちが生き生きと主体的に学ぶ学校教育の実現を目指し成果を上げてきたつもりである。しかし，学校だけではどうにもならない教育の限界を感じることがあった。それが『中1ギャップ』である」。

　比較的小中学校の人事交流が活発な茨城県内の学校においても，「小学校の教員は『卒業させてしまえばそれで終わり』という風潮」があり，中学校では問題が起きると「どうして小学校の時にしっかりしつけなかったのか」という。そんな状況の中で，「6－3制の限界を感じた」と述べておられます。また，「全国的な傾向として，中学校になると急に不登校が増えたり，非行的傾向の見られる生徒が増加」したり，学力面での二極化が進んだり，「自己肯定感をもてない生徒の割合が高くな」ったりする傾向がありますが，これらを解決するためには「中学校だけではとても解決できない」と考えていたと述べています。「義務教育9年間をかけて大切な子供たちを育てていかなければならないと考え，6－3制ではなく，9年間連続した学びである小中一貫教育の大切さを痛感していた」とも述べています。

　そして柿沼氏は2005（平成17）年4月につくば市の教育長に就任し，その頃から全国の小中一貫教育の資料を集めて研究を始めたのです。

　2007（平成19）年に学校教育法が改正され，それを受けて中学校学習指導要領解説総則編の中で「生徒の人間として調和のとれた育成を目指す」とは，義務教育9年間を見通し，小中学校教育の連続性の確保を重視し，発達段階に応じた指導が重要であることが述べられていることから，「『小学校と中学校合わせて9年間で円滑に普通教育を実施する』という法整備ができた」と感じられ，「日頃から，中学1年生と小学校5・6年生の連携が大切と考えていた私は，4－3－2制の小中一貫教育をつくば市で推進することにした」のです。

　こうしてつくば市の小中一貫教育は始まったのですが，小中学校間の距

離が離れているところも多いことから，学校間の時間と距離を埋めるためのICTの活用や，小中学校共通した9年間の学びを実現するための教科「つくばスタイル科」の創設など，特徴のある小中一貫教育を推進してきたのです。

本格実施までの道のり

　2007（平成19）年の学校教育法改正を機に，つくば市では具体的な小中一貫教育の研究を開始しました。

　2007（平成19）年当時は，つくば市内に14の中学校区がありました。小中一貫教育を始めるにあたって，まずは小中学校が隣接していて，これまでも小中学校が連携して行事などを行っていた吾妻中学校区（吾妻小学校・吾妻中学校）を研究指定校として，2年間の実験的実践を行いました。内容は小中合同挨拶運動など，小学校と中学校が協力して行事を行うことと，中学校理科の専門教員が小学校に出向き，小学校の教員と組んで，チーム・ティーチングで理科の授業を行う等，教科担任制の先駆けとなるような実践を行いました。

　「当初は，中学校は負担だけが増加し，あまりメリットがないように思われたが，実際には中学生の自己有用感が高まる結果となり，中学校生活に落ち着きが見られるようになってきた。」と石黒氏は語ります。

　2009（平成21）年度には並木中学校区（並木小学校・桜南小学校・並木中学校）において，施設分離型（2小学校1中学校）の研究に取り組みました。まずは小小連携から始めて，同じ中学校に入学する二つの小学校で共通の体験をさせるために桜南小学校で行っていた「お米づくり」を2校協働して行うことにしました。この活動はその後，テレビ会議等ICTを活用した交流へとつながり，同学年の横のつながりを一層深めることとなりました。また，小学校高学年での教科担任制や中学校教員による小学校での授業の実践も進めました。

　2011（平成23）年度末までには，市内全14中学校区で小中一貫教育研究

表3－1　つくば市小中一貫教育（平成19～26年度）のあゆみ

年　度	内　　　容
平成19年度	・教育委員会を中心とした小中一貫教育推進委員会の発足
平成20年度	・吾妻中学校区による実践研究（1年次：小学校教科担任，生徒会交流，テレビ会議での教員交流）
平成21年度	・吾妻中学校区による実践研究（2年次：1年次と同様） ・並木中学校区による実践研究（1年次：2小1中連携，小学校同士の連携） ・高崎中学校区による実践研究（1年次：中学校選択教科での小学校との連携，中学教師によるTT） ・実践参考書「つくば市小中学校教育カリキュラムの構想～連続性のある学びのために～」発行
平成22年度	・並木中学校区による実践研究（2年次：1年次と同様） ・高崎中学校区による実践研究（2年次：1年次と同様） ・筑波西中学校区による実践研究（1年次：キャリア教育，生徒指導での連携） ・小中一貫教育推進委員会の設置 ・実践参考書「つくば市小中一貫教育カリキュラムの構想～各中学校区実践事例と研究協力員の提言～」発行
平成23年度	・筑波西中学校区による実践研究（2年次：学力向上，キャリア教育，生徒指導での連携） ・竹園東中学校区による実践研究（1年次：9年間を見通した学びの連続性，カリキュラム工夫） ・桜中学校区による実践研究（1年次：キャリア教育を中心とした小中一貫教育） ・小中一貫教育研究つくば大会（11月24・25日） ・教育課程特例校指定（12月22日） ・つくば市教育日本一の集い（2月9日） ・実践参考書「つくば小中一貫教育カリキュラムの構築～各学園の実践と教科等研究協力員の提言～」発行
平成24年度	・15学園（市内全小中学校）で小中一貫教育の完全実施 ・「つくば発！小中一貫教育が世界を変える　新設『つくばスタイル科』の取組」発行
平成25年度	・「第8回小中一貫教育全国サミットinつくば」開催（11月21・22日）
平成26年度	・「まつりつくば」に，全15学園が参加 ・教育日本一プロモーションビデオ（全15学園の紹介）の作成

出典：つくば市教育局教育指導課「平成27年度学校教育指導方針～教育日本一へのプロジェクト～」p.25，平成27年4月より抜粋

が行われ，教員自身が小中学校の連携の重要性を実感し，地域の人々の理解も進んだとして，2012（平成24）年度から市内全小中学校でいよいよ小中一貫教育の本格実施が始まりました（表3－1参照）。

いよいよ本格始動

　2012（平成24）年度，いよいよ全市での小中一貫教育の開始にあたって最初に取り組んだのは学園名の設定でした。学校，PTA，そして地域の方々が協力して各中学校区の学園名を決定しました。そして，新たにこの年開校した小中一貫教育校春日学園を加え，つくば市内15学園の小中一貫教育がスタートしたのです（図3－1参照）。

　つくば市が目指す小中一貫教育は「共通の教育目標，指導内容，指導方法を設定し，それらを小・中学校の全職員が理解し，さらに，小・中学校の保護者・地域の協力のもとで実施される教育」と定義されています。

　その姿を実現するための，つくば市の構想は以下のとおりです。

①学習指導要領に沿いつつ，「教育課程特例校」（学習指導要領等の教育課程基準によらない特別の教育課程の編成・実施を可能とする特例）の制度を生かして推進する

②施設分離型および施設一体型小中一貫教育校のそれぞれの特徴を生かし，保護者の協力，地域・大学研究機関との連携を図りながら推進する

③9年間を見通した弾力的・効果的な教育課程を編成・実施する

④児童生徒の心身の発達にあわせて4・3・2年の区切りを取り入れ，発達段階を考慮した生活集団，学習集団の弾力的な編成をする

　また，つくば市は，小中一貫教育を推進することで次のような効果を期待しています。

①児童生徒の成長の連続性の保証

　　心理的，身体的に不安定な成長期において，学習や生活指導上の継続性，系統性のある教育をすることで児童生徒の負担の軽減が可能になる

第 3 章　各地の小中一貫教育

図 3 − 1　つくば市内15学園

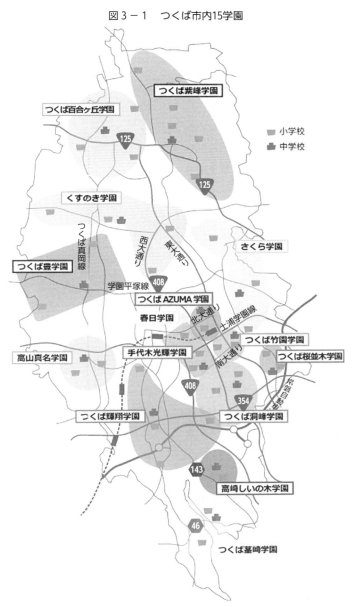

出典：つくば市教育委員会ホームページ

②「中1ギャップ」による不登校等の防止

　学校環境の急激な変化を防ぐことが可能になる

③積極的な教科担任制の導入

　教科の専門性を生かすことで，学習指導の充実を図ることが可能になる

④教員の連携・協働と柔軟な人事配置

　小中学校の教員の効果的な活用が可能になる

⑤柔軟・効率的な学習カリキュラムの編成

　児童生徒の交流・系統性を重視した教育が可能になる

⑥施設設備投資の効率の高い活用

　学校の老朽化や予算の分散化への対応が可能になる

⑦学年集団の適正規模化

　同年齢・異年齢の集団活動が活発となり，人と関わる力を高めることが可能になる

つくばスタイル科

　従来からつくば市内の各小中学校は，総合的な学習の時間その他を活用して環境教育，キャリア教育，国際理解教育，学校ICT教育，科学技術教育，健康・安全教育などに力を入れてきました。けれども，教科間の学習内容の偏りや，異学年の学習内容の不統一などから，次のような課題も指摘されていたのです。

・総合的な学習の時間が小中学校の連続性を意識したものになっていない

・重点を置く教育内容がバランスよく指導されていない

・「目標・指導内容・指導方法」が9年間を見通したものになっておらず，学年間の指導の連続性に欠けている

・ねらう力，育てる力の明確化がなされていない

・総合的な学習の時間の体験がイベントで終わっている

表3-2 「つくば次世代型スキル」の内容と定義

思考に関するスキル	問題解決	客観的思考力	主観を交えず，誰もが納得できるように，筋道を立てて多面的に考えを進める力
		問題発見力	あるべき姿と，現状のギャップから問題を発見し，問題が発生している真因を突き止める力
	自己マネジメント	自己認識力	自分の状況，感情，情動を知り，行動指針を形成していく力
		自立的修正力	依存・受け身から脱し，主体的に自分自身の力で，現状を見直す力
	創造革新	創造力	過去の経験や知識を組み合わせて新しい考えをつくり出す力
		革新性（イノベーション）	今までの方法，習慣などを改めて新しくしようとする意欲や力
行動に関するスキル	相互作用	言語力（コミュニケーション）	言語を用いて思考し，その思考した内容を正確に伝え合う力
		協働力（コミュニティ）	お互いの不足を補い合い，よさを生かし合って課題を解決していく力
手段・道具を活用するスキル	情報ICT	情報活用力	課題や目的に応じて，必要な情報を主体的に収集・判断・表現・処理・創造し，発信・伝達できる力
		ICT活用力	ICT機器の特性を知り，自らの課題解決のために道具として役立てる力
世界市民としての力	つくば市民	地域や国際社会への市民性	よりよい社会の実現のために，まわりの人と積極的に関わろうとする意欲や行動力
		キャリア設計力	自己のよさや可能性に気づくとともに，集団の一員としての役割を果たし，将来設計を達成するために主体的に取り組もうとする意欲や力

出典：つくば市教育局総合教育研究所編著『アクティブ・ラーニング「つくばスタイル科」による21世紀型スキルの学び』東京書籍，p.60，平成27年より抜粋

・つくば市の教育資源を十分に活用していない
・同一中学校区において小学校間の諸内容の差異や，児童生徒が身に付ける力の連続性について学園内の共通理解ができていない

　このような課題を解決して，知と心の調和とグローバルな視点を兼ね備えたつくば市民を育成するために，「環境教育，キャリア教育，国際理解教育，学校ICT教育，科学技術教育，健康・安全教育」を重点とする内容を，小中一貫教育の視点から再編成し，さらに，学びの連続性をもたせて系統的に指導できるように，全ての学校でつくばならではの学習を保障する9年間を見通した特別な教育課程を編成しました。これが「つくばスタイル科」です。

　「つくばスタイル科」は，教育課程特例校制度を利用したつくば市独自の教育課程で，「総合的な学習の時間」の目標を踏まえつつ，「つくば次世代型スキル」の育成を目標とする新しい教科です。発信型プロジェクト学習と外国語活動から構成されており，従来の総合的な学習の時間と小5，小6の外国語活動の時間を充てています。

　ちなみに，「つくば次世代型スキル」とは，次の時代をしなやかに生き，グローバル社会をリードする人材として活躍するために，つくば市の教育方針や教育環境を考慮して，つくばの児童生徒に身に付けさせたいスキルとして提案したつくば市独特のもので，①問題解決，②自己マネジメント，③創造革新，④相互作用，⑤情報ICT，⑥つくば市民，の六つの領域で定義されています（表3−2参照）。

　こうしてつくば市の小中一貫教育は，ICTの積極的な導入と「つくばスタイル科」の新設を2本の柱に据えて進められてきました。

3-1-2　竹園東中学校の取り組み

　竹園東中学校の岡野校長先生はつくば市初の施設一体型春日学園の初代校長として3年間つくば市の小中一貫教育のフロントランナーとして走り続けてきました。そして，2014（平成26）年度，竹園東中学校に異動して，

今度は施設分離型の小中一貫教育に取り組んでいます。竹園東中学校はつくば市の中心部に位置し，全国的に注目されるほど学力の高い中学校として知られています。研究学園都市最初の中学校として1974（昭和49）年に開校し，常に先進的で創造的な教育の実現を目指して，研究と実践を重ねてきました。地域がら，生徒たちは大変行儀が良く大人びた対応をすると校長先生はおっしゃいますが，確かに，職員室を訪れる生徒たちの行動はきびきびとして，非常にしっかりしていました。

　竹園東中学校は通常学級が16クラス，特別支援学級が4クラスあり計20クラスの規模です。校則はなく，制服も上着とシャツは指定していますがズボンやスカートは自分でふさわしいと思うものを着用しています。「『自由』とは違います。良識に従って行動しているのです。」と校長先生はおっしゃいました。これはクラスの代表2人ずつが集まって学校生活の方向性を決めていくという評議員制度や，行事ごとの実行委員会制度など，自分たちで自分たちの約束事を決めていくという伝統が根付いているから可能なことだと言います。このような自由な雰囲気と自立的な学校の雰囲気を"Takezono Pride"と，誇りをもって呼んでいるのです。

つくば竹園学園の取り組み

　つくば竹園学園を構成する三つの学校（2小学校1中学校：竹園東小，竹園西小，竹園東中）は，隣接ではありませんが徒歩で5〜15分程度の圏内にあり，小中一貫教育を進める環境としては恵まれているといえます。

　小中一貫教育を行うつくば竹園学園全体の教育目標（グランドデザイン）は「竹園から世界にはばたく児童生徒の育成」というものです。それを具体化する三つの柱として「国際社会で活躍できる児童生徒の育成」「自ら学び続ける児童生徒の育成」「思いやりの心を持つ児童生徒の育成」をあげています。

　2013（平成25）年11月に開催された「第8回小中一貫全国サミット inつくば」では，モデル校の一つとして授業公開を行いました。

二つの小学校が一つの中学校に進学するために，小中の一貫と同時に，小と小の連携が大切であると校長先生は力を込めます。中学校に進学する以前に小と小が連携・交流して，中学校で一緒になって良かったと思わせる工夫が必要だとおっしゃいます。「学習の仕方や目標など小と小同士が同一歩調で取り組み，さらに中学校も同じ意識で目標や方法を共有していくことこそが小中一貫教育です」，また「『小中一貫教育は手段であって目的ではない』と市の教育長が良く話される」と岡野校長先生は語ります。

　さらに，施設一体型と施設分離型の二つのタイプを経験してきた校長先生だから言えることですが，施設分離型で一貫教育を進めるコツは「無理をしないこと」だとおっしゃいます。「いつでもやれることだけをやること」という岡野校長先生の言葉は，小中一貫教育が「特別な」取り組みから「通常の取り組みの選択肢の一つ」に成熟していく上で，誠に核心を突いた肩の力を抜いた至言ではないでしょうか。

　「9年間で子どもを育てる」という視点を教育関係者，保護者等が共有し，常に念頭に置いて日常の教育活動にあたることが特別でなくなることこそ，つくば竹園学園とつくば市の目指すところであるのでしょう。

「学びのスキル系統表」と「学びのヒントシート」

　つくば竹園学園では小中一貫教育の取り組みとして小小交流や小中交流といった児童生徒の交流だけでなく，中学校教員の小学校での授業，小学校での教科担任制など多彩な実践を試みています。また，定期的に小中学校の教員が集まり研修会を実施しています。

　これらの取り組みは多くの小中一貫教育校でも行われていることですが，つくば竹園学園独自の取り組みとして特筆すべきものに「学びのスキル系統表」と「学びのヒントシート」があります。

　「学びのスキル系統表」は，子どもたちの課題を克服するために，9年間の学びの連続性の中でそれぞれの授業がどのような位置にあるのかを明らかにしたものです（表3－3参照）。学年を超えて意図的・継続的な授

表3-3　つくば竹園学園　外国語活動・外国語科　学びのスキル系統表

課題　コミュニケーション能力を高めるためのCAN
1　Collaboration：協働して物事に取り組んだり，作業したりする力
2　Active Listening：目と耳と心で相手の思いを受け止める力
3　Negotiation of Meaning：自分と他人の意見を併せて，より説得力のある表現をする力

※プロジェクト学習（国際交流活動）を9年間の学びの中心に据え，英語で授業を展開すること（Almost English⇒All English）を基本とする。英語使用の必然性・有用性を高めることで，児童生徒の英語でのコミュニケーション能力を高める。

期	学年	課題1	課題2	課題3	目標・カリキュラム上の工夫など
前期	1・2年	①世界には，いろいろな国があることに気付き，異なる文化に興味をもつ。	①自分から進んで元気に挨拶し，言葉のやりとりを楽しむ。②簡単な質問や指示を聞いて，動作等で応じる。		つくばスタイル科1～10
前期	3・4年	④いろいろな国々に興味・関心をもち，外国の人々や文化と触れ合おうとする。	⑤自分から進んで挨拶し，互いに目や表情を使って気持ちを伝え合うことを楽しむ。	⑤アルファベットを書き写す活動を通して，英語の文字を書くことに興味をもつ。	つくばスタイル科1～20
中期	5年	⑦相づちをうったり，聞き返したりするなど積極的に聞こうとする。	⑨身近で日常的な話題について，説明を聞き取る。⑩簡単な質問や指示，依頼を聞いて，句や短い文で応じる。	⑧アルファベットの大文字・小文字や符号を適切に使うことができる。	ペンマンシップ　**英検5級リスニング問題正答率70%**
中期	6年	⑩外国語を聞くことを通して，他者や異文化を理解し，自国の文化などへの関心を高める。	⑪意味を十分に理解できない場合には，繰り返しを求めるなどして理解を確認する。	⑪短い文を英語の語順で書くことができる。⑫日付や曜日を書くことができる。	ペンマンシップ　国際交流プログラム　スカイプで海外交流　**英検4級リスニング正答率70%**
中期	7年	⑫英語で書かれた様々な文や資料を読んで，書き手の意向・意図等を理解しようとしたり，適切に応じようとしたりする。	⑬内容を推測しながら聞き，理解できない箇所について聞き返したり確認したりする。	⑮身近な出来事や体験したことについて，事実を短い英文で書くことができる。	国際協働学習の展開1（自己・学校紹介）　**英検4級合格**

後期	8年	⑬自分と異なる考え方や生き方を認め、それらを尊重し、共に生きるために話し手・書き手の意向を理解しようとする。	⑮自然な口調で話されたり読まれたりする英語を聞き、必要な情報を聞き取り内容を理解する。	⑰身近な出来事や体験したことなどについて、まとまりのある英文で、自分の考えや気持ちなどを書くことができる。	国際協働学習の展開2（つくば市の紹介・ランタンアートPR） **英検3級合格**
	9年	⑭他国や自国の生活や習慣・文化について理解を深め、それらを尊重しながら英語でコミュニケーションを図ろうとする。	⑰内容的にまとまりのある複数の英文を聞いて、全体の概要や内容の要点を適切に聞き取ることができる。	⑲読み手に自分の考えや気持ちなどが正しく伝わるように、文章の構成を意識しながら書くことができる。	国際協働学習の展開3（平和の実現のためにできること）英語ディベート **英検準2級合格**

出典：つくば竹園学園「つくば竹園学園学びのスキル系統表　目指す児童生徒像段階表　平成27年度版」より一部抜粋

業をつくることがねらいで、教科担任制をとっていない4年生以下の授業では、数年後の児童生徒のイメージづくりに活用できます。毎年度更新して、2015（平成27）年度版は国語、社会、算数・数学、理科、外国語活動・外国語、つくばスタイル科、ICTの七つの項目でつくられています。教員用と児童生徒用があり、児童生徒も自分たちの行っている授業の位置付けやねらいを意識して学習に取り組むことができるようになっています。

　一方、「学びのヒントシート」は今年度初めて取り組んだもので、下敷きの形にして1～9年生まで全員に配られました。表面は前期（1～4学年）用と中・後期（5～9学年）用に分かれており、思考方法の順序、思考方法、その際使いたい言葉等が印刷されています。

　例えば前期用ですと、考える順序として「つかむ⇒かんがえる⇒つたえあう」としています。「つかむ」とは、問題を見つける、解き方を考える、答えを予想する等のことで、その考え方として、わかっていることは何で、わかっていないことは何だろう、このままだとどんな困ることが起こるだろうなどが記されていて、使いたい言葉としては「～だろう」「～と予想します」「～と考えられます」等が紹介されています。

裏面は全学年共通で「竹園スタイルの学び　よりよい考えを生み出す対話（対象と・自分と・相手と）のスキル」となっています。様々な場面で使える言葉や話型が示され，児童生徒がそれぞれの能力にあった部分を活用して積極的に対話できるように考えられています。

3-1-3　つくば市の教育のこれから

　つくば市は，2018（平成30）年度には，四つの小学校と一つの中学校を含む小中一貫の「つくば紫峰学園」を，児童生徒数700～800人規模の「秀峰筑波義務教育学校」とする計画です。さらに，隣接する「つくば百合ヶ丘学園」（3小学校1中学校）を合併して，1,200～1,300人規模の学校とする予定です。

　また，現在市内で唯一の施設一体型小中一貫教育校である「春日学園」は2016（平成28）年度に義務教育学校としましたが，つくばエクスプレスの開業等により児童生徒数が増加し続け，現在1,600人規模であることから，2018（平成30）年度には2校に分離して，もう一つ「仮称・葛城北部学園義務教育学校」をつくる計画です。

　さらに，「つくば輝翔学園」（3小学校1中学校）も，学区内のつくばエクスプレスみどりの駅周辺の児童生徒数が増加していることから，2018（平成30）年度には一部統合して「仮称・みどりの学園義務教育学校」として，それ以外の学区は現在のままの「つくば輝翔学園」を継続する計画です。

　つくば市はつくばエクスプレスの駅周辺部では人口の流入現象が起きている一方で，市周縁部では過疎化や児童生徒数の減少も見られます。児童生徒数の増加が進む地区では，学校の分離計画と同時に義務教育学校が順次整備されていき，その一方で，周縁部では，学校統合と義務教育学校の設置が同時に進められていく予定です。

　小中一貫教育については，全国的には，施設分離型で進める考え方とできる限り施設一体型に整備していこうとする進め方と二つの方向性が見ら

れますが，つくば市は国の法整備を活用して施設一体型小中一貫教育校いわゆる義務教育学校を可能な限り整備していく考えです。

また，小中一貫教育を保護者や地域住民にも広く理解を求め，市の施策を推進していく上で学校評価の充実は欠かせないと認識しており，今後さらに学校評価を充実させていきたいとしています。

つくば市の取り組みは，つくば市の恵まれた教育環境や，保護者・地域の教育に対する高いニーズに対応した先進的な試みです。教育日本一を自認するつくば市の行政主導の取り組みですが，現れる成果は子どもたちのものであり，現場の教職員のものです。

小中一貫といえども，小学校の卒業生が全て一貫の中学に進学するわけではなく，むしろ教育熱心な地域ほど，有名私立中学に進む傾向があります。総じて学力の高い地域と言われるつくば市で，小中一貫教育に取り組むモチベーションは私立の有名進学校に対抗する形で進化する方向にあるのかもしれません。

3-2　ひとづくりから始まるものづくりのまち〜三条市〜

新潟県のほぼ中央に位置し，東は福島県に接する三条市は，豊かな自然環境と包丁などで有名な三条鍛冶の伝統を受け継ぐものづくりのまちとして知られています。

2015（平成27）年11月下旬，三条市教育委員会教育センターと三条市立一ノ木戸小学校・第二中学校を訪問し，教育センター指導主事の小池和秀氏（当時）と小杉洋一氏，一ノ木戸小学校校長志賀徹也氏（当時）と第二中学校教頭の阿部浩氏にお話をお伺いしました。

注：内容についても，執筆当時のものである。

3-2-1　三条市の小中一貫教育

2006（平成18）年4月，市町村合併を機に新三条市の「三条市教育基本

方針」が策定されました。

　同基本方針は期間を2006（平成18）年度から2014（平成26）年度までの9年間とし，策定の目的を「次代を担う心豊かな子どもを育み，市民一人一人が生涯を通して自らを高め，郷土を愛し生き生きと暮らすことができる地域社会を実現する」こととしました。その目的実現のための基本目標を《ものづくり，ひとづくり，まちづくり》と定めたのです。

　三条市のものづくりの伝統を守り，その伝統を生かしたひとづくりによって，合併後のまちづくりを進めていこうというものでした。そこには目標達成のための「施策の方向」が4項目にわたって述べられていますが，この中の「⑵学校教育の方向」の中には，「小中一貫教育」の言葉はまだ登場していません。「地域教育ネットワークの構築」の項で「校種間・地域それぞれの連携を強化した教育の推進」に触れ，その具体例として「㈰中学校区単位での小中学校連携の充実」が記されている程度です。ところが，2014（平成26）年度策定の2015（平成27）年度から2022（平成34）年度までの8年間を期間とする（新）「三条市教育基本方針」には冒頭から「他市町村に先駆け小中一貫教育を推進してきました」と明記されています。

　2007（平成19）年1月に開催された「三条市教育制度等検討委員会」第1回会議の議事録を見てみますと，その中にはすでに，小中一貫教育の言葉が出てきます。2006（平成18）年4月策定の「三条市教育基本方針」には出ていなかった「小中一貫教育」という文言が，9か月後に突然登場した理由としては，2006（平成18）年11月に初当選した國定勇人市長の強い思いを感じ取ることができます。國定市長は，「教育分野を教育委員会だけに委ねるのではなく，市町村長自らが意識して積極的に関与し実践していくこと」を目指す「子育てと教育を考える首長の会」のメンバーでもあり，教育に高い関心をもつ市長ですが，同会議の冒頭，挨拶の中で次のように述べています。

　「今，日本全体を眺めても教育は大変大きな問題になってきている。〜

(中略)〜三条市を眺めても教育の分岐点に立っていることは間違いない事実だ。〜(中略)〜平成13年度の三条市内の全小中学校の児童生徒総数が10,300人であったものがわずか6年しか経過していないこの平成18年度においては1,000人も減少して9,300人という状況だ。更に今の住民票の推計からいくと6年後には更に1,000人減って8,300人となり，非常に急激に児童生徒数が少なくなってきている状況があるわけだ。〜(中略)〜三条市が引き続き自立的，永続的に発展し続けていくための一番根本の問題は，次世代を担う子どもたちにしっかりとした教育環境を提供することで，それが三条市に住んでいる大人の責務であると認識している。児童生徒数の減少の中，小中学校の統廃合問題だけでおさめることなく，6・3制が三条市に合うかどうか，そして学級編成，カリキュラムの関係，学力向上についてどうあるべきかを検討する大切なターニングポイントであると考えている。」

そして，検討委員会への依頼事項は以下の4点でした。
①教育制度に関すること
②学校の適正規模や施設整備・統廃合に関すること
③教育内容の体系的編成に関すること
④上記事項に関連して必要と認められる事項

検討委員20人の構成は学識経験者4人，地域団体代表4人，PTA代表4人，学校関係者6人，公募委員2人です。委員長の雲尾周氏は新潟大学大学院現代社会文化研究所助教授（当時）で旧三条市教育基本方針検討委員長でもありました。

各委員の自己紹介の後，当時の学校教育課長から配布資料の説明があり，その中で同課長は次のように述べています。

「近年，子どもたちの中には学習意欲の低下や学習習慣の欠如，人やものと関わる力や体力の低下等の問題が見受けられる実態もある。また，小学校から中学校への入学の際に不登校やいじめといった問題行動の発生増加を懸念する声や，先ほど市長から説明のあった，教育制度制定から半世

紀以上が経った『6・3制』は今の時代の子どもたちに馴染まないという見方も多くなってきているように思われる。こうした中で，2004年8月に文部科学大臣から『義務教育の改革案』として教育区分『6・3制の弾力化』が謳われた。それを受けて各地で小中一貫又は連携教育を導入する学校が広がってきている現状がある。〜(中略)〜このようなことから，今後は一層の学習意欲や基礎学力の向上，そして基本的な生活習慣の定着，体力向上等，知・徳・体のバランスのとれた学校教育の充実が必要であろうと考えている。このことを三条市に勤務するすべての教職員が強く意識し，三条市の実態に即した自校の教育課題を把握し，『6・3制』の教育制度を含めた小中学校の垣根を低くした学びの連続性に力点を置いた義務教育9か年の教育課程を見直す意識改革と学校改革が極めて重要であると思っている。」

このように，第1回目の委員会で事務局側からはすでに小中一貫，あるいは「6・3制」の見直しといった文言が登場しています。

検討委員会は4回の協議と，東京都品川区の日野学園，広島県呉市の呉中央学園といった小中一貫教育の先進校視察を経て，2007（平成19）年11月の第5回会議で中間報告をまとめました。この中間報告に寄せられたパブリックコメント等を参考にしてさらに審議を続け，翌2008（平成20）年2月の第7回会議において，最終報告案がまとめられました。なお，この検討委員会には「教育制度等専門部会」と，「学校施設等専門部会」という二つの部会が置かれて，前者は主として小中一貫教育や学期制の検討などを行い，後者は主に学校の建て替えや統合計画，学校選択制の検討などを行っています。

三条市教育制度等検討委員会最終報告の概要

このようにして，2008（平成20）年2月13日に答申された，「三条市教育制度等検討委員会最終報告—次代を担う心豊かな子どもたちをはぐくむために—」の主な内容は以下のようなものでした。

①三条市の学校教育を取り巻く現状と課題
　児童生徒の実態
　　全国標準学力テスト（NRT）の結果等から，小中学校とも全国平均をやや上回る傾向が続いているが，中学校入学後に学力が伸び悩み，学年があがるにつれて全国平均をやや下回る教科も見られる。また，上位層と下位層の二極化傾向があり，上位層の児童生徒はそれほど多くない。

　　不登校やいじめが中学1年生で急激に増えるいわゆる「中1ギャップ」問題が見られる。また，基本的な生活習慣の乱れや，人と関わる力の低下傾向，LD（学習障害）などの特別な支援を必要とする児童生徒の増加などがほとんどの学校から報告されている。

　　これらの課題に対して，各学校では様々な取り組みを行い成果をあげてきたが，根本的な解決にまで至っていない。

　　少子化の影響により，三条市でも，小学校24校のうち15校が，中学校9校のうち7校が12学級未満の，いわゆる適正規模に満たない学校である。今後さらに減少することが推計され，学校教育のさらなる充実を図るために，学校の統廃合も視野に入れた中で適正規模の確保について検討する必要がある。

　学校の施設整備の現状
　　1955（昭和30）年代に建てられた小中学校の多くに，建築本体や電気・給排水設備等に老朽化が見られる。

　　1981（昭和56）年以前の「旧耐震基準」で建築された学校は，小学校12校，中学校6校，幼稚園1園があり，耐震診断の必要な棟数は97棟である。平成18年度文部科学省調査によれば全国平均の耐震化率は54.7%，耐震診断率は67.9%であるが，三条市は耐震化率36.8%，耐震診断率7.3%にとどまっている。安心安全な施設整備の観点から計画的に耐震化を図る必要がある。

②「教育制度に関すること」について

6・3制について

児童生徒の心理的・生理的・身体的な成長の早まり，また，小学校5年生頃に自尊感情の低下が急速に進むことや，「中1ギャップ」の兆候が見られることなどから，児童生徒の心理的・生理的成長の転換期が小学5年生近辺であると考えられる。

また，小学4年生までは，知識や技能をしっかり定着させ，小学5年生から中学校にかけては，知識や技能を用いて，抽象的な概念を論理的に理解する力を磨く時期である。したがってこの時期から中学校までは，小中学校双方の教員が互いに協力しながらカリキュラムをつくることが大切だと言われている。

発達段階に応じた小中9年間を見通したカリキュラムをつくることが大切である。具体的には，小中9年間を「4・3・2区分」，前期（小学1〜4年生），中期（小学5〜中学1年生），後期（中学2〜3年生）に分けて，小中一貫教育を導入するべきである。

学期制について

学力向上につながる方策の一つとして2学期制を導入している市町村があり，新潟県でも2007（平成19）年度，小学校の約3割，中学校の約4割が実施している。2学期制の良さもあるが，3学期制の継続を希望する声もある。現段階では，当分の間3学期制を継続実施していくという結論に至った。

学校選択制について

種々の検討を行った結果，現在三条市では，学校選択制を実施してはいないが，学区外（市内の指定された就学校以外の学校に就学すること），区域外就学（他の市町村等の学校に就学すること）承認基準に基づいて学校指定にかかる制度の弾力化により支障なく対応が図られていることから，あえて学校選択制を導入しなくても不都合がないものと考える。

③「学校の適正規模や施設整備・統廃合に関すること」について
　<u>学校規模の適正化</u>
　　児童生徒，教職員間において多様な人間関係を育むことができる規模，並びに相互理解を深め，切磋琢磨しながら社会性が培われる規模として，1学年2学級以上の学級数が必要である。
　　また，教育活動の観点から，グループ学習や部活動，学校行事など，一定規模の教育活動が支障なく成立する規模が必要である。
　　望ましい学級数や，学級数から算定される教職員数を確保する関係から適正規模を小学校12学級以上，中学校9学級以上と定める。
　<u>学校の建て替えと統合計画</u>
　　老朽化が進む学校施設の維持管理は，安全確保のために必要な整備を計画性をもって進める。
　　小中一貫教育実施にあたっての環境整備については，一体型による学校施設をはじめ，既存校舎の有効利用を基本として推進する併用型や連携型についても，モデル校設置から全市導入までの準備期間の中で検証し，順次整備を行う必要があると考える。

④「教育内容の体系的編成に関すること」について
　<u>連続性の確保</u>
　　効果的な取り組みを進めるため，幼稚園・保育所（園）から高校まで一貫した教育が大切である。
　　いわゆる「小1プロブレム」（基本的生活習慣を身に付けないまま入学する子どもたちによって集団生活が乱れて授業が成立しにくい）の問題を含めた幼稚園・保育所（園）から小学校へのスムーズな移行については，幼稚園・保育所（園）と小学校との連携をより強化したカリキュラム等の編成や段差の解消に向けた問題点や課題等を整理し，新たに教育委員会に移管される子育て支援課の機能も十分に生かしながら進めていくことが望まれる。

「中１ギャップ」を解消し，子どもたちの夢や希望を育んでいくためには６・３制を弾力化し，９年間を４・３・２の３つに区分し，小学校と中学校との教育課程の連続を図り，児童生徒の心身の発達に応じた教育を行うことが適切であるという考えに至った。そのためには小中一貫教育を導入して小学校と中学校とがより連携しやすい環境をつくることが望ましい。

<u>三条市の小中一貫教育</u>

　前期（小学１～４年生）を基礎充実期，中期（小学５～中学１年生）を活用期，後期（中学２～３年生）を発展期と位置付けて，小中一貫教育カリキュラムを編成し，実施することが大切であると考えられる。

　　学力向上を図るため
　　　　○基礎的・基本的事項を土台に自ら学ぶ学習の展開
　　　　○全学年での補充学習と発展学習の実施
　　　　○小学５・６年生での一部教科担任制・英語教育の実施
　　　　○体験的な学習やキャリア教育の充実

等により，基礎学力の徹底を含む基礎・基本の定着や自ら学び自ら考える力の育成を目指していく必要がある。

　　発達段階を踏まえた９年間の計画的かつ継続的な生徒指導・道徳教育を行うため
　　　　○縦割り班活動，異学年交流，部活動交流等の小中学生の継続的な交流の実施
　　　　○小中９年間の人間関係力育成プログラムの作成
　　　　○中学校区単位での倫理観や規範意識，命を大切にする心を育てる道徳教育の推進
　　　　○学校・保護者・地域の一体感のある青少年健全育成

等により，児童生徒の自己肯定感・自己有用感の向上や基本的な生活習慣の改善を図り，不登校やいじめの減少など，心の発達に良い効果

が現れるように努める必要がある。

　三条市の教育資源を活化した系統的な地域学習を展開するため
　　○三条市の暮らしの変遷を学ぶ学習の実施
　　○地域の教育資源を生かした系統的な学習の推進
　　○ものづくり教育や科学教育推進事業の成果拡大

等により，三条市の良さを知り，自分の将来に夢や希望をもち三条市に愛着と誇りをもてるようになってほしいと願っている。そのために，各学校は地域に開かれた学校づくりを進め，地域とのつながりを強めながら，地域の力を取り入れながら学校教育を進めていくことが求められる。

　小中教職員は発達段階を踏まえた系統的な指導を行うために
　　○小中一貫教育リーダー（中学校区全体の小中一貫教育の推進役）の指名〈各中学校区〉
　　○小中一貫教育コーディネーター（各学校の小中一貫教育の推進役）の指名〈各学校〉
　　○小中交流授業の実施
　　○中学校区単位での学習指導，生徒指導の充実
　　○小中教員が協力したチーム・ティーチング授業の実施

等の取り組みにより，小中学校がより連携した教育活動を展開することが大切である。

　小中一貫教育を全市で実施するため，年次計画を作成しソフト面・ハード面での整備を進めていく必要がある。具体的には，第一中学校区と第三中学校区の学校をモデル校に指定することが考えられる。

　第一中学校区は建築年次が古く校舎の老朽化が進んでいる学校が多いことから近い将来には建て替えが必要とされている。校舎の建て替えを機に，施設一体型の小中一貫教育を始めることが考えられる。その際，用地確保については三条高校の跡地を視野に入れ具体的に検討すべきものと考える。

第三中学校区は，第三中学校を中心に三つの小学校が比較的近く，連携の取りやすい条件にあることから，併用型か連携型のモデル校が考えられる。

　第一中学校区の通学区域や適正規模，第三中学校区のモデル校の形態など，今後，地域住民や学校現場などの意見を踏まえて決定すべきものと考えている。

<u>小中一貫教育実施のための準備（案）</u>
　　2008（平成20）年度
　　　○小中一貫教育推進委員会の設置
　　　○小中一貫教育モデル校の指定
　　　○モデル校では教育課程の編成や小中交流活動一部実施開始など
　　2009（平成21）年度
　　　○小中教職員による相互乗り入れ授業の一部実施
　　　○小学校英語授業の一部実施
　　　○モデル校以外でも教育課程の編成や小中交流活動一部実施開始など
　　2010（平成22）年度
　　　○小中交流活動の全面実施
　　　○小中一貫教育の教育課程の編成
　　　○モデル校での試行実施
　　2011（平成23）年度
　　　○モデル校で相互乗り入れ授業，小学校英語教育の全面実施
　　　○希望する中学校区で試行実施
　　2012（平成24）年度
　　　○小中一貫教育の全市完全実施

　このように，この最終報告書は，小中一貫教育を進めるという基本方針ばかりでなく，その進め方についてもかなり具体的に方向性を示してい

表3－4　三条市の小中一貫教育推進の主な経過

年　月	主な内容
平成19年1月	「三条市教育制度等検討委員会」設置
平成20年2月	「教育制度等検討委員会最終報告」（答申）。小中一貫教育の導入を提言
5・6月	「教育制度等検討委員会最終報告」について，地域説明会を中学校区ごとに開催
8月	小中一貫教育教職員研修会開催（対象は教務主任，研究主任等）
	「小中一貫教育検討委員会」設置
11月	「検討委員会」が「三条市小中一貫教育基本方針（案）」を取りまとめ
	教育委員会定例会で「三条市小中一貫教育基本方針」決定
12月	第一中学校区と第三中学校区の小中学校を小中一貫教育モデル校に指定
平成21年1・2月	モデル中学校区でそれぞれ「小中一貫教育推進協議会」を設置
2月	「カリキュラム編成部会」を設置。三条市小中一貫教育カリキュラム作成に着手
3月	「地域連携部会」を設置
4月	教育委員会事務局に小中一貫教育推進室を設置
	モデル校以外の中学校区で小中一貫教育検討組織の組織化に着手
5月	第1回小中一貫教育推進リーダー・コーディネーター合同研修会開催
8月	第4回小中一貫教育全国サミットin宗像にて，三条市の取組を発表
12月	「第一中学校区小中一貫教育　小・中学校一体型教育施設整備構想」及び「三条市立一ノ木戸小学校施設整備構想」決定
平成22年4月	全中学校区で小中一貫教育への取り組みが始まる

出典：小中一貫教育全国連絡協議会，三条市教育委員会「第10回小中一貫教育全国サミットin三条　みんなで創る小中一貫教育―三条市の挑戦」配布資料 pp. 13-14, 平成27年10月22日より一部抜粋，筆者修正

す。短期間でこれほど具体的かつ詳細な報告書を提案するためには、検討会委員および事務局のかなりの準備作業が必要であったと推測されます。

ともあれ、この答申の後、一気に三条市の体制が動いていきます。実際には答申が想定した以上に早く、答申から全市導入まで2年2か月という短い準備期間を経て、三条市の全市小中一貫教育は始まりました（表3－4参照）。

三条市小中一貫教育基本方針

前述の最終報告書の答申内容を尊重し、三条市教育委員会は具体的な手続きに入りました。まずは、同年5月から各中学校区に出向き地域説明会を開始します。また、8月には「小中一貫教育検討委員会」を設置して、三条市の小中一貫教育の詳細かつ具体的な内容を決定していきました。委員23人は学識経験者2人、学校関係者8人、PTA代表6人、地域代表4人、教育長、公募委員2人という構成でした。

検討を始めて3か月後の11月に、「三条市小中一貫教育基本方針（案）」を策定、同月の教育委員会の定例会議で正式に決定されました。

「基本方針」から、三条市の小中一貫教育の特徴を述べてみます。

①全小中学校共通の目標等設定

2013（平成25）年度より、三条市内全小中学校で児童生徒の実態、地域の状況等を踏まえて共通の目標（育てたい児童生徒像）、指導内容および指導方法等を設定する。

②学習指導要領に基づく教育課程の編成

特例制度は使わず、学習指導要領に基づいて、義務教育9年間を連続した教育課程として編成する。

③9年間を前期、中期、後期に区分する

前期（小学1年～4年の4年間）を基礎充実期、中期（小学5年～中学1年の3年間）を活用期、後期（中学2年～3年の2年間）を発展期と呼び、発達段階に応じてそれぞれの時期で重視して指導することを明

確にして取り組む。

④中学校区単位のカリキュラムを作成する

　まず，モデル校においてモデル中学校区の「小中一貫教育カリキュラム」を作成し，実践する。それらの成果と課題を踏まえつつ，各中学校区で地域の教育資源の活用の視点を盛り込んだ「小中一貫教育カリキュラム」を策定する。

⑤スタートは全ての中学校区で連携型の小中一貫教育に取り組む

　その後，各中学校区の実態や課題に合わせ，施設併用型や施設一体型の小中一貫教育に取り組んでいくことも考える。

⑥モデル校指定

　2008（平成20）年度には第一中学校区（第一中，四日町小，条南小，南小の1中3小）と第三中学校区（第三中，三条小，裏館小，上林小の1中3小）をモデル校指定する。このモデル校の実践を踏まえて平成23・24年度に全小中学校で試行を開始する。

⑦小中一貫教育のあり方を検討する組織

　全体調整と学校への支援を行う「小中一貫教育検討委員会」，各中学校区における小中一貫教育のあり方を具体的に検討する「小中一貫教育推進協議会」，各学校単位で具体的に小中一貫教育の取り組みを推進する「よりよい教育環境づくり協議会」等が双方向で議論を進めながら，小中一貫教育を進める（図3－2参照）。

この基本方針のもとで，いよいよ三条市の小中一貫教育が開始されました。

　三条市には九つの中学校区があります。三条市は2015（平成27）年10月22・23日の両日，「第10回小中一貫教育全国サミット in 三条」を開催しましたが，この時点で，施設一体型の小中一貫校は「第一中学校と嵐南小学校」と「第二中学校と一ノ木戸小学校」の2施設あり，他の7中学校区「第三中学校と三条小学校，裏館小学校，上林小学校」「第四中学校と井栗小学校，旭小学校，保内小学校」「本成寺中学校と西鱈田小学校，月岡小

図3-2　三条市小中一貫教育検討組織

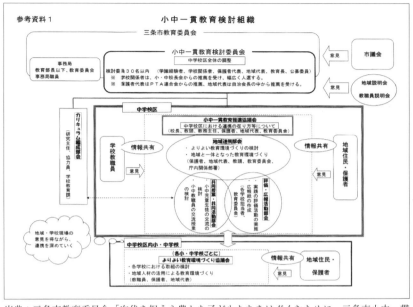

出典：三条市教育委員会「次代を担う心豊かな子どもたちをはぐくむために　三条市小中一貫教育基本方針」平成20年11月26日策定

学校」「大崎中学校と大崎小学校」「大島中学校と大島小学校，須頃小学校」「栄中学校と栄中央小学校，栄北小学校，大面小学校」「下田中学校と長沢小学校，笹岡小学校，大浦小学校，森町小学校，飯田小学校」は，それぞれ施設分離型です。なお，大崎中学校区は2018（平成30）年度より施設一体型となる予定です。

3-2-2　第二中学校区の取り組み

　第二中学校区は公共施設や，商店，事業所，住宅が建ち並ぶ市街地です。2本の産業道路が通り，JR東三条駅にも近い交通の要所でもあります。

　一ノ木戸小学校は1873（明治6）年の私立「循環義塾」を創始として2015（平成27）年に142周年を迎えた伝統ある小学校です。児童数は同年

図3-3　第二中学校区小中一貫教育推進協議会組織

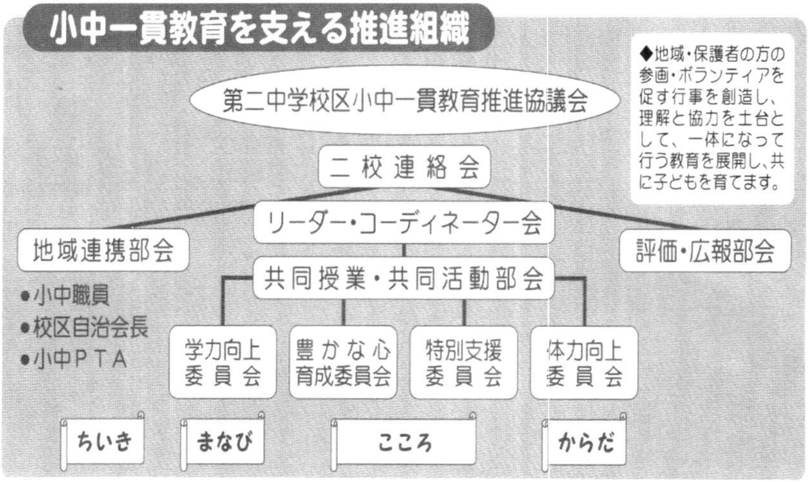

小中一貫教育を支える推進組織

- 第二中学校区小中一貫教育推進協議会
  - 二校連絡会
    - リーダー・コーディネーター会
      - 共同授業・共同活動部会
        - 学力向上委員会（まなび）
        - 豊かな心育成委員会（こころ）
        - 特別支援委員会（こころ）
        - 体力向上委員会（からだ）
    - 地域連携部会（ちいき）
      - 小中職員
      - 校区自治会長
      - 小中PTA
    - 評価・広報部会

◆地域・保護者の方の参画・ボランティアを促す行事を創造し、理解と協力を土台として、一体になって行う教育を展開し、共に子どもを育てます。

出典：「第二中学校区小中一貫教育グランドデザイン」パンフレット，平成27年4月1日

度654人です。第二中学校は1947（昭和22）年創立，生徒数は同年度336人です。

　市の方針を受けて，第二中学校と一ノ木戸小学校は2009（平成21）年に，第二中学校区小中一貫教育推進協議会（図3-3参照）を立ち上げて，第二中学校区の小中一貫教育を進めてきました。協議会のメンバーは教職員の異動等により毎年変わりますが，内部に三つの部会を置いています。共同授業・共同活動部会にはさらに学力向上委員会，豊かな心育成委員会，体力向上委員会，特別支援委員会が置かれ，小中の教職員が合同で担当しています。地域連携部会は小中教員，校区自治会長，小中PTAらで構成され，地域貢献活動等の企画運営を行います。評価・広報部会は小中の教職員で構成され，小中一貫だよりの発行や，小中学校共通評価項目の設定などを行います。

　2012（平成24）年9月に一ノ木戸小学校が第二中学校隣接地へ移転改築し，三条市初の小中一体校として開設しました。

第 3 章　各地の小中一貫教育

図 3 − 4　第二中学校区小中一貫教育グランドデザイン

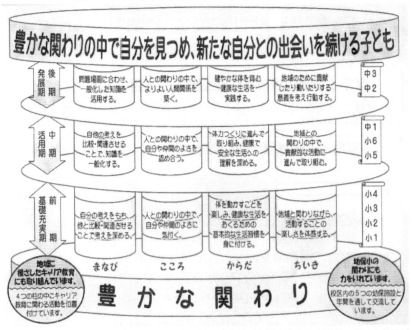

出典：「『小中一貫教育全国サミット in 三条』第二中学校区協議会全体発表資料　第二中学校区における小中一貫教育の取組〜『まなび』・『こころ』・『からだ』・『ちいき』の 4 つの視点から見える成果と課題〜」p. 7

　第二中学校区には，小中学校が一貫教育を通して共に目指す15歳の姿を示すグランドデザイン「豊かな関わりの中で自分を見つめ，新たな自分との出会いを続ける子ども」のほかに，小学校の学校教育目標「かしこく　たくましく　あたたかく」と，中学校の学校教育目標「互いに敬愛しあい　たくましく　実践する生徒」があります。これらの実現を目指して「まなび」「こころ」「からだ」「ちいき」の四つの力を柱とし，小学 1 年生から中学 3 年生まで，それぞれの発達段階（前期，中期，後期）に応じて，活動の目標を定めました（図 3 − 4 参照）。
　第二中学校区では一体校となる以前から連携型の小中一貫教育が進めら

れていました。例えば2010（平成22）年6月15日発行の「小中一貫だより第1号」（第二中学区推進協議会　評価・広報部会発行）によれば，同年度には，4月に中学校教員による小学校への乗り入れ授業（国語，算数，英語活動），5月には中学生が小学校運動会に補助役員としてボランティア参加，6月にも中学校教員の小学校乗り入れ授業，7月には児童会・生徒会の交流によるさわやか挨拶運動など，毎月のように小中共同の取り組みが行われています。

　2012（平成24）年に施設一体型校舎となってからは，さらに多様な取り組みが展開されてきました。その特色ある取り組みをいくつか紹介しましょう。

リトルティーチャー活動

　中学生が小学校の授業に参加し，小学生の学習支援を行う取り組みです。小学校は教科の学習，中学校は総合的な学習の時間における貢献活動の一つとして位置付け，小学生が中学生に憧れたり，中学生が小学生の役に立ったりしたという意識を高めることをねらいとしています。

　例えば2015（平成27）年7月23日発行の「小中一貫教育だより」には同年度第1回目のリトルティーチャー活動が6月3日と4日に行われたことが記されています。両日で69人の中学生が小学校1年から6年までの授業に参加しています。教科は算数，体育，外国語，絵本の読み聞かせなど様々です。2015（平成27）年度は全部で4回実施する計画となっています。

　この活動の後，中学生にアンケートの形で振り返りを行っていました。それによれば

　質問1：適切な言葉づかいで小学生に接することができましたか？
　　　　特にそう思う50人　　そう思う18人　　あまり思わない1人
　　　思わない0人
　質問2：相手の意見を聞き，自分の考えをわかりやすく伝えることができましたか？

特にそう思う47人　　そう思う21人　　あまり思わない0人
　　　思わない1人
　質問3：小学生に教えることで，改めてその学習内容の自分の理解が深
　　　　まりましたか？
　　　特にそう思う56人　　そう思う10人　　あまり思わない3人
　　　思わない0人
となっています。肯定的な評価が多く，小学生にとっても中学生にとっても，楽しく有意義な活動であることがうかがわれます。

いじめ見逃しゼロスクール集会

　2012（平成24）年度から，中学校生徒会が主体的に企画を行い，いじめをなくすための取り組みを行っています。参加するのは第二中学校の全校生徒と，一ノ木戸小学校の6年生です。

　2015（平成27）年度は9月30日に開催され，「仲間とは～本物の絆を求めて～」というテーマのパネルディスカッションが第二中学校体育館で行われました。「本当の仲間とは」「友達とのコミュニケーションのなかで，心がけていることは」などのテーマに分けて話し合いがもたれています。生徒会では「『仲間を大切にすることで，いじめを見逃さない学校をみんなで作る』という意識を育てたい」という願いがあり，活発な意見交換の中でねらいについて意識を深めることができたと振り返っています。

　事後のアンケートでは98％の児童生徒が「信頼関係の大切さに気が付いた」と答え，96％の児童生徒が「いじめを見つけたら先生に相談したり，注意したりする」と答えています（「小中一貫教育だより」平成27年11月18日発行）。

ノーディスプレイディの取り組み

　年に3回，「小中合同家庭学習強調旬間」を設定して，家庭学習の充実を目指しています。その取り組みでは，学習時間の目標を設定して，学習

内容や学習方法の充実も図るほか，テレビやゲームといったメディアに接する時間も短縮するように目標を立てて取り組んでいます。

旬間の終了後に，児童生徒および保護者に対してアンケート調査を実施していますが，2014（平成26）年6月2日から17日まで行われた小中合同家庭学習強調旬間では，ノーディスプレイデイの目当ての達成について，児童生徒の肯定的評価が前年度より10％増えています（「できた」2013（平成25）年度19％→2014（平成26）年度24％，「まあまあできた」同36％→同41％）。保護者についても同様に，肯定的評価が73％から77％へと4％ほど増加しています。

このことについて学校は，保護者からの声かけにより，子どもたちが意識的にメディアコントロールできてきたのではないかと分析しています（「小中一貫教育だより」平成26年7月24日発行）。

3-3 コミュニティ・スクールと小中一貫教育〜三鷹市〜

三鷹市は，都心から西へ約18km，東京都のほぼ中央に位置し，東は杉並区，世田谷区に，西は小金井市に，南は調布市に，北は武蔵野市にそれぞれ接しています。

三鷹市における小中一貫教育の取り組みについて，2015（平成27）年12月上旬に聞き取り調査を行いました。対応してくださったのは，三鷹市教育委員会事務局教育部指導課教育施策担当課長所夏目氏，三鷹市立第一中学校校長松永透氏（当時），同じく第六小学校校長山下裕子氏（当時）です。

注：内容についても，執筆当時のものである。

3-3-1 三鷹市の小中一貫教育

三鷹市長清原慶子氏（発刊当時4期目）が初当選したのは2003（平成15）年4月27日の選挙です。清原氏は同年4月16日付けの自身のオフィシ

ャルサイトで，立候補に向けて「清原けい子と三鷹市民の皆さんとのお約束2003年版」と銘打ったマニフェストを公開しています。

その中で，市長として当選したら実行に移すビジョンとして次の七つを掲げていました。

　①高齢者や障害者に安心を　安全で便利なバリアフリーの推進を
　②子どもたちに笑顔を　教育に地域の力を
　③地域に活力を　誰もが生きがいを
　④美しい緑と水の保全を　環境にやさしいみちづくりを
　⑤コミュニティのさらなる発展を　いきいきと心豊かな協働の推進を
　⑥市民サービスの向上を　徹底した行財政改革を
　⑦個性的な文化のまちづくりを　生涯学習による発信を

このうち②は，具体的な五つの項目で説明されていますが，その中の一つが「小中一貫教育の推進」でした。マニフェストには「市立小学校と中学校の教育を一貫して行うことで，学習に継続性と総合性をもたせるとともに，地域との連携を深めます。4年間の目標：小中一貫教育モデル校の設置」と明記されています。小中一貫教育は清原氏の選挙公約だったのです。

これを受けて教育委員会は，清原市長就任から10か月後の翌2004（平成16）年2月より1年間にわたり，延べ20回の市民との意見交換会やアンケート調査などを行い，2005（平成17）年3月に「三鷹市小中一貫教育校構想に関する基本方針」を策定しました。

基本方針の主な内容は以下のようなものです（図3－5参照）。

　①既存の小中学校を存続させた形で，児童生徒は現在の小中学校に在籍しながら，義務教育9年間の小中一貫教育を行う
　②小中一貫教育を支えるものとして，地域ぐるみで子どもたちの教育を応援する「コミュニティ・スクール」を積極的に推進する
　③義務教育9年間を通した小中一貫カリキュラム（指導計画）による学習活動の積み重ねを図り，授業や行事などの交流を中心として互いの

図3-5　基本構想における小・中一貫教育校構想のイメージ

三鷹市立小・中一貫教育校構想のイメージ図

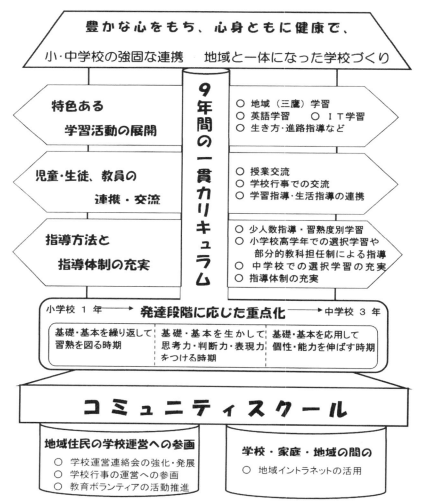

出典：三鷹市教育委員会「三鷹市立小・中一貫教育校構想に関する基本方針」p.6，平成17年3月

学びを深める
④開設準備検討委員会を設置して,具体的な検討を行う
⑤モデル校として第二中学校区に小中一貫教育校を開設する
⑥おおむね3年後に,順次各中学校区へ拡大する

　この基本方針に基づき,2005(平成17)年4月に,第二中学校区学校関係者,PTA・保護者の会からの推薦者,同窓会からの推薦者,第二中学校区地域からの推薦者,公募市民,学識経験者等で構成される「三鷹市立小・中一貫教育校開設準備検討委員会」が発足しました。この検討委員会には,小中一貫教育校の開設に向けて「学校運営部会」「カリキュラム作成部会」「コミュニティスクール部会」が組織され,さらに「カリキュラ

図3-6　三鷹市内7つの小中一貫教育校

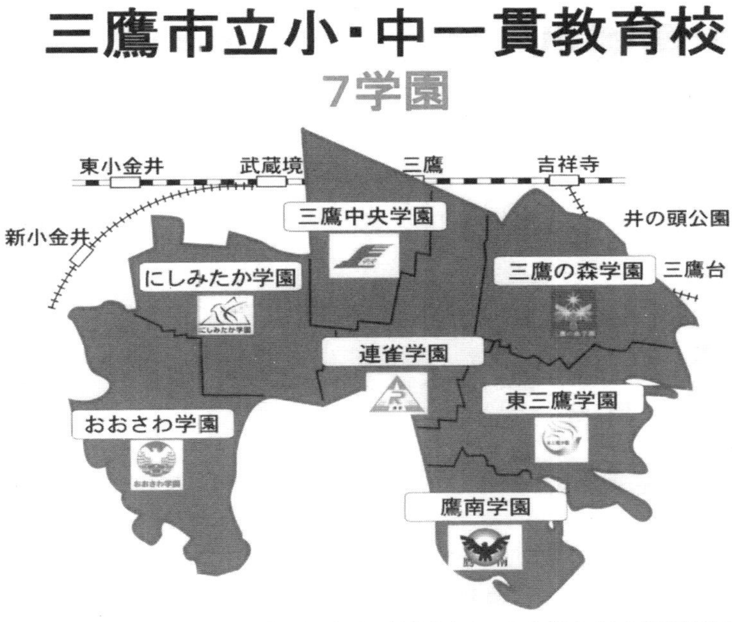

三鷹市立小・中一貫教育校
7学園

出典:三鷹市教育委員会,松永透「平成23年度　地域とともにある学校づくり推進協議会実践
　　発表『三鷹市のコミュニティ・スクール』」平成23年10月28日

ム作成部会」のもとに各教科ごとの「カリキュラム作成作業部会」が置かれました。94人の委員が述べ73回の会議を開催し，具体的な課題について検討しました。同検討委員会は同年9月に「小・中一貫教育校の開設に向けて（検討報告書）」を教育委員会に提出し，教育委員会は，先の基本方針と，この検討報告書をもとに，12月に「小・中一貫教育校の開設に関する実施方策」を策定しました。翌2006（平成18）年4月には，この実施方策に基づいて，三鷹市で最初の小中一貫教育校「にしみたか学園」（第二中学校，第二小学校，井口小学校）が開設されたのです。その後，にしみたか学園の取り組みを検証しながら，2009（平成21）年までには以下のように市内全ての中学校区で小中一貫教育校が開設されました（図3－6参照）。

○連雀学園（2008（平成20）年4月開設）第一中学校，第四・第六・南浦小学校
○にしみたか学園（2006（平成18）年4月開設）第二中学校，第二・井口小学校
○三鷹の森学園（2009（平成21）年4月開設）第三中学校，第五・高山小学校
○三鷹中央学園（2009（平成21）年4月開設）第四中学校，第三・第七小学校
○鷹南学園（2009（平成21）年9月開設）第五中学校，中原・東台小学校
○東三鷹学園（2008（平成20）年4月開設）第六中学校，第一・北野小学校
○おおさわ学園（2008（平成20）年4月開設）第七中学校，大沢台・羽沢小学校

コミュニティ・スクールを基盤とする小中一貫教育

　三鷹市の小中一貫教育の最大の特徴は，車の両輪のようにコミュニ

ティ・スクールと一体となって進められている点にあります。

　2004（平成16）年6月の「地方教育行政の組織及び運営に関する法律」の改正により，学校運営協議会制度（学校の運営に関する事項について教育委員会または校長に対して意見を述べることができる）が導入されました。この学校運営協議会が置かれた学校を「コミュニティ・スクール」といいます。

　三鷹市は，市立の七つの中学校と15の小学校全てに，学校運営協議会制度を導入すると同時に中学校区単位で小中一貫教育校として，七つの学園を設置しました。その際，同時に七つの各学園で小中一貫教育をはじめ，学園運営の取り組みを進めるために「コミュニティ・スクール委員会（以下，「CS委員会」と略す）」を設置しました。

　「三鷹市公立学校における学校運営協議会に関する規則」によれば，「第17条　教育委員会は，小・中一貫教育校～（中略）～において，学園の運営を円滑に推進するために必要な事項を協議する機関として，学園を構成するすべての指定学校の協議会で組織するコミュニティ・スクール委員会を設置することができる」，そして「第17条第4項　教育委員会は，学園を構成するすべての指定学校の協議会の委員全員をコミュニティ・スクール委員会の委員に任命する」としています。したがって，三鷹市のCS委員会は，文部科学省の定める学校運営協議会と同様の性格をもち，委員会の委員は学園運営とともに，学園を構成する全ての学校の運営について協議を通じて参画することになるのです。やや複雑ですが，三鷹市における学校運営協議会と，CS委員会との関係を図示すると，図3－7のようになります。

　CS委員会の委員（＝学校運営協議会委員）は，特別職の地方公務員の身分を有し，当該指定学校の職員の採用その他の任用に関する事項についても，当該職員の任命権者に対して意見を述べることができる等強い権限を有しています。

　CS委員会には，主に学校（学園）から地域に向かって情報発信し，活

図3−7　三鷹市の学校運営協議会とコミュニティ・スクール委員会の関係

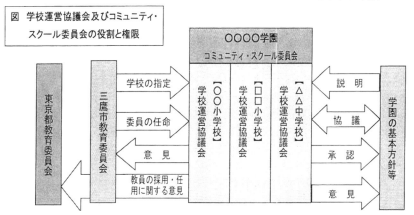

出典：三鷹市教育委員会「三鷹市立学校　学校運営協議会　三鷹市立小・中一貫教育校　コミュニティ・スクール委員会　委員のみなさんの手引き〈第4版〉」p.3，平成27年4月

動に関わっていく「地域部会」，学校（学園）の教育活動，事業等に対し地域からの協力を受けるための「支援部会」，そしてこれらの活動を含めて，各学園での取り組みを評価する「評価部会」の三つの部会が置かれました（当時）。そして，学園内の教職員組織と連携協働して学校運営に参画し，その評価の一端も担うこととなったのです（図3−8参照）。

3-3-2　連雀学園の取り組み

　連雀学園は三鷹市立第一中学校，第四小学校，第六小学校，南浦小学校の4校で構成されています。第一中学校と南浦小学校は隣接し，第一中学校から第六小学校までは徒歩約10分，第四小学校までは同じく20〜25分程度の距離です。連雀学園の学区は，三鷹市のほぼ中央を南北に貫き，JR三鷹駅の南から三鷹市役所にかけて，図書館や，太宰治の墓，ジブリ美術館等文化的な施設が集中している地域です。学習環境としては恵まれており，三つの小学校の児童が私立中学に進む一部の児童以外は全て第一中学校に進学することとなり，現在第一中学校は市内で最大の中学校となって

第3章 各地の小中一貫教育

図3−8 三鷹市の学園運営組織とコミュニテイ・スクール委員会

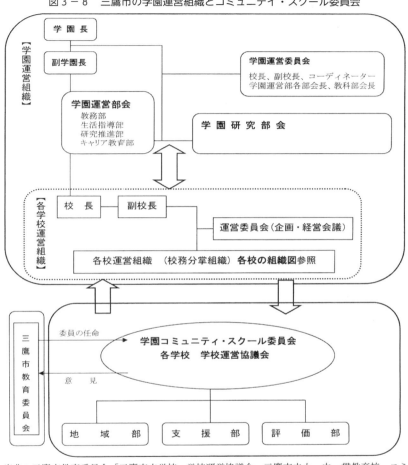

出典：三鷹市教育委員会「三鷹市立学校　学校運営協議会　三鷹市立小・中一貫教育校　コミュニティ・スクール委員会　委員のみなさんの手引き〈第4版〉」p.22, 平成27年4月

います。2015（平成27）年度，第一中学校の生徒数は781人，第四小学校の児童数は同じく484人，第六小学校は同じく748人，南浦小学校は同じく713人となっています。

　連雀学園では，構成する四つの学校の校長の中から学園長に1人，副学園長に3人が就任します。当時は2012（平成24）年度に第二代連雀学園長に就任した喜多村晃氏（第四小学校長）が，学園長を務めていました。

　毎年度，まずは学園長が主となって学園全体の経営方針を定めます。各校はその学園経営方針を受けて，各校なりの特色ある学校経営方針を定めるのです。

　例えば，連雀学園の教育目標は「地域に根ざし，たくましく現代に生き，進んで未来を創造し，社会に貢献する心身ともに健康な児童・生徒を育成する」で，連雀学園が目指す児童・生徒像は「学び続ける人　共に生きる人　心と体を鍛える人」でした。これを受けて第一中学校は教育目標を「たくましく現代に生き，進んで未来社会を創造する心身ともに健康な人を育成する。健康で心豊かな人間になるために，考える人　思いやりのある人　助け合う人　成しとげる人」と定めました。三つの小学校もそれぞれ，学園の目標を踏まえて自校の目標を定めています。第四小学校は「豊かな心をもち，社会の変化に主体的に対応できる能力を育てるとともに，世界に目を向け，共にきたえ高め合う子を育成する。ひとみキラキラ（挑戦する子）　こころワクワク（楽しく学ぶ子）　ひとにニコニコ（思いやりのある子）　からだグングン（体をきたえる子）」，第六小学校は「考える子ども　思いやりのある子ども　健康な子ども」，南浦小学校は「すぐれた知性と豊かな人間性を備えた心身ともに健康な児童を育てる　よく学ぶ子ども　よく遊ぶ子ども　よく働く子ども」となっています。

　連雀学園の特徴的な取り組みをいくつか紹介しましょう。

キャリア・アントレプレナーシップ教育

　三鷹市の全小中学校が力を入れていることの一つに「キャリア・アントレプレナーシップ教育」があります。これは，15歳までに身に付けておくべき人間力・社会力を育てる目的で，チャレンジ精神や創造性を発揮しながら，新しい価値と社会を創造していこうとする意欲と能力等を培う教育です。連雀学園でも，各校がそれぞれに工夫を凝らして取り組みながら全体として段階的に力を付けていくように取り組みを進めています。一例をあげると次のようなものです。

　○小学1年生「もうすぐ2年生」
　　来年度入学する幼稚園児，保育園児を招いて交流します。当日は1年生が学校内を案内したり，2年生が開く子ども広場（遊びのお店）を一緒に回ったりします。（第六小学校）
　○小学2年生「みなみうらゆうびんきょく」
　　実際に手紙を書いてポストに投函したり，南浦小学校内で「南浦郵便局」を開設したりして，全校児童で手紙交流を行う中で，手紙の収集，配達といった活動に取り組みます。（南浦小学校）
　○小学3年生「畑へ行こう」
　　学級農園での野菜づくりを地域の農家の方の支援を受けながら体験します。その後，農家の方の思いや苦労を知り，生き方や考え方を学びます。（第四小学校）
　○小学4年生「2分の1成人式」
　　ここまで育ててくれた親や地域の人に感謝の気持ちを伝える方法を考え，「2分の1成人式」を開き，将来の自分について決意を発表します。（第六小学校）
　○小学5・6年生「四小カンパニー」
　　三鷹に古くから伝わり，現在は失われつつある「紫草」をもう一度広く知ってもらうために紫草を用いた商品を開発，制作し，販売活動を行います。（第四小学校）

○小学6年生「給食のメニューづくり」
　田中農園の野菜講座を聞き，自分たちで野菜を育て，収穫した野菜を使って，おいしい給食を開発していきます。味はもちろん，栄養や費用，調理時間まで多面的に考えます。地域の方々をお招きし，審査会を行い，採用されるメニューを決めます。今まで学んだことをつなげていく学習です。（南浦小学校）
○中学1年生「職業人に話を聞く会」
　地域の職業人から実際に仕事についてお話を伺います。（第一中学校）
○中学2年生「職場体験」
　地域の多岐多様な60を超える職場に赴き，実際に働く体験をさせてもらい，「働く」とは何か，自分の将来はどうするかを考えます。（第一中学校）

連雀音楽会
　連雀学園の最上級生である第一中学校3年生の学年合唱を三つの小学校の5年生が聴き，一緒に合唱します。小学生に15歳の姿への憧れを抱かせ，見通しをもたせます。

小学校3校合同選択交流学習
　小学校3校の4年生，5年生が全員第六小学校に集まり，4校の先生のもとで交流しながら学習します。

　その他，算数・数学および外国語活動等でのチーム・ティーチング等の乗り入れ授業や，小中学校9年間の継続した個別支援による特別支援教育等，多岐にわたって交流活動が行われています。

コミュニティ・スクールの可能性

　三鷹市の教育の特徴は，小中一貫教育とともにコミュニティ・スクール

第3章　各地の小中一貫教育

の充実にあります。これは，もともと市民活動が盛んで，市民と行政の協働の取り組みが長年培われてきた三鷹市ならではの財産です。学校教育においても，保護者や地域住民の関心が高く，ボランティア活動も盛んです。

地域住民が学校運営や学校経営に力を尽くすためには，学校が開かれていることが大前提であり，現代の日本においては地方の小規模校ではそのような学校と地域の関係がしばしば見られますが，都会では稀です。しかも，様々な教育課題のみならず，現代日本が抱える困難の多くが，地域コミュニティの機能不全により拡大されていることは否めない事実です。

三鷹市の小中一貫教育と，それを支えるCS委員会の活発な活動のあり方は，都会における地域と学校の関係の一つのベンチマークとして特筆すべきことでしょう。

三鷹市教育委員会によれば2006（平成18）年に小中一貫教育を導入した後，小中学生の学力は向上し，中学生の不登校率は減少しています（図3－9，図3－10参照）。三鷹市の小中一貫教育はコミュニティ・スク

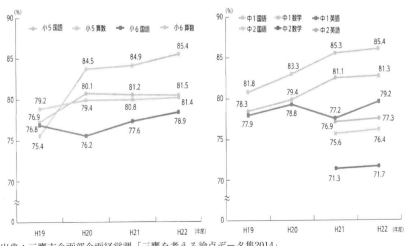

図3－9　三鷹市学習到達度調査平均正答率の推移

出典：三鷹市企画部企画経営課「三鷹を考える論点データ集2014」

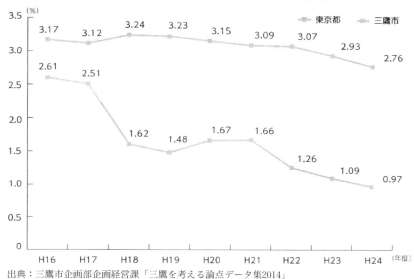

図3-10　三鷹市立中学校の不登校の出現率の推移

出典：三鷹市企画部企画経営課「三鷹を考える論点データ集2014」

ールと両輪で回ることによって，その長所を一層引き出せているのです。

　地域住民がいかに学校教育に関心を寄せるか，その関心の度合いが強ければ強いほど，教職員の工夫が増し，子どもたちの意欲が高まる場面を私は至る所で目にしてきました。三鷹市と同様の取り組みではなくても，保護者や地域住民を小中一貫教育のみならず学校教育にいかに取り込むことができるか，これが我が国の教育の大きな関心であることは間違いありません。そういった意味で，コミュニティ・スクールを基盤とした三鷹市の小中一貫教育がこれからの日本の学校教育の一つのスタンダードになっていくことでしょう。

3-4 横浜版学習指導要領で育てる「横浜の子」〜横浜市〜

横浜市は神奈川県の県庁所在地であり，政令指定都市の一つです。

横浜市における小中一貫教育の取り組みについて聞き取り調査を行いました。対応してくださったのは横浜市教育委員会事務局指導部指導主事室主任指導主事石川隆一氏，横浜市立日限山小学校校長本田耕平氏（当時）です。

注：内容についても，執筆当時のものである。

3-4-1 横浜市の小中一貫教育

2004（平成16）年7月，横浜市教育委員会は，21世紀に一層の発展を目指す横浜市の人づくりの重要性に鑑みて，心豊かでたくましい子どもたちを育成する教育の役割を重視し，これからの横浜の教育のあり方と改革の方向性について，横浜教育改革会議を設置して以下のような内容を諮問しました。

①教育内容に関すること
- 確かな学力を育む教育の推進
- 社会状況に対応した教育の推進
- 豊かな心を育む教育の推進
- 特色ある・魅力ある教育の推進

②学校運営に関すること
- 校内組織の整備と活性化
- 開かれた学校づくり
- 家庭・地域との連携の推進

③教育行財政に関すること
- 優れた教職員の確保と育成
- 教育行政組織の再編・整備
- 政令指定都市にかかる制度改正への対応

・教育委員会の機能向上

　この中で，教育内容に関することでは特に国際都市としての横浜における英語をはじめとする外国語教育について，および子どもたちの生活に急速に浸透しつつある，コンピュータなどの情報機器の正しい理解と活用能力の育成について検討を求めています。また，学校運営に関することでは，教育目標の実現に向けて主体的に実践する組織体制づくりや，学校評価などを通じて説明責任を果たす開かれた学校づくりなどの検討も求めています。

　この諮問の背景には，不登校やいじめの増加等の学校教育をめぐる問題の顕在化，市民アンケート調査による学校教育への満足度の低さや，ニーズや期待の高さに応える必要性，また，義務教育に関する権限と責任が政令指定都市に委譲されることが国において検討されていること等がありました。

　この会議は広く教育について見識を有する26人に横浜市教育委員会が委嘱し，安西祐一郎氏（慶應義塾大学塾長：当時）が座長として互選されました。他の委員は，横浜市PTA連絡協議会会長，自治会役員，小・中学校長会会長，大学教授，NPO団体理事長，民間会社役員，小・中学校教員，国立研究所役員，団体役員，冒険家，養護学校校長，幼稚園協会役員等多彩な顔触れでした。

　この会議にはそれぞれの諮問内容に応じて部会が置かれました。協議の中で小中一貫教育が登場するのは，「教育内容部会」（部会長　福田幸男氏：横浜国立大学教育人間科学部長：当時）の第3回会議（平成16年11月29日）からです。

　教育内容部会第3回会議議事録によれば，議論の中で国際都市横浜としての外国語教育，英語教育の観点から小学校・中学校9年間の連続性の中で身に付けるという方向が登場します。この議論は，やがて，語学のみならず，人間としての基本的な力の育成にまで発展していき，第8回会議

(平成17年7月25日)で,委員の中から品川区の小中一貫教育の例が引用されます。ここでは賛否両論が議論されていますが,小中の連携に関してはおおむね一致して歓迎されています。第10回会議（同年9月26日）では小中一貫教育の導入提案の議論に多くの時間が費やされており,一部委員から異論もありつつも小中一貫教育導入に向けて方向性が固まりつつあります。第13回会議（同年12月26日）では,最終的な答申の骨子となる内容について詰めていますが,ここでは学力のみならず生徒指導上の観点からも,小中一貫教育のカリキュラムや小中連携の生徒指導といった具体的な提案が盛り込まれました。その根拠や具体的な方策について,事務局に対し説明が求められ,事務局は次回,具体的な例を示し最終案につなげると回答しています。

そして横浜教育改革会議は約2年間の検討期間を経て,2006（平成18）年3月16日に,最後の会議を開き,各部会からの最終報告を受け,最終答申を教育委員会に対して行っています。

横浜教育改革会議最終答申

横浜教育改革会議最終報告書の主な内容は横浜の教育が目指す七つの視点と,その視点を具体的な取り組みにつなげる26の提案からなっています。

<u>七つの視点</u>
①自ら考え判断し行動できる力を育む教育を実現する
②しっかり教えしっかり引き出す指導観の再確認
③学校を開き自律・分権・地域参画型の学校運営を実現する
④マネジメント能力の向上により学校の"チーム力"を高める
⑤家庭と学校の役割を再確認し,相互に子どもの成長を支え合う
⑥横浜の教職員であることの魅力を高める
⑦教育行政は"現場主義"で保護者・地域の期待にこたえる

この中で,小中一貫教育については視点②の中で,提案10として「小中一貫や異校種間連携などを通じて教育の連続性を図る」と記されています。

本報告書はさらにそれぞれの提案について具体的な160の方策を明示しています。提案10については「小中一貫カリキュラムの策定や小学校高学年での教科担任制の導入，小中学校の人事交流等の異校種間連携を通じて，小中学校の指導観や指導方法の一貫性をとりつつ，教育の連続性を図る必要があります。また，幼・保・小や中高，高大が連携した教育内容や指導方法の開発にも取り組む必要があります」として，以下のように列挙されています。

・小中一貫した児童生徒指導の充実や指導観の統一
・小学校高学年での教科担任制の導入と小中学校の人事交流の促進
・小学校1年生，中学校1年生の不登校児童生徒を減らすための，積極的な幼保小連携，小中連携
・幼保小が連携した教育内容や指導方法の開発と実践の質的向上
・キャリアプランを見据えるなど，中高，高大が連携した多様な教育内容や指導方法の開発
・小中一貫カリキュラム（義務教育9年間連続の教育課程）の導入【「横浜版学習指導要領」の策定に合わせて】
・小1プロブレムの解消に向けた幼保小連携

横浜版学習指導要領

　横浜教育改革会議最終答申を受けて，2007（平成19）年，「横浜教育ビジョン〜「教育のまち・横浜」の実現を目指す10年構想〜」とそれを具体的に推進する「横浜教育ビジョン推進プログラム〜平成18年度から平成22年度までの5か年計画〜」が策定されました。その中で重点政策とされたのが，小中一貫カリキュラムを進める「横浜版学習指導要領」の策定でした（図3－11参照）。

　横浜市の小中一貫教育は，この「横浜版学習指導要領」に基づいて，以下のように進展していくことになります。

　○2006（平成18）年度

第3章　各地の小中一貫教育

図3-11　横浜教育ビジョン推進プログラム重点政策1

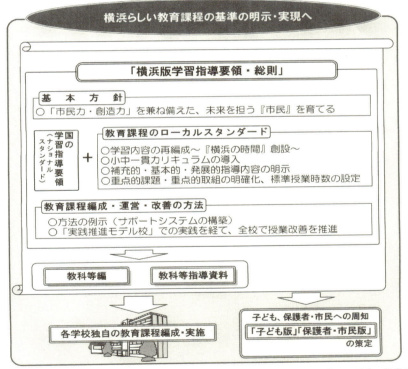

出典：横浜市教育委員会「横浜教育ビジョン　推進プログラム～平成18年度から平成22年度までの5か年計画～」p.5，平成19年1月

「横浜版学習指導要領　総則」「横浜版学習指導要領　素案」
　　　→横浜型小中一貫教育の基本理念の明示
○2007（平成19）年度
「横浜版学習指導要領　総則」「横浜版学習指導要領　総則解説」
　　　→横浜型小中一貫教育の方向性，カリキュラム策定の方向・理念を明示
　　　　　小中一貫カリキュラムの役割
　　　　　小中一貫カリキュラムの捉え
　　　　　小中一貫カリキュラムの編成・運営・評価・改善
　　　「横浜版学習指導要領」実践推進モデル校28校
○2008（平成20）年度
「横浜版学習指導要領　教科等編」
　　　→全ての教科等で9年間に身に付ける力の系統性を示し，小中一貫カリキュラムの基本を提示
　　　　　小中一貫教育実践推進校28ブロックに非常勤講師配置
○2009（平成21）年度
「横浜版学習指導要領　指導資料」
　　　→「総則」「教科等編」で示した内容・方法の実現を目指し，私立学校が基準とするベースカリキュラムを提示
　　　　学校・ブロックの特性や実態に応じたカリキュラム・マネジメントの推進
　　　　　全市立小中学校で小中一貫教育推進ブロックを設置
○2010（平成22）年度
「横浜版学習指導要領　評価の手引」
　　　→学習評価の考え方やあり方を示し，教科等ごとの具体的な評価規準を明示
小中一貫カリキュラムのマネジメント推進（現在も継続）
　　　　　小中一貫校開校（霧が丘小中学校・西金沢小中学校)

図3-12　横浜市の小中一貫教育推進ブロックの形態

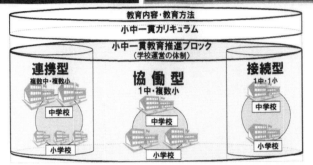

平成28年度は140ブロック（うち1ブロックは西金沢小中学校（小中一貫校））
※霧が丘小中学校は、28年4月に「横浜市立義務教育学校　霧が丘学園」に移行

注：本資料の最新版は2017年4月13日。
出典：横浜市教育委員会『「横浜型小中一貫教育」推進から充実へ〜義務教育9年間の連続性のある教育の推進」説明資料　2016年5月10日

〇2011（平成23）年度
「横浜版学習指導要領　授業改善ガイド（単元づくり編）」
　　　→小中合同授業研究会の実施
〇2012（平成24）年度
「横浜版学習指導要領　授業改善ガイド（教材研究・授業実践編）」
　　　→同上

　この後も、「横浜版学習指導要領」に基づくカリキュラムの編成と実施は続き、小中一貫教育推進ブロックは2016（平成28）年度現在市内全小中学校で140ブロック。うち1ブロックは小中一貫教育校（西金沢小中学校）です。小中一貫教育校から義務教育学校に移行した霧が丘学園はブロックに含めていません（図3-12参照）。

横浜型小中一貫教育の特徴

　横浜市は多くの公立小中学校を擁しますが，小学校と進学先の中学校の通学区域は必ずしも一致していません。したがって，小中一貫教育を展開する一つのブロックの中に複数の中学校が存在する例も見られます。そのため，横浜市では，敷地や校舎を共有するなどの物理的な条件に関係なく，同一ブロック内の小中学校の教職員が情報交換や連携を行い，義務教育9年間の連続性を図った小中一貫カリキュラムに基づく教育活動を推進し，「横浜教育ビジョン」に示された"横浜の子ども"（図3-13参照）を育んでいくこととしました。

　その特徴的な取り組みをいくつかあげてみましょう。

「横浜の時間」の創設

　"横浜の子ども"の姿の実現を目指し，総合的な学習の時間を核として，道徳，特別活動および教科との関連を重視した学習活動。環境・キャリア・食・健康・安全・多文化共生・福祉など，横浜が抱える課題や「横浜（まち）」の特色に応じた課題などについて，地域の人々等と関わりながら，体験的・問題解決的な学習活動を行います。

小中学校英語教育の推進

　実践的コミュニケーション能力を意図的・計画的に育成するために，小学校における国際理解教室の取り組みを発展させて，小学校より外国語活動を導入し，小中学校英語教育を推進する。小学校の全学年で「横浜国際コミュニケーション活動・YICA」（Yokohama International Communication Activities）を設定します。

横浜型指導モデルの推進

　「自らの目標を達成し，自らの知識と可能性を発達させ，効果的に社会

図3−13 「横浜教育ビジョン」が目指す"横浜の子ども"

「市民力・創造力」を兼ね備えた「市民」に向けて育つ
"横浜の子ども"とは

【基本】

【徳】【基本2】豊かな情操と道徳心
礼儀や規律を重んじ、家族を大切にし、他者を思いやり、相手の人格を尊重して行動します
○ いつもきちんとあいさつができ、感謝の気持ちを忘れずに「ありがとう」が言えます
○ 友人を大切にし、親や目上の人、先人を敬います
○ 物事の善悪をきちんと判断し、正義を重んじ、正直に生き、また辛抱と我慢を学びます
○ 個人の尊厳、人権の尊重、権利と義務、自由と責任を正しく理解します

【知】【基本1】幅広い知識と教養
学ぶ楽しさと創り出す喜びを通じて自らの可能性と人生を切り拓きます
○ 人の話を素直に聞き、課題解決に向けねばり強くやりとげます
○ 分からないことや困難なことにもあきらめずに挑戦します
○ 興味と関心を広げ、積極的に学び続けます

【体】【基本3】健やかな体
自分や他者の生命や体を尊び、自らの健やかな体をつくります
○ 早寝早起きをし、朝ご飯をきちんと食べ、規則正しい生活を守ります
○ 食生活の大切さを理解し、健康でたくましい体をつくります
○ 自分や人の生命と体を大切にします

【横浜らしさ】

【公】公共心と社会参画意識
横浜を愛し、積極的に社会にかかわり、貢献します
○ 小さなことでも、社会の役に立つために行動します
○ 社会の一員として求められる姿勢や資質を身に付けます
○ 地域社会や横浜、さらには日本のために、自らができることを考え、実践します

【開】国際社会に寄与する開かれた心
日本の伝統や文化を尊重しながら、国際社会の発展に貢献します
○ 日本と世界の社会や歴史、文化を積極的に学び、違いや共通点を理解します
○ 様々な人とのコミュニケーションを通じて、社会への視野を広げます
○ 地球環境を守るためにすべきことを考え、実践します

出典：横浜市教育委員会「横浜教育ビジョン〜『教育のまち・横浜』の実現を目指す10年構想〜」p.2，平成18年10月

に参加するために，テキストを理解し，利用し，熟考する能力」を伸ばすために，全教科等において「読解力向上へ向けた横浜型指導モデルの推進」を図る。読書活動を推進し，学校図書館の充実を図り，読書センター機能と学習情報センター機能の双方を果たすことができるようにします。

3-4-2　日限山中学校ブロックの取り組み

　日限山中学校ブロックは，日限山中学校（生徒数356人：2016（平成28）年4月1日現在），日限山小学校（児童数507人：同），南舞岡小学校（児童数253人：同）の1中学校2小学校で構成されています。お互いの学校は徒歩10分程度で移動できる距離にあります。

　2013（平成25）～2015（平成27）年度，日限山中学校ブロックでは「目指す子ども像」として「日限山中学校ブロックで育てる子どもの姿＝『今，必要なこと』『今，やるべきこと』『今，考えなければならないこと』を思索し，実行できる児童・生徒の育成に取り組みます」として共有していました。

　この「目指す子ども像」は横浜教育ビジョン等に依拠しつつ，地域・保護者の願いや教職員の願いを加味し，かつ，前年度の学校評価結果を踏まえた上で，3人の校長が話し合って決めたものです。この，日限山中学校ブロックで目指す「子ども像」を3校が共有し，それぞれの学校が目指す子ども像の実現に向けて，各校の特色や現状を踏まえた上で，各校の学校教育目標につなげていきます。

　学校教育目標はおおむね10年間を見越した長期目標です。それを踏まえて，全市立学校は教育委員会の方針により「確かな学力」「豊かな心」「健やかな体」の3分野を定め，それぞれ独自のアクションプランを策定して取り組んでいます。「人材育成・組織運営」と併せた4分野が横浜市の共通取り組み内容で，さらに各学校が独自に重点取り組み分野を定めています（表3－5参照）。

　日限山中学校ブロックの児童生徒交流の具体的な取り組みとしては，

2015（平成27）年度の場合，以下のような取り組みがなされました。
- 日限山中学校の体育祭（6月）に二つの小学校の6年生も参加して競技を行う
- 小学校の運動会（5月）では中学生がボランティアで片付けなどを手伝う
- 小6児童が中学校に登校し授業を体験したり，部活動に参加したりする（2月）
- はまっ子ふれあいスクール（小学校放課後事業の一つ）に中学生が夏休みを利用してボランティアで参加（8月）
- 小学校の特設クラブ（サッカー・バスケットボール）の練習に，中学校の部活動で生徒が参加する（9〜2月）
- ひぎりふれあいコンサートは毎年12月に日限山小学校体育館で開催されるコンサート。始まりは，日限山小学校の音楽クラブの成果を地域に発表する場として開催されたが，今では日限山小学校，南舞岡小学校，日限山中学校をはじめ，日限山コミュニティハウス（地区センター）で活動している，ひぎり地区にゆかりのある音楽グループなどが成果を披露する場となっている（12月）

　また，教職員交流の取り組みとしては，小中学校間での学習指導・生活指導の円滑な接続を実践していくために，小中学校の全教職員が集い，「小中一貫カリキュラムの検討」「合同授業研究会」「人権研修」等，年間5回の研修会を開催しています。

3-5　小さくてもきらりと光る小中連携〜三好市〜

　三好市は2006（平成18）年3月1日，徳島県三好郡の4町2村が合併して誕生しました。徳島県の西端にあり，西は愛媛県，南は高知県，北は香川県に接して四国のほぼ中央に位置しています。

表3-5 日限山中学校区小中一貫教育全体構想図

平成27年度 横浜市立日限山中学校区小中一貫教育全体計画構想図

日本国憲法・教育基本法・学校教育法・新学習指導要領・横浜教育ビジョン等

横浜版学習指導要領
○一人ひとりの児童・生徒にしっかりと教えしっかりと引き出す指導を通して、「知」「徳」「体」がバランスよく育つ「横浜の子ども」の育成を目指します。

(6つの重点課題)
【豊かな心の育成】
○連携教育の充実 ○道徳教育や礼儀・所作の充実 ○人権教育の充実
【健康でたくましい体の育成】
○体力向上の取組 ○健やかな心と体の育成
【確かな学力の育成】
○国語力及び学習言語能力の育成 ○理数教育の充実 ○外国語活動の充実
[コミュニケーション能力の育成]
○豊かな人間関係づくり ○社会的スキルの育成 ○外国語活動の育成
【情報化社会を生きる生徒の育成】
○情報活用能力の育成 ○情報モラル・マナーの育成
【社会の変化に対応する能力の育成】
○キャリア教育の取組 ○安全教育の取組

地域・保護者の願い
○小中一貫教育の取組を通してよりー貫性・連続性のある授業・下学年への対応を受けて欲しい。
○地域社会の一員として、ルール・マナーを学び、責任ある行動がとれるとともに地域に貢献できる生徒を育てて欲しい。

教職員の願い
○個性を発揮し、自らも共に成長できるような子どもを育てる。
○社会の基本的なモラルを身に付け、自立を目指しながらコミュニケーションを大切にし、より良い社会を創造しようとする子どもを育てる。
○他との関わりを大切にし、より良い社会を創造しようとする子どもを育てる。

学校評価より
○挨拶ができる子、素直で温かい人間関係作りができる子、「日限山中学校区のような」を今後も大切にしていく必要がある。
○地域に開かれた授業や生徒の姿に取り組みます。

小中一貫教育推進ブロック目標（日限山中学校区で目指す子どもの姿）

日限山小学校の学校教育目標	日限山中学校の学校教育目標
○子どもたちが学ぶ意欲をもち、粘り強く問題を解決できるようにします。	子どもたちにとって日限山中学校区は、楽しく充実した学びの場。○学ぶ意欲を持ち、子どもらが課題を見つけ、粘り強く解決することができるようにします。(知)
○子どもたちが人への思いやりをもち、基本的な生活習慣を身に付けることができるようにします。(徳)	○目標の生活を見直し、社会のモラルと人権を尊重する精神を身に付けます。(徳)
○子どもたちが自分や他人の生命や人権の大切さを理解し、健やかな体をつくることができるようにします。	○自己の心や体の健康に関わりをもち、健やかな体をつくります。(体)
○子どもたちが社会の変化に対応できるようにします。	○地域社会や社会の中で、活力ある発想をもち、自分らしさを発揮でき、広い視野から社会や人を取り巻く環境の変化に対応できるようにします。(知)

共通取組内容 「健やかな心」「豊かな学力」「優やかな心体」

日限山中学校の重点取組分野	日限山小学校の重点取組分野	南舞岡小学校の重点取組分野
[教育課程・学習指導] ○小中一貫カリキュラムをもとに、特色ある教育課程の編成に取り組み、PDCAサイクルを繰り返し実施する。○指導と評価の一体化を目指し、生徒の学習意欲の向上に繋げていきます。	[教育課程・学習指導] ○小中一貫カリキュラム、9年間を見通した教育活動を行うとともに、中学校ブロックでの小中連携を推進します。○医療のユニバーサルデザインの視点を大切に児童に応じた授業展開を実践する。	[特別支援教育] ○基礎・基本となる知識・スキルについて、互いに学習に取り組み、考える力を高めることを大切にします。(知) ○気持ちや態度を認め合い、友達などを思いやり、相手の立場や気持ちを理解しようとする子どもを育てます。(徳) ○互いの命を大切にし、健康な生活ができる子どもを育てます。(体) ○友達と協力して運動に取り組み、共に生きることができる場を広げられるようにします。(体)
		[特別支援教育] ○通常の学級に加えて情緒学級の児童力の向上を目指すとともに、児童理解能力に取り組み、子どもが安心して過ごせる環境作りに努める。

第3章　各地の小中一貫教育

[生徒指導]
◇生徒一人ひとりの理解に努め、個に応じた教育方法や教育の場を設定し、生徒の自己有用感を高める指導を進めています。

[特別支援教育]
◇情報交換の場を定期的に設定し、全職員の共通理解のもと、実態生徒に応じた実践活動を、継続的に行っています。

[人材育成・組織運営]
◇校内研修の計画的な実施により、適切な人権感覚、授業力、生徒指導、進路対応能力など、教職員の力量向上に努めています。
◇全ての教員が学校運営の担い手として、組織的に、校内外の活性化を図っています。

[児童指導]
◇自分からできる挨拶ができる子どもを育てるための指導を充実させます。
◇人権感覚を醸成し、様々な教育活動を通して児童一人ひとりが自己肯定感をもつようにします。

[教職員の目標・評価]
◇授業研究や研究会を活発的に組織に行い、教員の指導力向上を図ります。
◇授業以外の事務等の業務に積極的に参画し、情報を共有化しあいます。

[人材育成・組織運営]
◇世界を担う子どもを育てるため、チーム−として組織的に行い、教員一人ひとりが同じ方向に向かって目標をもちます。
◇校内研修の充実、授業力アップのために、校内の企画の明確化し、開始時での組織運営の力量向上に努めます。

[授業力の向上]
◇生徒一人ひとりが授業や学習活動の中への関わりを深化し、PDCAサイクルを授業の中に取り入れ、説明責任を果たし、結果としての力量の向上を図ります。

[国際理解・サポート体制の充実]
◇国際理解の意識高揚を図るため、よりよい子どもを育てる教員を設け、地域活動と学校活動の一体感をもって子どもたちを育てられるようにします。

[地域に根ざした教育の推進]
◇地域行事の推進により、並木祭・中等祭・体育祭、一人ひとりが学校行事づくりへの参画意識を高め、地域の興味やその後の広汎活動への意欲を高めます。

[人材育成・組織運営]
◇体力向上のための実践により、並木祭・中学祭・体育祭、一人ひとりが並木の目標のために教育課題・各年代活動に向けてそれぞれの役割の担当、連携確保等の相互連携確保等にしながら各校種の連携を明確にし、開始時での広汎活動の活性化のために、校内の課題・成果を明確にし、学校経営を円滑に進めます。

			知	徳	体	公・開
小学校	第１運動段階	1	学習に興味を持って運動に取り組み、基礎基本を身につけることができるようにします。	わがままを言わず、友達と仲良く助け合う心を持ち、きまりを守り、挨拶ができるようにします。	基本的な生活習慣を身につけ安全な生活をすることができるようにします。	身近な人たちと進んで触れあい挨拶を交わすなど、明るい気持ちを持ち、自立して生活することができるようにします。
		2				
		3	学習に興味・関心を持ち、粘り強さを発揮する勉強の仕方を身につけ、基礎・基本の定着を図ります。	友達のよさを認め合い行動ができ、自分からすすんで分かり合いで進めるようにします。	基本的な生活習慣を身につけ、健康・安全な生活をするとともに、ある決まりを大事にすることができるようにします。	外国語活動を通じて、遠方で異文化や地域の人々と関わり合う活動体験を通じ、多様な価値観や広い視野を持つことを目指します。
		4				
	第２運動段階	5	学習に興味・関心を持ち、自ら進んで解決する力を育て、基礎・基本の定着を図ります。	互いの良さを認め合い、協力し合う集団形成に努力し、自分の意見を発展し、表現に行動や伝えあい、伝えるような集団の生活を過ごす習慣を身につけます。	基本的な生活習慣を身につけ、自分の体を鍛えるとともに、自主的に活動力を養います。	身近な地域の教育活動・職場体験を通じ、自分たちの住んでいる地域や自分ができることを体験し、社会が広がっていくことを学ぶ。多くの人と出会い交流・体験活動の体験を身につけます。
		6				
	第３運動段階	7	基礎・基本の定着を図り、学習への関心を高め、自分たちのより効率的な学習方法が身につけるようにします。	共通目標を持ち、望ましい集団の形成に励み、自分からの生活や行動の様子を自ら考え、実践に気づくような公共性が発揮できるように努めます。	基本的な生活習慣を身につけ、明るく健康で活力ある生活できる態度を育てます。	身近な地域活動の機会を通じ、地域体験を通じ、自らの心持ちや地域の人々と触れあい、地域と行動とともに多様な価値観を身につけるとともに、自然のたのしむ心を育みます。
中学校		8	基礎・基本を身につけ、それを活用して発展的な学習に励み、関心を持って取り組む態度を身につけます。	相手の立場を考え、他人を思いやると共に、自分を律することができると考え、行動できる態度を育てます。	曲がりなりにも良いものを求めることにあたたかく、美しいものへ探求し、豊かな心を育てます。	自然現象への理解を深め、世界の歴史や文化を体験的に学び、日本人としての自覚を持ちながら、社会や国際的に協力し、日本とつながる国々の文化を理解することを通じ、自国文化への自覚を持つことができるようにします。
		9	授業の延長で自分たちから学ぶ姿勢を持ち、探求する学力を育てます。さらにのようなの知識や技能を持ち、自分から取り組み行動に移行する力を育てます。	生き生きと学び、自主性にもっとも行動力を身につけます。	生命の重要性を認識し、美しいものの価値あるものを大切にする心を育て、豊かな心や周りに心を大切にします。	様々な文化を体験し、世界の歴史や文化を体験的に学び、社会に貢献の深い学習を行い、社会に貢献できる活動を通じて、日本上で社会を豊かにするとともに、多様な価値観をもち、よりよい社会の構成に参加ができるようにします。

出典：日限山小学校聞き取り調査参考資料

三好市における学校教育の現状について2016（平成28）年2月下旬，聞き取り調査を行いました。対応してくださったのは三好市教育委員会学校教育課課長東口栄二氏，同課山本朱美氏，および三好市立東祖谷小・中学校校長向井敬治氏（当時）です。

注：内容についても，執筆当時のものである。

3-5-1　三好市の教育

　三好市の学校教育の最大の課題は児童生徒数の急激な減少です（図3-14参照）。2006（平成18）年に市制施行した三好市ですが，2007（平成19）年5月1日現在，小学校30校と1分校，児童数1,554人，中学校7校，生徒数860人であったものが，5年後の2012（平成24）年5月1日現在では，小学校18校で児童数1,086人，中学校6校で生徒数743人となっ

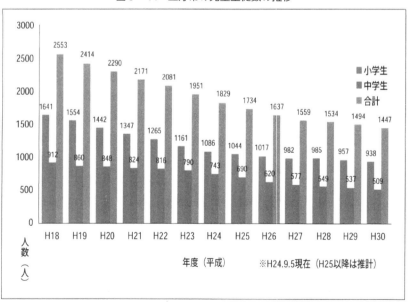

図3-14　三好市の児童生徒数の推移

出典：「三好市総合計画基本計画（平成25年度〜平成29年度）」p.63

ています。

　過疎化・少子化は特に山間地域で著しく，休校・廃校が進んでいます。この傾向は今後も続くと見られています。

　少子化の影響は就学前教育にも及び，2007（平成19）年に17の公立幼稚園があったものが，2012（平成24）年には9園となっています。

　このような現状と，幼保連携等の新しい教育や保育に対するニーズの高まりなどを受け，地域の実情に応じた就学前教育の充実を図っていくとともに，幼稚園（保育所）・小学校・中学校相互に連携の取れた教育活動を展開していくことが必要であると認識されました（三好市総合計画基本計画：平成25年度〜平成29年度）。

三好市教育振興計画

　三好市では特に小中一貫教育を標榜していませんでしたが，児童生徒数の減少に伴う小中学校施設の一体化は過疎化の著しい一部の山間部で試みられており，小中連携教育の重要性も指摘されてきたことから，実質的には小中の一体的な教育が行われ，学校評価を含めた小中一体の学校運営の工夫が行われてきました。

　我が国全体における少子化傾向と，全国各地の現状から，三好市における小規模の小中一体型施設校における教育の取り組みは，参考にするべきものが多いと考えて，あえて事例の一つに選択しました。

　三好市が2009（平成21）年に策定した三好市教育振興計画，および2015（平成27）年度の中間見直しから，三好市の教育に関する方向性と特徴を見ていきます。

<u>三好市教育の主要課題</u>

　前述したように，最大の課題は少子化です。教育振興計画策定当時，小学校の半数以上が児童数20人以下の小規模校であり，約3分の2の学校で複式学級による授業が行われていました。中学校も生徒数が30人に満たな

い学校もあり，部活動などの学校運営に支障が出ていました。こうした少子化傾向は当分続くと予想され，学校の小規模化に対する対応策とともに，学校の適正規模，適正配置に関する検討が急務でした。

また，学校施設の老朽化や耐震化の遅れも深刻で，計画的な施設整備に迫られていました。

さらに，2007（平成19）年4月の全国学力・学習状況調査によれば，「読み・書き・計算」等の知識としての「基礎学力」はおおむね定着しているものの，それを活用する「応用力」の育成が十分ではないという結果が出ていました。平均正答率において学校間格差が大きく，地域間格差等も見られることも明らかになりました。

三好市教育の基本理念・基本目標・基本方針

三好市の豊かな自然や，伝統芸能・文化財の継承発展のために，郷土を愛し，郷土に誇りをもつ市民の育成が重要であること，また，全ての市民が生涯にわたって自ら学び，豊かで充実した人生を送ることができる生涯学習社会の実現に向けて，「郷土(ふるさと)を愛し，生涯を通して『学び』を実現する教育の創造」を基本理念と定めました。

この基本理念達成の視点として，生涯を通して自ら学ぶ「ひとづくり」と，生涯を通して，共に学べる「環境づくり」を掲げ，基本目標を「一人ひとりが輝く，活力ある教育の推進」と定めました。

さらに，基本目標を達成するための教育の柱を「生涯学習」「学校教育」「教育環境」の三つと定め，それぞれに教育方針を定めました。市民が「いつでも」「どこでも」「だれでも」「いつまでも」学び，社会参加できる生涯学習社会を目指して「楽しく，生きがいあふれる生涯学習の推進」，「確かな学力」「豊かな心」「健やかな体」等の「生きる力」の育成を図る「たくましく，未来にはばたく子どもの育成」，安心，安全に学べる教育施設の整備と教育の質を高めるための教育環境の整備・充実を推進する「豊かな『学び』を支援する教育環境の整備・充実」です。

「たくましく，未来にはばたく子どもの育成」

　基本方針のうち，主に学校教育に関わるものです。国の大きな教育改革の流れの中で，各学校では，子どもや地域の実態を踏まえ，一人一人の個性を生かし，その能力や適性を伸ばすことができる教育の実現を求めて，以下の三つを進めるとしています。

①地域の特性を生かした特色ある学校づくり

　国の大きな教育改革の流れの中で，子どもたちの個性や能力に応じた教育を行うために，各学校が地域の自然や教育的施設，教材や人材等の教育力を十分に活用するなどして，地域の特性を生かした教育活動の展開や特色ある学校づくりを推進することが重要であるとして，具体的に三つの施策を掲げました。

○ナンバーワン・スクールの推進

　学校教育目標は，国および県・市教育委員会の教育目標（方針），社会や地域住民・保護者の要請，また，これまでの各学校の歴史・伝統等を踏まえながら，それぞれの学校が将来を見据えつつ，目指す学校像や児童生徒像を明確にして設定されます。

　こうした教育目標を実現するための教育活動では，各学校の実態に応じた独自性や創造性は尊重されるべきであり，当然ながらその指導内容，指導方法等は同一ではありません。

　市ではこれまで，地域や学校の特性，または，実態を生かした創意ある教育活動を展開する「オンリーワン・スクール」の実現を目指した学校運営に取り組んできましたが，今後も子どもたちが，将来社会の中で力強く生きていくための力を育むために，学校における長期的目標の明確化を図り，特色ある学校づくりの取り組みを公表するとともに，家庭や地域社会の理解や協力を得て，「オンリーワン・スクール」をさらに前進させた「ナンバーワン・スクール」の実現を目指した取り組みを推進していきます。

○ステップアップ・スクールの推進

　「ナンバーワン・スクール」の主題が中・長期的な学校教育目標であるのに対して，この「ステップアップ・スクール」の主題は，1年程度の比較的短期間に達成可能なものを設定しています。

　各学校の毎年度の，重点教育目標のうち，特に重要なもの，あるいは緊急度の高い教育課題を取り上げ，子どもたちの現在の到達段階（レベル）を明確にするとともに，その段階からさらに一段高い到達目標を目指す取り組みです。

　主題設定（P），教育実践（D），評価（C），改善・改革（A）という学校経営のサイクル活動を通して，各学校の重点目標とその成果が明らかになります。そのため，各学校では，毎年度末に教職員，保護者，地域住民が総ぐるみで学校評価を適切に行い，子どもの生きる力の育成を目指した取り組みを推進していきます。

○学校支援ボランティア体制の確立

　これからの教育は，生涯学習の視点に立った教育の確立や振興を目指し，地域の人々が様々な形で学校運営を支援し，また学校が生涯学習の拠点として地域に貢献するなど，学校，家庭，地域社会が一体となった連携・協力関係を構築することが重要です。

　「ナンバーワン・スクール」や「ステップアップ・スクール」の実現にも，家庭や地域社会の理解・協力体制が不可欠です。

　現在行っている放課後子ども教室などのほか，学校運営協議会の設置や学校支援地域本部事業などの充実にも積極的に取り組むことが求められます。

② 「生きる力」を育む学校教育の充実

　「生きる力」は「確かな学力」「豊かな心」「健やかな体」の三つからなります。この三つに対応して具体的な施策を進めます。

　○「確かな学力」を確立する学習指導の推進

　　ア　基礎的・基本的な知識・技能の習得

各校の取り組みを尊重し，支援していきます。
　イ　思考力・判断力・表現力の育成
　　・子どもたちにより良い充実した学習機会を提供するために，2015年（平成27）年度より「年6回の土曜授業の実施と長期休業日の短縮」を行い，学校におけるゆとりある教育課程の編成を可能にします。
　　・2008年（平成20）年度より，管理職経験退職者を「エドバイザー」（学校教育指導員）として5人採用し，各学校に派遣して，市全体の学力向上を目指す三好市独自の施策です。
　ウ　学習意欲の向上や学習習慣の確立
○豊かな心を育成する道徳教育の充実
○たくましい体と健康づくりの推進

③開かれた学校教育を支える支援体制の強化
　現代の時代に見合った地域のあり方を見据え，学校と地域の新たな関係を模索しながら構築していきます。
　○地域の教育力を活用した体験学習の推進
　　ボランティアの人材バンクの設立など
　○学校評価システムの確立と推進
　　三好市においては，小規模校が多く各学校と地域との関係が密接であるために学校の状況等も把握しやすいことなどから，PTA活動等を通して評価を実施している学校がほとんどです。しかし，教職員や保護者のみによる評価は形式的で惰性に流れやすく，評価のための評価に陥りやすい傾向にあります。真に学校改善につながる評価，常に子どもたちのステップアップを目指す評価であるために，各学校の教育目標や「ナンバーワン・スクール」「ステップアップ・スクール」等の実現や具現化に向けた取り組みとその成果が，適正に診断できる自己評価や学校関係者評価のシステムづくりが必要です。
　　また，市内の全学校で，保護者や地域住民から学校評議員（評価

者）を選任して評価を行う学校評議員制度を導入し，広く外部からの声を聴き，より開かれた学校運営，信頼される学校づくりを目指した学校運営を実践していきます。

　これからの学校は，適切に説明責任を果たすとともに，保護者や地域住民から理解と参画を得て，学校・家庭・地域社会の連携・協力による学校づくりを進めるべきであり，地域の実情を踏まえながら，学校評議員制度の全市的な拡充へ向けた取り組みが必要です。

　学校評価の公表については，学校だよりや保護者説明会だけでなく，ホームページに掲載するなどして広く地域住民にも伝えることが重要です。

　なお，学校運営協議会制度についてもモデル地域における実績状況等を慎重に見極めながら，導入への検討を図る必要があります。
○家庭の教育力向上の推進

<u>豊かな「学び」を支援する教育環境の整備・充実</u>
　基本方針のうち，主に教育委員会主導で進められる部分です。
①適正規模，適正配置に考慮した学校教育の推進
　小規模校の多い三好市ですが，市域の面積も広いことなどから，学校統合の動きは一段落したと言われます。しかしながら，2015（平成27）年度においても小学校16校中，10校が複式学級を抱え，中学校でも複式となる学校が現れています（表3－6参照）。

　三好市では，この小規模性や複式の学習形態を強みと捉えて，地域に根差し，地域に開かれた教育に取り組みながら，少人数で子どもの個性を生かすきめ細やかな指導，地域の人材，自然，歴史等の教育資源の活用，異校種間や地域との連携を図るなど，学習環境を生かした教育実践を図ることとしています。

　そのために，複式学級における学習形態の改善や少人数における学習の指導方法の工夫，ICTを利活用した学校間の交流学習，小中の一貫し

表3-6　複式学級の設置状況　(平成26年5月1日現在)

区分	単式学級数 (A)	複式学級数 (B)	合計 (C)	複式学級の割合 (B/C) ×100
全国	338,401学級	5,231学級	343,632学級	1.5%
徳島県	2,224学級	60学級	2,284学級	2.69%
三好市	107学級	11学級	118学級	10.28%

(学級数の中に特別支援学級は含まない)
出典：三好市教育委員会「三好市教育振興計画　後期計画（平成27年度～平成30年度）」p.46,
　　　平成27年8月25日

た教育活動の推進など，児童生徒の実態に合わせた教育課程を作成し実践していく，教育環境の積極的な支援体制が重要であると捉えています。

○ネットワークを活用した連携教育の推進

　三好市では徳島県の進める「チェーンスクール」を積極的に取り入れて，学校の小規模化の課題に対応していこうとしています。

　「チェーンスクール」とは，小規模校を維持しつつ，近隣の複数の学校を相互に結び，各学校の人的・物的資源を相互に活用しながら，多様な学びを保障する学校間連携の考え方に基づく取り組みです。教職員の指導力の向上や児童生徒の学力の向上，地域の活性化などの効果が期待できるとしています。

　「チェーンスクール」では，児童生徒が近隣の学校を訪問して合同学習を行ったり，テレビ会議システムを使って「話す」「聞く」態度を身に付け，多様な人間関係の中で，新しい見方・考え方を広め，互いの意見や考えを伝え合い，認め合いながら，自己の生き方・あり方を生み出していく力を形成することが期待されます。

○小中連携および一貫教育の推進

　三好市では，子どもたちの多くが幼少期から同じ顔ぶれのため，個々の立場が固定され，コミュニケーションの取り方や，自分で考え行動していく力等が十分身に付かないといった課題があります。このような環境では中1ギャップに陥る傾向も見られます。

このため，小規模校の特性を生かした教育活動の実践に向けて，教員の専門的知識の有効活用を図る教科担任制の導入や異校種の教員の相互乗り入れによる授業の実践，小中9年間を通した系統性のある教育課程の編成，学習や行事の交流，小中の教職員が一体となった研修会の開催などが可能となる小中連携・一貫教育に取り組むことが重要です。
　○認定こども園の拡充
　　幼稚園と保育所の機能や特徴をあわせもち，地域の子育て支援も行う施設「幼保連携型認定こども園」の拡充を早期に図り，幼児教育や保育，子育て支援の量の充実や質の向上を進める必要があります。
②安心で安全な施設設備の整備・充実
　○校舎等の耐震化の推進
　○食育の推進と地産地消
　○学校内外の安全確保と地域のボランティア活動の推進
③情報化社会に対応した教育環境の充実
　　三好市では幼小中の全学校を光ファイバーで結び，インターネット接続環境が整備されています。
　　また，小中学校の教育用コンピュータの配置状況は，1台あたりの児童生徒数が1.8人（2014（平成26）年3月1日現在）となっており，国の目標3.6人をクリアしています。校内LANの整備，全教職員に各1台配備など，情報化の環境整備状況は良好です。
　　さらに，全ての学校でホームページが開設されて学校の様々な情報がホームページを通じて家庭や地域に配信されるとともに，校内の多種多様な事務処理にICTが利便性を発揮し，校務の簡素化，事務時間の短縮化が図られてきました。
　○ICT教育環境の充実と活用
　　デジタル教科書・電子黒板は小学校において2014（平成26）年度に全普通教室に整備，中学校は2016（平成28）年度以降に整備予定です。

1人1台のタブレットPCは2010（平成22）年に池田小学校，辻小学校をモデル校として整備し，今後全学校へ広げていく計画です。
　これらのICT教育環境を活用するために，同年度よりICT支援員を配置しています。
○教職員のICT指導力の育成および向上
○情報モラルの教育の推進と青少年の保護

三好市の「チェーンスクール」

　三好市西祖谷(にしいや)地区における「平成27年度　小中一貫教育（徳島モデル）推進事業」の「チェーンスクール」の取り組みを，少し詳しく見てみましょう。

　三好市教育振興計画で見たように，徳島県が「チェーンスクール」と呼ぶものは，いわゆる，施設分離型小中一貫教育に相当するものです。西祖谷地区において三好市立西祖谷中学校と，樫生(いちう)小学校，吾橋(あわし)小学校の3校が取り組んでいます。三好市では，統合すれば通学距離が長くなりすぎて，スクールバスを利用しても長時間の乗車が児童生徒に与える影響を考慮してこれ以上の統合は困難であるため，ICT等を活用したチェーンスクールの取り組みによって，多種多様の子ども同士の交流を広げていきたいと考えています。

　西祖谷中学校は2015（平成27）年度生徒数12人，樫生小学校は同じく児童数31人，吾橋小学校は同じく児童数10人，いずれも小規模校です。

　合同の行事として，中学校の運動会に小学校の児童が参加したり，地域合同で茶摘み体験学習や合同避難訓練などを行っています。

　また，乗り入れ授業としては，西祖谷中学校の英語教員とALT（外国語指導助手）が両小学校に出向いて，5・6年生の英語の授業を行ったり，樫生小学校の剣道の得意な教員が，中学校の生徒に剣道を教えたり，吾橋小学校の教頭先生が中学校で書写の指導を行ったりしました。また，小学校同士合同で1・2年生の生活科の授業に取り組みました。

教職員合同の研修会も1年間で6回開催され，児童生徒・教職員それぞれが，他の学校の人的・物的資源を相互に活用しながら「チーム西祖谷」としての一体感と，多様な学びの取り組みを実践してきました。

子どもたちや教職員の感想はおおむね好評で，今後は研修会のもち方や，早期の計画立案など，さらに改善してより良い取り組みを目指していくとしています。

3-5-2　東祖谷小・中学校の小中連携教育

2006（平成18）年3月に，徳島県三好郡の三野町・池田町・山城町・井川町・東祖谷山村・西祖谷山村が合併して三好市が誕生して以降，学校の統廃合が進んでいきました。

特に，東祖谷(ひがしいや)中学校区（旧東祖谷山村）の五つの小学校の統合は予想以上のスピードで進行し，2009（平成21）年，東祖谷中学校の敷地内に小中一体型の新校舎を建設することが決定，2012（平成24）年4月，地元産木材使用の木造校舎が完成し，小学校の統合と同時に「小中連携教育」がスタートしました。

施設一体型教育のスタート

向井校長先生は東祖谷小・中学校の初代校長です。2012（平成24）年4月から4年間勤めあげ，2016（平成28）年3月で定年退職を迎えました。もともと，東祖谷山村の出身で，前任は統合前の東祖谷中学校区にある五つの小学校の一つである栃之瀬小学校の校長先生でした。

東祖谷小・中学校は小学校と中学校に別々の校歌と校章がありますが，校長先生は一人です。三好市内に他に施設一体型の小中学校はなく，三好市教育委員会も基本的に学校の裁量に任せていたので，まさに校長先生自ら手探りの状態でゼロから小中の連携教育をつくり上げてきたのです。向井校長先生のリーダーシップと手腕がこの学校の今をつくり上げたといっても過言ではありません。

開校からの歩みを連携教育の充実に視点をあてて振り返ってみましょう。

〈2012（平成24）年度〉

4月に施設一体型の小中学校が開校しましたが，教職員は一人として小中連携・一貫教育の経験がありませんでした。小学校の教員は教科担任制の経験がなく，自分の担任した学級は自分で教えたい気持ちが強かったと言います。中学校の教員も同様に，自分が小学生に教えることに，最初は少し戸惑いを覚え抵抗したと言います。

そこで最初は，管理職が率先してやってみせようと，中学校の教頭先生が小学校で理科を教え，小学校の教頭先生が中学生に書写（国語）を指導しました。

子どもたちには大変好評でしたが，教員たちの意識改革がまだまだ必要と感じ，校長先生から教職員向けに校長だよりを頻繁に発行して小中連携教育の意義や方法を浸透させていきました。

そして，小中連携を進めるためには教職員がそれぞれの学校を相互理解する必要があること，教職経験の少ない若い教員が多く，教職員のスキルをあげなければならないという課題もあったことなどから，次のような四つのプロジェクトを立ち上げて連携教育を推進することとしたのです。

小中連携プロジェクト

　プロジェクト①　キャリア教育の推進

　プロジェクト②　教職員の交流

　プロジェクト③　広報活動と地域との交流

　プロジェクト④　組織のスリム化

各プロジェクトに中堅クラスのリーダーを置き（図3－15参照），リーダーを中心に研修を進めていきました。結果的には，このプロジェクト制が教職員の自発的な研究意欲を喚起して，意識改革や小中連携の工夫にはとても効果的であったと向井校長先生は，説明の中で何度も強調されました。

図3－15 東祖谷小・中学校の研究組織図

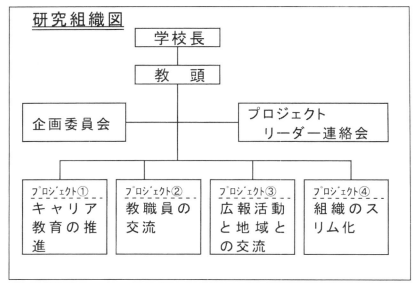

出典：三好市立東祖谷小・中学校「連携教育 平成25年度東祖谷小・中学校の実践」p.3，平成26年

〈2013（平成25）年度〉

　開校2年目は，4月9日の「小中合同入学式」を皮切りに，「小中合同人権集会」「小中合同食育集会」等，多くの交流行事が実行されました。また，2012（平成24）年9月に同じ敷地内に開園した「認定こども園」との連携も進めていきました。

　さらに，文部科学省の「学校のマネジメント力を強化するための実践研究事業」の研究を受託し，鳴門教育大学大学院学校教育研究科教授久我直人氏の指導のもと，教職員研修に力を入れながら「学校評価の充実・強化に関する実践研究」を行いました。

　同時に小中連携の様子を保護者に伝えるために「校長だより　小・中連携」（図3－16参照）を保護者向けに頻繁に発行しました。

　小学5・6年生での一部教科担任制や，小中相互乗り入れ授業も少しず

第3章　各地の小中一貫教育

図3-16　「校長だより　小・中連携」No.14

校長だより　小・中　連携
9月12日号（NO14）

飛　燕　祭

　9月8日（日）新しい体育館で『飛燕祭』を開催しました。昨年度までの歴史館での開催に比べて，準備や当日の運営が効率よくできました。
　その他の変更点は，
○日曜日開催にしたこと　○父ちゃんの店が初出店したこと　○小学生が合唱に参加したこと　の3点です。その結果，地域や保護者のみなさん合わせて100名近い方々が参加してくださいました。大盛況のうちに終了することができました。保護者の皆様，ご協力本当にありがとうございました。

小・中学生全員の合唱

祖谷衆太鼓

有志によるパフォーマンス

母ちゃんたちは大忙し

父ちゃんの店も大繁盛

劇「桃太郎と桃二郎」

運動会小・中合同練習

中学生が小学生に，フォークダンスを優しく教える姿が印象的

園・小・中の連携

「子ども園，小・中学校」合同の避難訓練実施に向けて，西消防署祖谷分署の方の指導を受けながら計画を進めています。

出典：向井敬治「校長から見た『東祖谷小・中学校連携教育』の姿（平成25年度）」より一部抜粋

つ増やしていきました。実際にやってみると，子どもたちは喜び，小中間の系統だった指導が可能になるなど，教員の方でもメリットを感じるようになり，次第に東祖谷小・中学校の連携教育は充実していきました。

具体的な連携教育

　東祖谷中学校の生徒数は2015（平成27）年度22人，小学校の児童数は39人です。校長は１人（中学校籍で小学校を兼務）ですが，教頭は小中それぞれに１人ずつ，計２人います。それ以外の教職員は小学校に10人，中学校にも10人います。うち，養護教諭は中学校籍で小学校兼務，事務職員は小学校籍で中学校兼務，学校用務員は中学校籍で小学校兼務です。全ての教職員が小中の兼務発令をされています。小中学校の時程は異なりますが２校時目，５校時目，６校時目の開始時間をあわせて，交流授業などをやりやすく工夫しています。

　施設一体型であること，児童生徒数の少ない小規模校であることのメリットを生かし，日常的に様々な交流活動が行われています。その主なものを紹介しましょう。

中学生の小学生への手洗い指導

　2014（平成26）年の冬から，インフルエンザ流行の季節を前に，中学校の保健給食委員による小学生への手洗い指導を行っています。小学生が自分のやり方で手洗いした後，中学生が「手洗いチェッカー」を用いて，きれいに洗えているかどうかをチェック。その後，きれいに洗える洗い方を一人一人に丁寧に指導します。洗い残しが多いのは爪の間，指の付け根，手首等であることを理解させ，洗い方の注意を行います。

　2015（平成27）年度は11月18日に小学２年生に指導。その後，19日には３〜４年生，21日に６年生，25日に１年生と５年生の半分（６人），28日に５年生の残り半分（７人）に指導し，小学生全員が正しい手洗い方法を身に付けることができました。

小中合同バイキング給食

　2015（平成27）年1月29日には，初めての小中合同バイキング給食が実施されました。これに，1月24日から30日までの「全国学校給食週間」にちなんだもので，小学生には事前に栄養士による食育指導も行われています。

　当日は，中学校の保健給食委員会から全校児童生徒に食事のマナーや注意事項が説明されました。配膳では中学生や小学校高学年が，自然と小学校低学年の世話をする姿が見られました。

　普段の給食と違って，大人数での給食となり，メニューも多く，量も好きなだけ食べられるとあって子どもたちは大喜び。小中学生の交流も和やかに行われました。

　この取り組みは大変好評で，その後も半年に1回程度の頻度で継続されています。体育館を会場に，パーティ気分ですが，子どもたちはちゃんと栄養のバランスや見た目を考えながら，自分で料理を選んで，取り分けたものは残さず食べるなど，和やかな中にも有意義な取り組みとなっています。

図書委員（小中）による読み聞かせ

　小中の校舎が一体となってから，普段から図書スペースでは自然に小学生と中学生の交流や読み聞かせの姿が見られるということです。

　また，小中学校それぞれの図書委員や図書委員以外の児童生徒による読み聞かせ交流も頻繁に行われています。

　2013（平成25）年10月15日に中学3年生が小学1～2年生に絵本を読んでくれたお礼にと，11月には小学生が中学生に読み聞かせを行いました。5日には小学2年生が「名前を見てちょうだい」という絵本を劇化して中学3年生に披露しました。7日には小学1年生が中学3年生に読み聞かせを行いました。受験に向かって勉強を頑張っている中学3年生を励ます意味もあったということです。

その他にも，主に昼休み時間を利用して，中学校の図書委員が小学生に絵本を読んだり，逆に小学校の図書委員が中学生に読み聞かせを行ったりしています。昼休みですから，関心のある子どもは小中問わず誰でも聞くことができます。

　お互いに相手が喜びそうな本の選択から始まり，読みの練習，感想発表など，様々な意味で子どもたちの心を育てています。

<u>小も中も「雪合戦？！」</u>

　四国にあって，ここ東祖谷地区は雪の多い地域です。私が訪問した2月下旬にも降雪があり大変驚きましたが，向井校長先生が「ここは雪の多い地域で全国の雪合戦大会にも出場している程」と話され，そんなに降るのかと，なお驚いたことです。

　子どもたちは「雪合戦四国大会」出場のために，体育館にシェルターを並べて，試合形式で本番さながらの練習メニューをこなし，実際に雪が降れば校庭で本物の雪玉で実践練習を行います。

　「雪合戦四国大会」にはちびっこリーグ（小学1～3年生），ジュニアリーグ（小学4～6年生），エンジョイリーグ（一般）の三つのリーグがあり，小学生はそれぞれのリーグにチームを組んで出場し，中学生は教職員や地域の方々と一緒に，エンジョイリーグに出場します。

　四国大会を勝ち抜いて，全国大会への出場経験もあるという，地域特性を上手く生かした雪合戦強豪校です。

　東祖谷小・中学校は2013（平成25）年度の実践から得られた成果と課題を改善に生かし，その後の取り組みを進めてきました。

　2014（平成26）年度には，小学校と中学校にそれぞれ別にあった教育目標を「ふるさと東祖谷での学びを生かし，たくましく自立できる子どもの育成」に一本化し，さらにわかりやすく可視化したグランドデザインを策定しました（図3－17参照）。

図3-17 東祖谷小・中学校のグランドデザイン

出典：三好市立東祖谷小・中学校「平成27年度 学校要覧」平成27年より一部抜粋

　小中連携教育の推進に有効であった教職員による「小中連携プロジェクト」は毎年度検討を加え，進化させてきました。2015（平成27）年度には「知」「徳」「体」それぞれにつながる三つのプロジェクトを立ち上げました。

　　プロジェクト1：学力のつながり（知）
　　　　　　　　　学力向上を目指した小中一貫性の教育推進
　　プロジェクト2：心のつながり（徳）
　　　　　　　　　生徒指導・人権教育・特別支援教育等での連携
　　プロジェクト3：体のつながり（体）
　　　　　　　　　体力向上・基本的生活習慣の定着・健康教育・食育での連携

この三つのプロジェクトが，相互に支え合い，連携することで，生きる力の育成を目指そうとする取り組みです。

3-5-3　三好市におけるこれからの小中連携・一貫教育

徳島県教育委員会は「子どもの数が減少し小規模化する学校を，コストをかけずに存続させ，かつ教育の質を保障する」という課題の解決に向けて，鳴門教育大学との共同研究を行い，「チェーンスクール」（分散型小中一貫教育）と「パッケージスクール」（一体型小中一貫教育）という二つの新しい学校教育の形を「徳島モデル」として提案しました。

西祖谷中学校・檪生小学校・吾橋小学校の3校が2015（平成27）年度「小中一貫（徳島モデル）推進事業」でチェーンスクールとしての取り組みを始めたのは前述したとおりです。

東祖谷小・中学校の向井校長先生がお話の中で何度も「一貫ではなく連携です」「一貫でも連携でもどちらでもいい」と話されていたのが印象的でしたが，一貫教育と連携教育の定義はともかく，三好市では特に一貫教育（という言葉）にこだわらない，子どもたちの教育が良くなればそれでいいという方針であったという印象ですが，ここにきて「連携から一貫へ　チーム西祖谷の挑戦」というキャッチフレーズからもうかがわれるように，三好市において，地域の事情に即した一貫教育の流れが加速してきたことを感じます。

西祖谷地区の取り組み内容を見ると，施設が一体型か分離型かという違いがあるだけで，考え方や方法論は東祖谷小・中学校のそれとほぼ同様でした。

三好市においても，徳島県が抱える課題と同様の課題を抱えている状況は今後も続くと予想され，西祖谷地区の実践を皮切りに「チェーンスクール」タイプの小中連携・一貫教育の取り組みは広がっていくものと考えられます。

一方で，三好市内で唯一の「パッケージスクール」として，東祖谷小・中学校が連携から一貫へ（つまり，今後カリキュラムの一貫した系統性ももたせて）進化発展していく可能性も大いにあると言えましょう。

〈参考文献〉
・つくば市教育局教育指導課「平成27年度学校教育指導方針～教育日本一へのプロジェクト～」平成27年4月
・つくば市教育局総合教育研究所編著『アクティブ・ラーニング「つくばスタイル科」による21世紀型スキルの学び』東京書籍，平成27年
・つくば市教育局総合教育研究所編著『小中一貫教育が世界を変える　新設「つくばスタイル科」の取り組み』東京書籍，平成24年
・三条市第二中学校区推進協議会評価・広報活動部会「小中一貫教育だより」第21号，平成26年7月24日
・三条市教育委員会「文部科学省委託事業　小中一貫教育校による多様な教育システムの調査研究　2年次『平成26年度　小中一貫教育フォーラム in 三条　要項』」平成26年11月21日
・三条市教育委員会「三条市小中一貫教育推進指針」平成25年
・三条市教育委員会「次代を担う心豊かな子どもたちをはぐくむために　三条市小中一貫教育基本方針」平成20年11月26日
・小中一貫教育全国連絡協議会，三条市教育委員会「第10回小中一貫教育全国サミット in 三条　みんなで創る小中一貫教育―三条市の挑戦」配布資料，平成27年10月22日
・三鷹市教育委員会「三鷹市教育ビジョン2022」平成24年3月
・三鷹市教育委員会「三鷹市立学校　小・中一貫教育の推進に係る実施方策」平成24年12月7日
・三鷹市教育委員会「三鷹市立学校　学校運営協議会　三鷹市立小・中一貫教育校　コミュニティ・スクール委員会　委員のみなさんの手引き〈第4版〉」平成27年4月
・横浜市教育委員会『横浜版学習指導要領　総則編』ぎょうせい，平成21年
・横浜市教育委員会「平成26年度　第1回横浜型小中一貫教育推進協議会」資料，平成26年
・横浜市教育委員会「平成27年度版　横浜の教育」平成27年
・三好市「2008三好市勢要覧　三好BOOK」平成20年3月
・三好市「三好市勢要覧　資料編」平成25年4月
・三好市教育委員会「三好市教育振興計画」平成21年2月25日
・三好市教育委員会「学校評価フォーラム　小中連携関係者評価～東祖谷小・中学校の

- 実践〜　平成25年度『学校のマネジメント力を強化するための実践研究』」発表資料，平成27年10月2日
- 三好市教育委員会「三好市教育振興計画　後期計画　平成27年度〜平成30年度」平成27年8月25日
- 三好市立東祖谷小・中学校「連携教育　平成25年度　東祖谷小・中学校の実践」平成26年
- 三好市立東祖谷小・中学校「平成27年度　学校要覧」平成27年

〈参考URL〉
- itot（アイトット）「住みたいまちがきっと見つかる itot →マチノコエ→子育て・教育施設→『全国的にも高い学力を持つ小中一貫校　つくば市立竹園学園竹園東中学校　岡野和夫先生』」
  http://itot.jp/interview/371
- つくば市ホームページ→「つくば市行政区別人口統計表」
  https://www.city.tsukuba.ibaraki.jp/dbps_data/_material_/¥files/000/000/018/123/gyouseikubetujinkoutoukeihyou271201.pdf
- 三条市ホームページ→教育委員会→教育総務課→教育制度検討委員会会議録の公開→「第1回教育制度検討委員会会議録」平成19年1月31日
  http://www.city.sanjo.niigata.jp/common/000013484.pdf
- 三条市立第二中学校ホームページ→小中一貫だより→「『小中一貫教育だより　第16号』第二中学校区推進協議会評価・広報部会」平成25年7月24日
  http://www.city.sanjo.niigata.jp/dai2/syoutyu/syoutyu16.pdf
- 三条市ホームページ→市民生活→子育て・教育→三条市教育委員会→教育基本方針とその他の計画→「三条市教育基本方針」
  http://www.city.sanjo.niigata.jp/common/000090806.pdf
- 三条市ホームページ→市民生活→子育て・教育→三条市教育委員会→教育基本方針とその他の計画→「旧三条市教育基本方針（平成18年度〜平成26年度)」
  http://www.city.sanjo.niigata.jp/common/000090811.pdf
- 清原けい子オフィシャルサイトホームページ→市民の皆様とのお約束→「清原けい子と三鷹市民の皆さんとのお約束2003年版」平成15年4月16日
  http://www.kiyohara-keiko.org/index.php/page/policy/20030416
- マチノコエホームページ→子育て・教育施設　東京都下→「小中一貫とコミュニティ・スクール　三鷹をダイナミックにリードする"一中"の学校運営／連雀学園　三鷹市立第一中学校　校長」平成26年3月

第3章　各地の小中一貫教育

　　http://itot.jp/interview/58
- 三鷹市ホームページ→市政情報→施策・計画→基本構想・基本計画→第3次三鷹市基本計画（平成13年11月）→第3次基本計画（第6部まで）→「第6部—3．魅力ある教育の推進」平成21年4月15日
　　http://www.city.mitaka.tokyo.jp/c_service/012/attached/attach_12466_12.pdf
- 三鷹市ホームページ→子育て・教育→小・中一貫教育校構想→小・中一貫教育校の開設に向けて（検討報告書）→「小・中一貫教育校の取組みの年次計画」平成21年7月10日
　　http://www.city.mitaka.tokyo.jp/c_service/003/attached/attach_3671_7.pdf
- 三鷹市教育委員会「三鷹市立小・中一貫教育校の開設に関する実施方策」平成24年12月7日
　　http://www.city.mitaka.tokyo.jp/c_service/003/attached/attach_3677_1.pdf
- 文部科学省ホームページ→「三鷹市のコミュニティスクール」平成24年12月15日
　　http://www.mext.go.jp/component/a_menu/education/micro_detail/__icsFiles/afieldfile/2013/01/17/1329420_5_1.pdf
- 横浜市港南区ホームページ→広報→広報区版2003→広報こうなん15年7月号連載→「連載　学校探訪　第19回　日限山小学校」平成15年7月1日
　　http://www.city.yokohama.lg.jp/konan/koho/koho2003/k-0307-rn.html
- 横浜市教育委員会ホームページ→審議会情報→横浜教育改革会議→横浜教育改革会議最終答申→「活力と個性あふれる『教育のまち・横浜』をつくる〜育て！未来を担う横浜『市民』〜」平成18年8月
　　http://www.city.yokohama.lg.jp/kyoiku/shingikai/kyoikukaikaku/pdf/toushinan.pdf
- 横浜市教育委員会ホームページ→各種プラン・方針→横浜教育ビジョン→「『教育のまち・横浜』の実現を目指す10年構想〜」平成18年10月
　　http://www.city.yokohama.lg.jp/kyoiku/vision/pdf/vision.pdf
- 横浜市教育委員会ホームページ→小中学校教育→横浜型小中一貫教育→「小中一貫教育推進ブロック」平成24年12月19日
　　http://www.city.yokohama.lg.jp/kyoiku/sidou1/ikkan/block.html
- 横浜市立日限山中学校「平成27年度学力向上アクションプラン」
　　http://www.edu.city.yokohama.lg.jp/school/jhs/higiriyama/index.cfm/1,1145,c,html/1145/20151022-101259.pdf
- 横浜市立日限山中学校「平成25年度版中期学校経営方針（平成25年4月〜平成28年3月）」
　　http://www.edu.city.yokohama.lg.jp/school/jhs/higiriyama/index.

cfm/1,1145,c,html/1145/20151022-101117.pdf
- 三好市ホームページ→分野→政策・計画→三好市総合計画→「基本計画改訂版第3章 ―地域性を活かし魅力ある煌めくまちを目指して」平成22年11月27日
http://www.city-miyoshi.jp/docs/2010093001431/files/4.pdf
- 三好市教育委員会ホームページ→東祖谷小・中学校→属性→学校行事→「雪合戦四国大会1日目（中学校）」平成26年1月25日
http://www.miyoshi.ed.jp/hiyachu/docs/2014012500012/
- 全国知事会ホームページ→先進政策バンク先進政策創造会議→先進政策バンク詳細ページ→政策個票→「徳島モデルの小中一貫教育（チェーンスクール・パッケージスクール）」
http://www.nga.gr.jp/app/seisaku/details/4090/

第4章 小中一貫教育のマネジメント

　第3章では各地で行われている小中一貫教育の例を見てきました。小中一貫教育は，多くの場合，市区町村教育委員会の決断によって導入されています。けれども，実際に学校現場で小学生や中学生に向き合って，教育活動を実施するのは校長先生であり教職員です。学校に新しい取り組みを取り入れて，日常の活動に定着させ，子どもたちにとってより良いものに発展させていくためのマネジメントの具体例として，本章では小中一貫教育における学校評価を取り上げます。

　第1節では第3章で紹介した小中一貫教育校の学校評価の取り組みを概観し，第2節ではそれぞれの学校評価が，小中一貫教育のマネジメントに果たす役割を検証します。なお，第2節は2016（平成28）年6月に京都教育大学で行われた日本教育経営学会で発表した内容をベースとしています。

4-1　小中一貫教育の学校評価

　第3章で取り上げた地域（学校）が，小中一貫教育のマネジメントに学校評価をどのように活用しているのか，一つずつ見ていきます。

注：第3章同様，内容については執筆当時のものである。

4-1-1　つくば市の事例

　教育日本一を目指すつくば市教育委員会は，文部科学省の『学校評価ガイドライン』の改訂にあわせて，積極的に学校評価の導入を各学校に指導してきました。つくば市校長会は2007（平成19）年度より学校評価ワーキングチームを立ち上げて，学校評価のあり方について検討。そして2010

（平成22）年2月までに，毎年度，教育委員会とつくば市校長会が協働で「つくば市学校評価」の改訂版を策定し各校に配布しています。

「つくば市学校評価」によれば，つくば市の学校評価の目的は次の三つです。

①教育活動や学校運営の改善

　学校が教育活動や学校運営について，具体的な目標を設定し，その達成状況や取り組みの適切さを検証することにより，組織的・継続的に改善し，充実を図る。

②信頼される開かれた学校づくり

　各校が自己評価および学校関係者評価を実施し，その結果を説明公表することにより，保護者や地域住民から教育活動や学校運営に対する理解と参画を得て，信頼される開かれた学校づくりを進める。

③教育の質の保証と向上

　教育委員会が，学校評価の結果に基づいて学校に対する支援や条件整備等の必要な措置を講じることにより，一定水準の教育の質を保証し，その向上を図る。

そして，この目的のために行う学校評価の方法は自己評価と学校関係者評価です。

〔自己評価〕

　学校長のリーダーシップのもと，学校の全教職員が参加して，あらかじめ設定した目標や具体的計画に照らして，自らの取り組みについて評価を行う。児童生徒・保護者・地域住民へのアンケート結果も活用する。

〔学校関係者評価〕

　学校の自己評価結果の妥当性を，学校評議員，PTA役員，地域住民からなる学校関係者評価委員会が評価する。

「つくば市学校評価」では，年に2回の自己評価と学校関係者評価を求めています（表4－1参照）。そしてその評価項目については，「学校（自

第4章　小中一貫教育のマネジメント

表4－1　つくばスタイル学校評価年間スケジュール

月	学校関係者評価の進め方	自己評価の進め方	学校外への広報・公表等の活動
4	○学校関係者評価委員会を組織	◇前年度の学校評価の結果と改善方策 ◇児童生徒・保護者対象アンケート結果 ◇学校経営方針　◇学校教育目標	
5	○重点目標，自己評価の取組状況について説明	○本年度の重点目標の設定 ○目標達成に必要な評価項目・指標等の設定	○重点目標の周知（学校だよりやホームページ等）
6		○計画に基づいた実践 ○年間を通じ，継続的な情報・資料の収集・整理	
7	○授業・学校行事・施設設備の観察，校長との意見交換等を実施	〈教職員による内部点検の実施Ⅰ〉 ○中間評価の実施 ○必要に応じ重点目標，評価項目・指標等の見直し改善案を検討立案	○中間評価の結果の整理・分析公表（学校だよりやホームページ等）
8	○中間評価の結果について評価		
9 10 11 12		○後期への目標策定 ○改善案に基づいた実践 〈教職員による内部点検の実施Ⅱ〉	
1	○自己評価の結果と改善方策について評価を実施 ○評価の結果のとりまとめ	○自己評価を実施 ○自己評価の結果を踏まえた改善方策をとりまとめ ○報告書の作成	○児童生徒・保護者等を対象とした外部アンケート等の実施と公開（学校だよりやホームページ等）
2		〈改善案を検討立案〉 ○学校関係者評価の結果を踏まえた改善方策の見直し	○自己評価・学校関係者評価の結果と改善方策を，教育委員会に報告
3		〈次年度への評価結果・改善方策整理〉 ○翌年度の目標設定や具体的取組に反映する	○自己評価・学校関係者評価の結果と改善方策について，広く，保護者・地域住民等に公表

出典：つくば市教育委員会，つくば市校長会「つくば市学校評価〈改訂版〉」平成22年2月より一部抜粋，筆者修正

表4－2　学校（自己）評価書フォーム

(児生：児童生徒　保：保護者)

大項目	中項目	小項目	小項目の評価	中項目の評価	評価対象者			
					教員	児生	保	外部
学校運営の分野にあたる領域及び観点	教育目標重点目標	学校の教育方針の明確化						
		学校教育目標の設定理由や内容等の共通理解						
		目標達成に向けた具体的な取組						
	教育課程	児童生徒や学校の実態等を踏まえた特色ある教育課程の編成						
		教育課程の編成における教職員の共通理解						
	組織運営校務分掌	職員会議の進め方及び議案の精選						
		各種委員会の有効な機能						
教育活動の分野にあたる領域及び観点	学習指導	基礎的・基本的な内容の習熟・徹底						
		指導方法の工夫・改善に向けた取組						
		シラバスの作成など教科ガイダンスの充実						
	道徳教育	児童生徒の心に響く道徳の時間の確保						
		全教育活動を通した道徳教育の充実						
	特別活動	児童生徒の自主的・実践的な活動の展開と適切な支援						
		充実感や達成感を味わう体験的な活動の展開						
教育日本一を	小中一貫教育	9カ年を見通した弾力的・効果的な教育課程編成						
		教科の専門性を生かした小学5・6年生への教科担任制の推進						
		交流事業の推進						

目指すつくばの人づくり	環境教育	実態を生かした環境方針・目標の設定と指導計画の作成					
		教科や道徳，特活，総合等を関連付けた指導の工夫					
	国際理解教育	英語実習助手や外部人材等の積極的な活用					
		外国語活動の創意工夫及び英語学習入門期の指導の工夫					

出典：つくば市教育委員会，つくば市校長会「つくば市学校評価〈改訂版〉」平成22年2月より一部抜粋，筆者修正

己）評価書フォーム」を提示して，それを参考にしながらそれぞれの学校が精選・工夫して，各学校の実態に応じた学校評価を行うように求めています。

また，学校が自己評価するにあたっての項目や指標に関しては，文部科学省が示したガイドラインの内容を網羅しながらも，つくば市の教育環境にあわせて，関係者が協議し十分に練られた内容になっています（表4－2参照）。大項目については次の三つとしています。

①学校運営の分野にあたる領域および観点
②教育活動の分野にあたる領域および観点
③教育日本一を目指すつくばの人づくり

この大項目については，全学校が共通して取り組むこととしていますが，その下に来る中項目や，小項目については各学校が評価フォームを参考にして重点化を図り工夫することとしています。そして，そのようにして定めた小項目に対応した形で児童生徒・保護者対象のアンケート調査の設計を行うように求めています。「例えば」として，「小項目『目標達成に向けた具体的な取組』を評価しようとする場合は，『学校は，豊かな心を持った子どもを育てようとしているか』といった質問項目を作成する」（つくば市学校評価）としています。それらのアンケート結果等の客観的な事実

表4－3　学校評価結果報告書

平成26年度　学校評価結果報告書（例）

平成○○年○月○日
○○学園つくば市立○○学校
校長　○○　○○　印

大項目	中項目	小項目 （評価指標・具体的取組）	自己評価	
			達成状況・改善方策	評価
1 学校運営の分野にあたる領域及び観点	組織運営 校務分掌			
	教職員の 研究・研修			
	危機管理			
	開かれた学校づくり			
2 教育活動の分野にあたる領域及び観点	学習指導			
	道徳教育			
	特別活動			
	生徒指導 教育相談			
3 教育日本一を目指すつくばの人づくり	つくば スタイル科			
	学校ICT 教育			
	学びのイノベーション			
4 小中一貫教育	9年間の教育課程編成			
	発達区分別の教育活動			
	地域連携・ PTA			

学園内相互 評価結果	

学校関係者評価・第3者評価結果	
評価結果に対する学校の見解	

※中項目については,「つくば市学校評価」の学校評価書フォームの一例であり,各学校で独自の項目を設定することは可能である。
※評価は,A(極めて達成度が高い),B(概ね達成できている),C(課題を残している),D(課題が多く速やかな改善が必要である)の4段階で記入する。

出典:つくば市教育委員会「学校評価の充実・強化に向けた実践研究報告書〜学園で連携・協働した学校関係者評価の体制整備の在り方〜」p.7,平成27年3月10日

に基づいて,表4−2の小項目評価の欄に,それぞれの項目の評価を記入するのですが,4段階評価の場合を例にとり

A:極めて達成度が高い
B:概ね達成できている
C:課題を残している
D:課題が多く速やかな改善が必要である

と示しています。この小項目を総括して中項目ごとの評価を行う仕組みです。このようにして学校評価を行った結果を教育委員会や保護者,地域へ報告しますが,その際には,三つの大項目についてのみ具体的取り組みと,成果と課題,改善・方策などをまとめる形となっていましたが,2014(平成26)年12月,第3回つくば市学校評価推進委員会において協議の結果,小中一貫教育を大項目に加えることとなりました(表4−3参照)。

学校評価の充実・強化に向けた実践研究

　つくば市の小中一貫教育は教育環境に恵まれた地の利を生かして順調に成果をあげてきました。不登校の減少や学力の向上が見られ,自尊感情や自己肯定感の高まりを実証するアンケート結果もあります。つくばの子どもたちは確実に,自ら学び,考え,判断し,行動できる資質や能力が向上してきているというのがつくば市教育関係者の主な認識です。しかしなが

ら詳しく見ていくと，市内でも各学校および各学園において，学校運営体制および学園運営体制づくりに対する取り組みに差が見られると思われる現実もありました。

そこで，つくば市では，さらなる学校教育の充実のために，地域との連携・協働による学校運営の改善を目指し，PDCAサイクルによる学校評価システムのさらなる充実を図ることとしました。

そのために，文部科学省の委託事業「平成26年度『自立的・組織的な学校運営体制の構築に向けた調査研究』」を受託し，学校評価の充実・強化に向けた実践研究を行いました（つくば市教育委員会，2014）。具体的には，小中一貫教育の取り組みを活用し，複数の小中学校が連携・協働した学校関係者評価の体制整備の実践研究を市内15学園中3学園を実践研究校に指定して行ったのです。

研究テーマは「学校評価の充実・強化に向けた実践研究～学園で連携・協働した学校関係者評価の体制整備の在り方～」である。この研究成果を市内全域に普及させることで，つくば市の小中学校のより良い学校づくり・学園づくりを目指しました。

<u>研究方法</u>
　①三つの学園を研究指定する。
　　・つくば紫峰学園（4小学校1中学校）：筑波小，田井小，北条小，小田小，筑波東中
　　・つくば豊学園（3小学校1中学校）：今鹿島小，沼崎小，上郷小，豊里中)
　　・つくば竹園学園（2小学校1中学校）：竹園東小，竹園西小，竹園東中)
　②各学園（中学校区）ごとに，実践研究校の学校評価をもとに，学園評価について検討し，学園運営体制についても検討していく。
　③つくば市として，学校評価推進委員会を立ち上げ，つくば市の学校評価のあり方を考えると同時に，実践研究校への助言や支援を行い，そ

の成果を，市内全小中学校・学園へ普及させる。そのことにより，市内全体の自律的・組織的な学校運営体制・学園運営体制の構築を目指す。

④その他，教育委員会としてはこの研究に関する市管理職研修，市教務主任およびミドルリーダー研修，学校への訪問指導等を実施する。

この3学園の選定にあたっては，連携のタイプや規模，立地条件や地理的環境等を考慮して偏りのないように選んだということです。

この中で，つくば市で初めて「学園評価」という考え方が登場しています。小中一貫教育でつながった複数の学校を一つの学園と見る捉え方は，多くの小中一貫教育校で見られますが，学園全体で一つの評価を行うという考え方は新鮮です。

本研究の大まかなスケジュールは以下のとおりです。

2016（平成28）年6月
　○つくば市学校評価推進委員会の発足
　　　委員の構成に筑波大学人間系教授3人（三つの学園のそれぞれの担当として助言・支援を行った），学識経験者3人（教育委員，元校長等で，同様に三つの学園を一人ずつ担当した），保護者3人（各学園のPTA役員から），学校長12人（関係する全ての学校長）。事務局は教育委員会指導課長ほか4人。
　○実践研究校への説明
　○各校より実施計画等を提出，取り組み開始

7～12月まで
　○3回のつくば市学校評価推進委員会の開催
　○8月には実践研究校による先進校視察

2017（平成29）年2月
　○研究のまとめ，成果の提出等

3月
　○実践研究報告書を市内15学園（小学校37校，中学校15校），および

幼稚園17園に配布

このようにして実践校が取り組んだ成果を市内全域に拡大し，特に学校関係者評価について，各学園の地域特性にあわせた工夫をしながら，より良い方向性を探っていく計画です。

つくば竹園学園の実践研究

つくば市が指定した三つの実践研究学園の一つがつくば竹園学園でした。年度途中の急な研究指定で，なおかつ年度内の成果を求められる単年度指定でしたが，これまでの学園としての実践が基盤にあったので対応できたということです。毎月行っていた学園企画会（3校の校長，教頭，教務主任，研究主任）に「学校評価研究」を組み入れて，実践研究のスケジュールや方法などを検討し，実践しました。

つくば竹園学園の学園評価は，それぞれの学校が従来より行ってきた学校評価に，小中一貫教育に関する3校共通の評価項目を追加する形で実施しました。

つくば竹園学園共通評価項目は表4－4のとおりです。アンケートの質問内容の設定にあたっては，児童生徒の発達段階の差への配慮や保護者が回答しやすい内容となるような配慮を行いました。

児童生徒，保護者アンケートの実施は12月上旬。それぞれの学校ごとに実施し，翌2015（平成27）年1月になって集計・分析しました。

集計結果は今後のつくば竹園学園の運営に反映されていくこととなりますが，例えば小学5・6年生に聞いた「教科担任制はわかりやすく楽しいですか。」という質問に肯定的な回答は竹園東小5年生87％，6年生90％，竹園西小5年生94％，6年生91％と高い数値になっています。また7年生の85％が「中学校の授業にスムーズに入ることができましたか。」という問いに肯定的な回答をしています。これらの結果は，日々，小中一貫教育を現場で進めてきた教職員にとって何より嬉しいものではないでしょうか。

2月上旬には，学校関係者評価委員会を学校ごとに開催し，アンケート

第4章　小中一貫教育のマネジメント

表4－4　つくば竹園学園共通評価項目

教職員による自己評価項目	1	つくば竹園学園の職員が，学園授業研究会・学園全員研修会・学園教科部員会等を行い，共に実践していることは，小中一貫教育を推進する上で効果がある。
	2	「学びのスキル系統表」を活用し，9年間の学びの連続性を意識して指導している。
	3	「学びのスキル系統表」のバージョンアップと実践化のために，児童生徒版「学びのスキル系統表」を作成し，試行することができた。
	4	心をつなぐ交流の場において，学園の児童生徒が互いの思いを伝え合う活動を行うことができた。
児童生徒向けアンケート項目	5	竹園東（西）小学校や竹園東中学校との交流は楽しい。（小学生向け）
	6	竹園東小や竹園西小との交流は，お互いにとってためになっている。（中学生向け）
	7	授業中にグループで友達と意見を交換することで，新しい考えに気づくことが多い。
	8	小学校高学年の時に，教科によって違う先生が授業をしてくれたので，中学校の授業の形にもスムーズに入ることができた。（7年生）
	9	教科によって先生がかわる授業は，わかりやすく楽しい。（小学校高学年）
保護者向けアンケート項目	10	つくば竹園学園での教科担任制は，小中のスムーズなつながりのために効果的である。
	11	つくば竹園学園では，9年間の連続した指導を行うために，小中学校の教員が共同で「学びのスキル系統表」を作成し，授業で活用していることを知っている。
	12	緊急メールによって配信される学校からの情報は，安全・安心につながっている。
	13	つくば竹園学園では，小学校と中学校の接続がスムーズにできている。
	14	我が子が「つくば竹園学園」（竹園東小・竹園西小・竹園東中）の児童生徒として，学校生活を送り，成長していることに満足している。

出典：つくば市教育委員会「学校評価の充実・強化に向けた実践研究報告書〜学園で連携・協働した学校関係者評価の体制整備の在り方〜」p.19，平成27年3月10日を参考に筆者作成

結果と考察等の報告を行い，学校運営の改善に向けた意見聴取を行いました。

　さらに学園共通評価項目について，学校間の相違や学年間の変化を分析

した上で，2月16日に学園合同の第三者評価委員会を開催しました。

　つくば竹園学園の第三者評価委員会の委員は，つくば市が「つくば市学校評価推進委員会」委員に依頼し，つくば竹園学園担当となった筑波大学人間系教授田中統治氏と，同じくつくば竹園学園担当となったつくば市教育委員中島篤子氏です。学園側からは各校の校長・教頭・教務主任が出席しました。

　評価委員からの指導・助言の主なものは以下のとおりでした。

　　○アンケート回答で，どの程度を「そう思う」の基準とするのか。「週に3回以上できたか」等，基準を明確にすると良い。
　　○グランドデザインに基づいて，評価項目を設定することが必要。数値目標の達成についての検証をしたい。
　　○学園内の他校の教職員も第三者である。第三者評価委員会で意見を述べ合っても良い。
　　○学校評価を活用して，小中一貫教育の成果・課題の「見える化」を図ってほしい。
　　○学校関係者評価でどんな意見が出て，それをどう受け止め，どういう方針を立てたのか示してほしい。
　　○経年データを活用することが大切。
　　○学園として学校として力を入れてきた内容についての評価が低く，効果があがっていない場合は，その結果を重視し，校内での分析検討会を開くことが大切である。

　評価委員の意見はこのようなものでしたが，学園内の他校教職員を第三者と捉えるかどうかについて，竹園東中学校の岡野校長先生は独自の見解をもっています。すなわち，一緒に竹園学園の運営を行う当事者でもある他校の教職員が果たして第三者であるのかという疑問です。岡野校長先生は学園内での学校間の連携，教職員同士の連絡が密接であればあるほど，第三者とはいえず学校関係者，あるいは当事者と考えることもできると述べました。したがって現状においては学園内他校の教職員を第三者評価の

評価者とは捉えていません。岡野校長先生のこの考え方は，今後小中一貫教育校が学校評価を模索していく中で，それぞれの学校間の関係性や小中一貫教育の成熟度合いとあわせて，学校評価の現場で検討されていくべき問題提起であると感じます。

　さて，第三者評価委員会終了後の同日，第三者評価委員会の結果を受けて，評価委員の一人である前出の田中統治氏の講話による，つくば竹園学園全職員対象の「学校評価に関する学園全員研修会」が開催されました。
　テーマは「つくば竹園学園地区の教育的ニーズをくみ上げる学校評価の在り方について」でした。
　その主な内容は，結果の公表について，保護者・地域が「安心感」をもつよう，わかりやすい表現で，課題が見えるデータについては，対応策も同時に示すこと。「質の高い」教育を地域の知恵で生み出す改善をすること。そのためには「評価」結果の良し悪しを問題にするのでなく，気付かないことに気付く・耳を傾ける「対話」であることを意識することなどでした。
　この一連の実践研究の成果として，つくば竹園学園では次の4点をあげました。
　①学園として小中の共通評価項目を設定したことにより，本学園の小中一貫教育の課題が明確になった。
　②評価結果を昨年度と比較したり，児童生徒・保護者・教職員の回答を比較することなどにより，評価を横断的に分析することができ，具体的な改善策を立てることができた。
　③アンケートの集計結果を，ア教職員，イ学校関係者，ウ第三者，という順に分析・考察したことにより，データの見方・考え方が深まり，多様な意見を得ることができた。
　④第三者評価委員会で専門的で客観的な助言を得ることができた。さらに，評価方法の適正さや正確性を高める方法についても具体例を示し

てもらうことができ，次年度の改善の視点が明らかになった。

今後は，つくば市内の小中学校に対して，第三者評価の導入・実施について啓発していきたいとしています。

実践研究の成果

2014（平成26）年度の実践研究について，三つの学園の実践研究結果から，つくば市教育局は以下のような成果を認識しています。

①つくば市学校評価推進委員会の設置により，学校評価の課題や努力事項が明確になった。

②研究実践校・学園において学校評価に関わる組織の確立が図られた。

③実践学園内各校の評価体制の構築が図られたことにより，小中一貫教育の充実に役立った。

④小中共通の評価項目を設定したことにより，各学園の小中一貫教育の課題が明らかになった。

⑤アンケートの集計結果を，ア教職員，イ学校関係者，ウ第三者，という手順で分析・考察したことにより，データの見方・考え方が深まり，多様な意見を得ることができた。

⑥学園教育施策の成果と課題が明らかになり，施策の工夫・改善の構想を立てることができた。さらに小中一貫教育を充実させるために，施設一体型小中一貫校の必要性が高まってきた。

⑦学校評価の意義や効果に対する教職員の意識が高まった。

つくば市は，今後，研修会等を通じて，市内全小中学校に実践研究校の成果を普及することにより，各学園において自律的・組織的な学校運営体制・学園運営体制が構築できるようにしたいとしています。

また，学園内相互評価体制を整備し，学校関係者評価・第三者評価の実施につなげ，つくば市の小中一貫教育をさらに充実させます。さらに，学園で統一したカリキュラムづくりを推進し，学校評価との連動性を高めて，より実効性の高い学校評価を行いたいとしています。

つくば市の取り組みは，つくば市の恵まれた教育環境や，保護者・地域の教育に対する高いニーズに対応した先進的な試みです。教育日本一を自認するつくば市の行政主導の取り組みではありますが，現れる成果は子どもたちのものであり，現場の教職員のものです。

小中一貫教育の推進には教職員の意識のあり方が重要ですが，その意識を高め，共有していくために学校評価（学園評価）が，負担なく，しかも目に見えるものでなければなりません。

また，つくば市では学園内他校の教職員を学校関係者評価の委員とする方向でも考えていますが，学園ごとの取り組み状況の違いや，それぞれの校長の考え方の違いもあり，一律の導入は慎重にすべきでしょう。竹園東中学の岡野校長先生の指摘や基本的な考え方は，評価の本質を鋭く突いたものであり，つくば市のみならず，小中一貫教育を進める学校が学校評価を進めようとすれば，避けて通れない視点です。助言をいただいた大学教授，市内校長会代表，教育委員会指導主事等，つくば市の教育を進める立場の方々が胸襟を開いて，それぞれの考え方をもとに話し合うべきテーマであると思われます。

2015（平成27）年度，つくば市の学校評価は，「自己評価オンリーの学校評価」の時代から「学校関係者評価・第三者評価まで一体となった学園評価」の時代へと，大きく舵を切ってきました。三つの研究実践学園の取り組みがさらに成熟して，教職員の負担軽減と「やって良かった」感の増大につながること，さらには，市全域の学園が同じ方向を向いて，市内全体としての一体感もまた醸成されていくことが，つくば市の教育をさらに充実させていくことになるでしょう。

4-1-2 三条市の事例

第3章で紹介したとおり，三条市の小中一貫教育は，教育委員会主導（市の主導）で一気に進められました。強力なトップダウンによる制度の変更に，現場の教職員方の反応はどうであったでしょうか。ただでさえ多

忙な職務の中での急激な改革に気持ちが追い付かない教職員もいたであろうことは容易に想像できます。

「三条市の評価研究の目的」は，まさしくその課題に対応するものでした。「小中一貫教育がいかに子どもたちにとって良い取り組みなのかを，現場の教職員にしっかりと見せて，教職員自身に勇気とやる気をもってもらいたかった」と，評価の設計に直接携わった指導主事は当時を振り返ってそう語りました。

2010（平成22）年に市内全域で小中一貫教育への取り組みが始まったとはいえ，まだまだ試行期間でした。教育委員会としては試行期間を経て真の全面実施が始まったのは2013（平成25）年4月と捉えています。モデル校の取り組みから数えると丸5年間の試行期間ということになります。

そのような状況の中，三条市は2013（平成25）年4月に文部科学省の「小中一貫教育校による多様な教育システムの調査研究」の委託事業（期間3年間）を受け，点検・評価の研究に取り組み始めました。試行期間の5年間を振り返り，現場の教職員や市民に対しても，現在取り組んでいることの成果を示し，今後のさらなる推進に向けての課題の洗い出しをする絶好の機会と捉えたのです。

研究初年度の2013（平成25）年度は，点検・評価実施までのマニュアルづくりを行いました。研究1年次の報告書である「小中一貫教育における教育委員会による点検・評価及び点検・評価結果の活用に関する調査研究〈1年次研究のまとめ〉」から，その概要を見ていきましょう。

試行期間の取り組みを経て，「不登校児童生徒数の減少」「学力向上の兆し」等の成果が見られましたが，「その成果が小中一貫教育の効果である」のかどうか，教育委員会も学校現場も，今一つ自信がもてない状況であったと言います。そこで，小中一貫教育の効果を客観的に捉える，全市共通の尺度を用いた点検・評価の実施が必要であると三条市教育委員会は考えたのです。同年12月に実施した点検・評価までの4月からの流れは図4-1のとおりです。

第 4 章　小中一貫教育のマネジメント

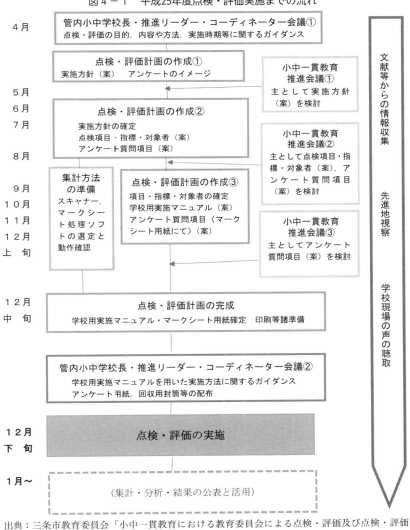

図4－1　平成25年度点検・評価実施までの流れ

出典：三条市教育委員会「小中一貫教育における教育委員会による点検・評価及び点検・評価結果の活用に関する調査研究〈1年次研究のまとめ〉」p.5，平成26年3月

実施に至るまでに，3回の「小中一貫教育推進会議」を開催し，学識経験者，学校関係者，PTA代表，地域代表等で検討を重ねました。

小中一貫教育に係る点検・評価マニュアル

　そのようにして策定した「三条市共通の小中一貫教育に係る点検・評価」実施マニュアルの概要は次のとおりです。

　目的

　　三条市が進める小中一貫教育に関する児童生徒，保護者，教職員の意識などを把握し，小中一貫教育推進に活用するとともに，今後の教育施策の参考にする

　調査内容

　　「三条市小中一貫教育についてのアンケート」

　　　①児童生徒対象用（小学生用・中学生用）

　　　②保護者対象用（小学生保護者用・中学生保護者用）

　　　③教職員対象用（小中学校共通）

　対象者

　　　①三条市立全小学校5・6学年の全児童と各学年全学級の3分の1の保護者

　　　②三条市立全中学校の全生徒と各学年全学級の3分の1の保護者

　　　③三条市立全小中学校教職員

　実施時期

　　　①配布期間　2013（平成25）年12月18日～20日

　　　②回答期間　2013（平成25）年12月18日～2014（平成26）年1月7日

　　　③回収期間　2014（平成26）年1月8日～10日

実施方法
  ・児童生徒対象
    ①マークシート方式のアンケートによる調査
    ②児童生徒にアンケート用紙配布。記入時間は10分間。無記名
    ③記入後,学級ごとに配布用封筒に入れて回収。集まったら教育センターに送付
  ・保護者対象
    ①マークシート方式のアンケートによる調査
    ②児童生徒アンケート実施日以降に,各学校で該当学級の児童生徒に渡すなどして,保護者に依頼
    ③調査は無記名とする
    ④保護者は調査用紙に記入後,回収用封筒に入れて学校に提出
    ⑤学校は集めた回収用封筒を教育センターに届ける
  ・三条市立全小中学校教職員
    ①マークシート方式のアンケートによる調査
    ②各校小中一貫教育コーディネーターは,自校の教職員にアンケート用紙を配布する。調査は無記名とする
    ③各自記入後,小中一貫教育コーディネーターに提出。全て集まったら教育センターまで配布用封筒を送付する

調査結果処理および公表等
    ①市教育委員会提出   2014（平成26）年1月10日　締め切り
    ②調査集計期間   2014（平成26）年1月中旬～2月中旬
    ③公表予定時期   2014（平成26）年3月中旬

今後の方向性
　調査結果のデータを蓄積し,児童生徒,保護者,教職員の意識の経年比較を行うことにより,継続して本市学校教育の推進および今後の教育

施策の参考に資する。次回の調査時期は今後検討。

このマニュアルに基づいて実際に実施したわけですが，アンケート調査のポイントはその質問項目の設計にあります。三条市では，アンケート項目作成にあたり基本的な考え方として以下の6点をあげています。
①質問項目を大きく二つに大別して作成
　・「行った」「知っている」などの「認知度」を問う質問
　・「こんなことをした」「こんなふうに行った」等のように「質」を問うもの。工夫や努力を問う
②児童生徒と教職員対象の質問は主として「質」を問うもの，保護者対象の質問は主として「認知度」を問うものとした
③成果評価の，ある質問(ア)に対してその原因となり得る活動点検の質問項目(イ)を想定。その(イ)に回答することが(ア)の回答に反映しやすい文言になるようにした
④成果評価の全ての質問項目に対して可能な限り活動点検の質問項目を対応させた。ただし，一つの活動点検の質問項目が複数の成果評価の質問項目に対応する場合もある
⑤点検・評価の方法として，そのほとんどはアンケートによるが，その他にも「NRT」「全国学力・学習状況調査」「hyper-QU」「いじめ・不登校に関する調査」「各校で従来から実施している学校評価」等の結果も利用する。したがって，それらの方法を用いる場合，アンケート項目は設定しない
⑥どの中学校区でも通用する用語等を用いる

三条市では「点検・評価」というときに「点検」は学校評価でいう教育活動，運営活動にあたる項目とし，「評価」は学校評価でいう成果評価にあたるものと定義して取り組みました。したがって，上記の「活動点検」では各校の活動実態について点検し，「成果評価」では児童生徒，教職員，

第4章 小中一貫教育のマネジメント

表4-5 小中一貫教育の点検に係る項目，内容

		点検項目	点検指標（以下の内容に即した回答割合）	学校現場での点検材料（場面），方法
主な活動	1	小小，小中交流活動	交流活動を教育課程に位置づけ，意図的計画的に実施している	交流活動の計画，実施
	2	小中学校教職員の協働活動	小中合同研修会を計画的に実施している 小中学校教職員が互いに学びあう機会がある	合同研修会，学区教科部会，学年部会の開催 事前事後の話し合い，協議会の開催
	3	9年間を見とおした学習支援	小中一貫カリキュラムを利用した授業実践が行われている	乗り入れ授業の実施，日常の授業改善
	4	9年間を見とおした生徒支援	成長発達等の特性に応じた指導を行っている	小中教職員の綿密な情報交換，諸課題の共有，実践事項の共通化
	5	地域との連携活動	保護者，地域住民の意見を取り入れる工夫を行っている 保護者，地域住民との交流活動を計画的に実施している	中学校区推進協議会の計画的な開催 保護者，地域住民との連携協力体制

出典：三条市教育委員会「小中一貫教育における教育委員会による点検・評価及び点検・評価結果の活用に関する調査研究〈1年次研究のまとめ〉」p.22，平成26年3月

保護者の実態や意識の変化について評価するものとしています。

　今回は五つの活動点検項目と11の成果評価項目を設定しました（表4-5，表4-6参照）。

　成果評価項目のうちの8項目と活動点検項目は，互いにリンクし合いながら，具体的なアンケート項目となっていきます。その相関の一部を示したものが表4-7です。そのようにしてアンケート項目を設定し，小学生用，中学生用，教員月，保護者用のアンケートが完成しました（図4-2参照）。

　各アンケートが教育委員会によって集計・分析された後，各中学校区に対し「当該中学校区の結果」と「市全体の結果」が提供されます。具体的

表4－6　小中一貫教育の成果評価に係る項目，内容

		評価項目	評価指標（以下の内容に即した回答割合）	学校現場での評価材料（場面），方法
成果指標（「基本方針」から期待される効果を抜粋）	1	児童生徒の自己有用感，自己肯定感	みんなのために○○を行うことや人の役に立つことがうれしい。学校や学級，部活動など，集団の活動に貢献している。自分のよさ，他人のよさがわかる。上級生としての自覚が高まる。小学校の授業のお手伝いや指導を積極的に行う。	交流活動（小小・小中）事後評価　HP-QU調査
	2	人間関係力の育成	だれとでも元気よくあいさつをしたり，分け隔てなく接する。他校の児童生徒と協力し，交流活動に積極的に取り組む。時と場に応じた対応，行動を行う。人の立場を思いやった言動をとる。	交流活動（小小・小中）事後評価　HP-QU調査
	3	児童生徒の基本的な生活習慣の定着，児童生徒の将来の夢や希望の実現	発達特性に応じた生活習慣，家庭学習習慣が身に付いている。服装，頭髪等いつも身なりが清潔である。将来の夢や目標をもつ。時間やきまり，社会のルールをきちんと守った生活をする。	ノーメディアデイ，家庭学習強調週間調査，健康・保健調査，HP-QU調査
	4	児童生徒の学習意欲の向上	将来の夢や目標をもつ。ふだんの授業に集中して取り組む。	日常における授業態度　全国学力・学習状況調査
	5	中学校進学への不安軽減	中学校生活への期待，中学生への憧れの気持ちが高まっている。中学校生活への不安が軽減した。	交流活動（小小・小中）事後評価
	6	教職員の協働意識の高揚	9年間を見通した指導，支援の必要性が高まっている。互いに小中学校のよさを学ぼうとする意識が高まっている。小中学校間の交流に積極的である。	中学校区（学校）独自の教職員意識調査
	7	三条市（地域）への愛着の高まり	三条市の文化，歴史，自然への興味関心が高まる。三条市のよさがわかる。地域行事に積極的に参加する。	中学校区（学校）独自の児童生徒意識調査
	8	児童生徒の確かな学力の向上		NRT調査　全国学力学習状況調査等
	9	いじめの減少		いじめに関する調査等
	10	不登校の減少		不登校に関する調査等
その他	11	小中一貫教育の理解，認知度	取組についての理解，認知度が高まる	中学校区（学校）独自の児童生徒，保護者意識調査
		小中一貫教育の有効性	小中一貫教育の取組が，三条市の学校教育の改善，向上に資する（上記の総体として評価）	【評価基準】　全項目における評価結果の平均値80％以上はA，50％以下はC

出典：三条市教育委員会「小中一貫教育における教育委員会による点検・評価及び点検・評価結果の活用に関する調査研究〈1年次研究のまとめ〉」p. 22，平成26年3月

表4－7　アンケート質問項目の構造図

評価項目		成果指標内容	点検項目		活動点検内容
1　児童生徒の自己有用感,自己肯定感	小学生	Q6　あなたは，みんなのために行動することや人の役に立つことがうれしいと感じますか。【質】	1　小小,小中交流活動　　5　地域との連携活動	小学生	Q5　あなたは今年,地域の人と一緒に活動を行う中で，ほめられたり，感謝されたりしたことがありましたか。（例：地域の人と一緒に行うあいさつ運動　地域行事　職場見学　町内清掃活動　お祭り　など）【質】
	中学生	Q6　あなたは，小学生と一緒に活動することをとおして，小学生の役に立つことができましたか。【質】		中学生	Q1　あなたは今年,小学生と一緒に勉強や活動を行う中で，思いやりのある言動がとれましたか。【質】
	教職員	Q7　自中学校区の小学生同士や，小学生と中学生の交流が児童生徒の自己有用感，自己肯定感の育成に役立っていると思いますか。【質】		教職員	Q1　自中学校区では，交流活動のねらいを踏まえ，事前・事後の指導で互いに認め合ったり，感謝し合ったりする場を設定して（働きかけて）いますか。【質】
	保護者	Q6　あなたの地域の学校の小学生同士や小学生と中学生の交流活動は，小学生が中学生へあこがれを持つことに効果があったと思いますか。【質】		保護者	Q1　あなたの地域の学校では，小学生同士や，小学生と中学生の交流が行われていることを知っていますか。【認知度】
	小学生	Q7　あなたは，いろんな人と仲良く行動できますか。【質】		小学生	Q1　あなたは今年,他の小学校の小学生や中学生と仲良く協力して行動しましたか。【認知度】
	中学生	Q7　あなたは，いろんな人と協力して行動できますか。【質】		中学生	Q1　あなたは今年,小学生と一緒に勉強や活動を行う中で，思いやりのある言動がとれましたか。【質】

2 人間関係力の育成	教職員	Q8 小中（小小）交流活動は，児童生徒の良好な人間関係を築く力を育てることに効果があったと思いますか。【質】	1 小小,小中交流活動 5 地域との連携活動	教職員	Q1 自中学校区では，交流活動のねらいを踏まえ，事前・事後の指導で互いに認め合ったり，感謝し合ったりする場を設定して（働きかけて）いますか。【質】
	保護者	Q7 あなたの地域の学校の小学生同士や小学生と中学生の交流活動は，児童生徒が良好な人間関係を築くことに効果があったと思いますか。【質】		保護者	Q1 あなたの地域の学校では，小学生同士や，小学生と中学生の交流が行われていることを知っていますか。【認知度】
3 児童生徒の将来の夢や希望の実現	小学生	Q8 あなたは，中学校でやってみたいことや将来の夢がありますか。【質】	4 9年間を見とおした生徒支援	小学生	Q4 あなたの学校の先生は，あなたのよいところを認めたり，中学校生活について話をしたりしてくれていますか。【質】
	中学生	Q8 あなたは，将来の夢や希望がありますか。【質】		中学生	Q4 あなたの学校の先生は，あなたのよいところを認めたり，あなたの将来について相談にのったりしてくれていますか。【質】
	教職員	Q9 自中学校区の小中一貫教育の取組は，児童生徒の将来の自己実現に寄与していると思いますか。【質】		教職員	Q5 あなたは，9年間の発達特性を見据えて，児童生徒のよいところを認めたり，相談にのったりしていますか。【質】
	保護者	Q8 あなたの地域の学校の小中一貫教育の取組は，児童生徒の将来の夢や希望の実現に効果があったと思いますか。【質】		保護者	Q4 あなたの地域の学校では，子どもたちの将来のことを考えた先生の対応が行われていることを知っていますか。【認知度】

出典：三条市教育委員会「小中一貫教育における教育委員会による点検・評価及び点検・評価結果の活用に関する調査研究〈1年次研究のまとめ〉」p.23，平成26年3月

第4章　小中一貫教育のマネジメント

図4－2　平成25年度　三条市「小中一貫教育」についてのアンケート～中学生用～

平成25年度　三条市「小中一貫教育」についてのアンケート

中学生の皆さんに聞きたいと思います。三条市では、今の皆さんの「小中一貫教育」での様子を知り、来年の教育に生かしたいと思います。現在の自分を見つめ、次の問いについてあてはまる○を塗りつぶしてください。

【注意事項】
・濃い黒鉛筆またはシャープペンシルで記入してください。
・記入例に従ってていねいにマークしてください。
・訂正する場合は消しゴムできれいに消してください。
・用紙を汚したり折り曲げたりしないでください。
・余白には何も書かないでください。

記入例
良　悪　悪
●　◐　◯

学校生活についての質問です。あてはまるものを1つ選んでください。
【5、はい　4、まぁまぁ　3、あまり　2、いいえ　1、わからない】

Q1　あなたは今年、小学生と一緒に勉強や活動を行う中で、思いやりのある言動がとれましたか。
○5　　○4　　○3　　○2　　○1

Q2　あなたは今年、小学校の先生から教えてもらったり、声をかけてもらったことがありましたか。
○5　　○4　　○3　　○2　　○1

Q3　あなたの学校の先生は、あなたが小学校で学んできたこと（学習内容や発表の仕方、ノートの取り方、学び合い学習など）を大事にした授業をしていると思いますか。
○5　　○4　　○3　　○2　　○1

Q4　あなたの学校の先生は、あなたのよいところを認めたり、あなたの将来について相談にのったりしてくれていますか。
○5　　○4　　○3　　○2　　○1

Q5　あなたは今年、地域の人と一緒に活動を行う中で、ほめられたり、感謝されたりしたことがありましたか。　（例：地域の人と一緒に行うあいさつ運動　地域行事　職場体験学習　町内清掃活動　お祭り　など）
○5　　○4　　○3　　○2　　○1

あなた自身についての質問です。あてはまるものを1つ選んでください。
【5、はい　4、まぁまぁ　3、あまり　2、いいえ　1、わからない】

Q6　あなたは、小学生と一緒に活動することをとおして、小学生の役に立つことができましたか。
○5　　○4　　○3　　○2　　○1

Q7　あなたは、いろんな人と協力して行動できますか。
○5　　○4　　○3　　○2　　○1

Q8　あなたは、将来の夢や希望がありますか。
○5　　○4　　○3　　○2　　○1

Q9　あなたは、進んで勉強していますか。
○5　　○4　　○3　　○2　　○1

Q10　あなたが小学生の時に体験した小学生と中学生との交流活動や小学校6年生の一日体験入学などは、あなたの中学校入学時の心配・不安を減らしたり無くしたりすることに役立ったと思いますか。
○5　　○4　　○3　　○2　　○1

Q11　あなたは、Q5のような行事に積極的に参加していますか。
○5　　○4　　○3　　○2　　○1

ご協力ありがとうございました。

出典：三条市教育委員会「小中一貫教育における教育委員会による点検・評価及び点検・評価結果の活用に関する調査研究〈1年次研究のまとめ〉」p.29，平成26年3月

には，指導主事が結果と考察を資料にまとめ，学校訪問をして直接説明と助言を行いました。

2014（平成26）年度の取り組み

2013（平成25）年度に行った点検・評価を踏まえて，2014（平成26）年度に修正を加えたのは次の項目です。

①ある取り組みに関するいくつかの質問を続けて配置するなど，回答しやすい質問の順番にする

②ある取り組みに対する，児童生徒，保護者，教職員，それぞれの質問項目はできるだけ共通になるように文言を修正する

③4段階評価を明確にするために，「5　はい」のように選択肢に番号を付けず，「はい　まぁまぁ　あまり　いいえ　わからない」とする

④保護者の対象を対象児童生徒の3分の1から全員へと増やす

⑤学校によっては，補足，具体事例の添付用紙を配布してもよいこととする

⑥地域住民の意識調査は各中学校区推進連絡協議会の様子から判断する。一般市民へのアンケートは今後検討する

さらに，年間スケジュールは初年度と異なり，恒常的な年間計画として組み立て直しました（図4－3参照）。

このようにして，毎年の点検・評価結果を積み重ね，経年変化を見たり比較したりすることができ，それぞれの中学校区で，それらの結果を参考にして取り組みの成果や課題を認識し，より良い取り組みにつなげていこうとするものです。

例えば，第一中学校区では，2013（平成25）年度の点検・評価の結果，教職員対象アンケートで「小中学校の学習内容のつながりや小中共通の学習方法を意識して授業を行っているか」という質問に対して「はい」が小中教職員共に15％と低かったことから，2014（平成26）年度は，第一中学

第 4 章　小中一貫教育のマネジメント

図 4 − 3　点検・評価年間計画モデル
3　点検・評価年間計画モデル

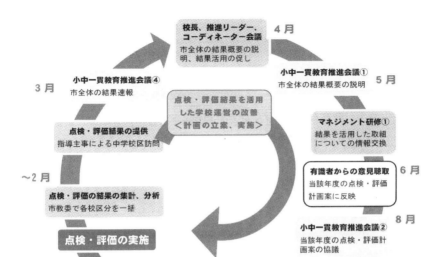

出典：三条市教育委員会「平成26年度　小中一貫教育フォーラム in 三条　要項」p. 13，平成26年11月21日

　校区小中一貫教育カリキュラム等を活用し，小中学校の教職員全員が，教科部ごとに 2 人組（あるいは 3 人組）をつくり協働で授業を行うようにしました。また，児童生徒対象アンケートで「みんなのために行動することや人の役に立つことがうれしいと感じるか」という質問に「はい」が小 5 で79.2％，小 6 で64.1％，中 1 で8.4％，中 2 で17.7％，中 3 で33.5％であったことから，中学生にこそ自己有用感・自己肯定感をもっともってほしいと考えて，児童生徒の交流活動を計画的・効果的に行う取り組みを始めました。例えば，中 1 生徒による小学校運動会のお助け隊，中学生によ

155

る小6児童への陸上競技指導などです。

　また，第三中学校区では保護者対象アンケートで「9年間を見通した生徒支援」の認知が3割と低かったことから，毎月「第三中学校区小中一貫教育だより」や「小中一貫教育カレンダー」を全世帯に配布，回覧するなどして周知に努めました。

　トップダウンで始まった三条市の小中一貫教育ではありますが，このように教育委員会のリーダーシップときめ細かい指導，そして点検・評価の取り組みなどを通じて，現場にも徐々にモチベーションの高まりと工夫が見られるようになってきたということです。

第二中学校・一ノ木戸小学校の学校評価

　第二中学校・一ノ木戸小学校では，様々な交流活動のたびに，事後アンケートなどで児童生徒，時には保護者からもアンケートを取って，取り組みの検証を行ってきました。

　また，小中一貫教育に関わらず，それ以前から両学校とも学校独自の学校評価を行ってきました。したがって，現在，第二中学校・一ノ木戸小学校では3種類の評価活動が行われていることになります。

　①交流活動後の事後評価
　②各学校の学校評価
　③教育委員会による全市共通の小中一貫教育に関する評価

　これについて，学校は①と③については継続しますが，②については新たに，小中一貫教育に関して小中共通の評価項目を設定し，現在の各学校の評価項目を見直していく考えです。

　小中共通の評価項目は広報・評価部会によって原案がつくられますが，今年度は小中一貫教育に関するアンケートのみ，3学期に実施する予定で準備を進めています。来年度以降は，小中学校がそれぞれ実施する学校評価の際に小中共通項目を追加する形で継続する予定だということです。

教育委員会による点検・評価の活用

　教育委員会が実施した点検・評価については，自中学校区と市全体の分析結果が各中学校区に伝えられ，指導主事による説明と助言がありました。それによって，第二中学校・一ノ木戸小学校も，自中学校区の成果や課題を自覚することができました。また，2013（平成25）年度と2014（平成26）年度の経年変化を見ることで，現在の小中一貫教育の取り組みが，果たして目標の実現に向けて，効果的・効率的な取り組みになっているのかどうかを確認することもできます。

　例えば，第二中学校区の場合「児童生徒の自己有用感，自己肯定感の向上」を問う質問に関して，「あなたは中学生と一緒に活動することを通して，中学生に憧れたり，早く中学生になりたいと思いましたか」という小学生への質問に対して，肯定的評価が小5は2013（平成25）年度の87.1％から2014（平成26）年度には69.2％に，小6が同じく92.7％から51.0％にそれぞれ下がっています。一方で，中学生に対する「あなたは小学生と一緒に活動することを通して，小学生の役に立つことができましたか」という質問には，中1が同じく47.2％から73.9％に，中2が56.2％から56.9％に，中3が42.1％から55.1％にそれぞれ増加しています。この質問は小中交流活動に関連した評価項目ですが，このデータを見る限り，第二中学校・一ノ木戸小学校の交流活動は中学生の自己有用感を高めるのに有効であったと考えることができる一方で，小学生の憧れの気持ちを高める役割は果たしていないことになります。

　そもそも一つの項目で，2種類の（「小学生の憧れ」と中学生の「自己有用感」）成果を測れば，成果があったともなかったとも判断することは難しいことです。ただし中学生の自己有用感を高めるのが主たる目的で行った活動なのであれば，少なくとも当面継続して今後の推移を見守ってもいいと，結論付けることは可能でしょう。

　また，小中学校の教職員の協働活動に関する点検項目で，児童生徒に対

する「あなたは今年，中学校（小学校）の先生から教えてもらったり，声をかけてもらったりしたことがありましたか」という質問には，ほとんど経年変化は見られませんが，小学5・6年生の肯定的評価の平均が75.8％（平成26年度）であるのに対し，中学生の平均が48.8％（同）と，半分近くになっています。小学生と中学生の意識の違いを考慮しても，施設一体型ならではの効果を期待するのなら，もう少し小学校の教職員が意識して中学生に声かけ等をする必要があるのではないでしょうか。

　これはほんの一例ですが，様々な情報を与えてくれる分析であり，有効に活用すれば学校運営の改善に大いに資する可能性があります。

三条市における今後の学校評価

　少なくとも第二中学校区を見る限り，様々な活動場面で事後のアンケートを取り，学校独自の自己評価作業を行い，教育委員会による点検・評価から分析結果を得て活用することができ，今後さらに小中共通の学校評価項目を設定していくという，三重四重の評価システムが組まれています。

　学校経営のPDCAサイクルを回し，より良い学校経営に向けて不断の努力を重ねる姿には敬意を表しますが，その一方で，重複や無駄な作業が存在するのであれば，現場の教職員の意欲をそぎ，多忙感に拍車をかけてしまうおそれも考えられます。

　学校評価に必要なのは的を射たコンパクトでわかりやすい評価の設計です。教育委員会の評価との重複がないように確認すること，および，評価項目が求める目標（グランドデザインや学校教育目標）に向かってシンプルでわかりやすいものになっているかどうか，さらに言えば，一つの目標に複数の評価指標を設定していないか等の見直しを丁寧に行って，真に，グランドデザインと各校の教育目標実現に向けての評価設計となっていることを今一度確認したいものです。

　また共通項目等を決定した場合には，可能な限り同じ項目を複数年続けて，経年変化を見ていきましょう。

評価作業は単純になればなるほど，わかりやすければわかりやすいほど，有用なデータが自動的に蓄積されていく仕組みです。

三条市の小中一貫教育の船出に際しては様々な意見が保護者・地域住民からも噴出していましたが，小中一貫教育は子どもたちの育ちをより良いものにしていこうとする，教育関係者の挑戦です。小中一貫教育そのものに優劣や価値があるわけではなく，目の前の子どもたちのために最善を尽くすための道具の一つにすぎません。

道具をより有効に使うために，評価というもう一つの道具を上手く使って保護者・地域住民への説明責任を果たし，開かれた学校経営と，風通しの良い教育行政を進めることで，保護者・地域住民の理解が深まると同時に，子どもたちと教職員にとっては与えられた環境の中で考えられる，より良い学校が生まれるのではないでしょうか。

4-1-3　三鷹市の学園評価と学校評価

文部科学省が小学校設置基準等において，各学校の自己評価とその公表を求めたのは2002（平成14）年のことでしたが，市民参加が盛んで，市の基本構想・基本計画も市民参加の手法で策定されていた三鷹市では，2001（平成13）年策定の第3次三鷹市基本計画の中で，すでに学校教育への外部評価システムの導入が計画されていました。同計画によれば同年から調査研究を開始し，2004（平成16）年から本格実施することとなっています。

ちなみにこの第3次三鷹市基本計画の策定には，素案段階からの主体的な市民参加によって計画を策定するために市が呼びかけてメンバーを公募した「みたか市民プラン21会議」が，大きく関わっています。市長の清原氏はこの組織の3人の代表者の一人でした。市と同会議はパートナーシップ協定を結び，協働して市の基本計画の骨子を練り上げました。同会議は1999（平成11）年10月に発足し，2001（平成13）年11月の第3次三鷹市基本計画策定後，解散しています。

同基本計画は2001（平成13）年から2010（平成22）年までの三鷹市の市

政の方向を定めたもので，教育ビジョンなど，三鷹市の個別政策はこの基本計画に基づいて策定され，個別の施策が展開されていくこととなります。

したがって，三鷹市の学校評価は当初から法律で定められた自己評価はもちろんのこと，市民に開かれた学校の視点から外部評価の研究と導入が行われてきました。小中一貫教育とコミュニティ・スクールの導入が始まってからは，学園評価はコミュニティ・スクール委員会（以下，「CS委員会」と略す）が主導的に展開し，それと連動した形で，各校の学校評価が行われました。

第3次三鷹市基本計画の期間は終了し，現在は第4次三鷹市基本計画に移行していますが基本的な考え方は第3次計画を引き継いでいます。

コミュニティ・スクール委員会による学園評価

第4次三鷹市基本計画を受けて2012（平成24）年3月に策定された「三鷹市教育ビジョン2022」の主要な目標の五つの中に「学校の経営力と教員の力量を高め，特色ある学園・学校づくりを進めます」があり，その中の三つの重点施策の一つ「学園長・校長の学校経営ビジョンに基づく特色ある学園・学校づくりの推進」の事業の一つが「学校評価・学園評価の充実」です。

前述のように，三鷹市における学校評価の取り組みは早く，自己評価や外部評価の取り組みは成熟していると言えます。特に，小中一貫教育に関する評価についてはCS委員会の取り組みが重要です。

三鷹市では，学校評価の方法として第三者評価については今後検討することとし，現在，校長のリーダーシップのもとで，当該学校の全教職員が参加し，あらかじめ設定した目標や具体的計画等に照らして，その達成状況の把握や取り組みの適切さを検証し，評価を行う「自己評価」と，学校運営協議会が，当該学校の教育活動の観察等を通じて自己評価の結果を検証し，評価を行う「学校関係者評価」が行われています（図4－4参照）。

また，2009（平成21）年以降，七つの学園のCS委員会が各学園の評

第4章 小中一貫教育のマネジメント

図4-4 三鷹市の学校評価の仕組み

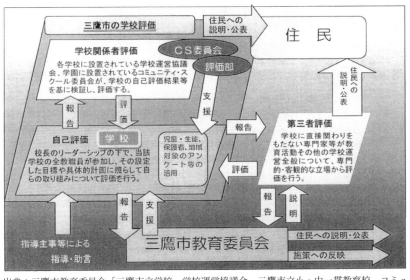

出典：三鷹市教育委員会「三鷹市立学校　学校運営協議会　三鷹市立小・中一貫教育校　コミュニティ・スクール委員会　委員のみなさんの手引き〈第4版〉」p.9，平成27年4月

価・検証を行い，学園運営や教育活動の成果と課題，改善策，課題解決のための創意工夫，改善策の有効性等を検証し，市教育委員会に報告し，ホームページ上に公開する「学園評価」も行われています。

　学園評価の枠組みや評価・検証項目は教育委員会が指定し，それに基づいて学園ごとの目標や取り組み，成果や課題および改善方策を記入していきます。また，学校評価は学園評価の項目に沿って，学校ごとに2回の自己評価と学校関係者評価を行った結果を記入していく仕組みです（表4-8参照）。

　ちなみに，2014（平成26）年度の各学園の検証項目は以下の5項目でした。

　①人間力・社会力の育成について
　②学校運営について
　③小・中一貫教育校としての教育活動

表4-8　三鷹市の学園評価の枠組み

平成26年度　〇〇学園の評価・検証　結果報告	
検証項目	(1)　人間力・社会力の育成 〇他者との適切な関係を構築する力の育成　〇他者と共に自己実現を図っていく力の育成　〇地域や社会等へ貢献する力の育成　〇その他
目標	
取組	
成　果	課題と改善方策

検証項目	(2)　学校運営について 〇小・中一貫教育校の学園組織の活性化　〇小・中一貫教育校の教員間，学校間の交流の円滑化　〇小・中一貫教育校の校務，会議の効率化　〇その他
目標	
取組	
成　果	課題と改善方策

検証項目	(3)　小・中一貫教育校としての教育活動 〇小・中学校間相互乗り入れ授業　〇小学校相互，小・中学校間の児童・生徒の交流活動　〇小・中学校教員の合同授業研究等の学園研究会　〇キャリア教育及びそれに基づく小・中の系統性と連続性を明確にした授業実践，授業改善の状況　〇その他
目標	
取組	
成　果	課題と改善方策

検証項目		(4) 児童・生徒の学力・健全育成 ○児童・生徒の学習意欲　○各学年での児童・生徒の学習内容の定着状況（習得，活用，探求）　○小学校と中学校の評価の一貫性 ○不登校，学校不適応等に関わる児童・生徒の指導・支援
目標	学力	
	健全	
取組	学力	
	健全	
成　　果		課題と改善方策
学力		学力
健全育成		健全育成

出典：三鷹市教育委員会「平成26年度　三鷹市立小・中一貫教育校　全7学園の評価・検証報告」pp.3-4，平成27年5月より一部抜粋

④児童生徒の学力・健全育成

⑤コミュニティ・スクールの運営

　具体的な学校評価，学園評価の取り組みを連雀学園を例にとって見ていきましょう。

連雀学園の学園評価・学校評価

　連雀学園ではCS委員会による2種類の学園評価が行われています。一つは教育委員会の示す枠組みに沿って行われる学園・学校評価であり，もう一つは連雀学園CS委員会独自の指標を設定して保護者や地域住民にアンケートを行う学園評価です。それぞれについて，評価実施の流れを見ていきましょう。

<u>教育委員会の評価枠組みを用いた学園・学校評価の流れ</u>

　　○年度初め，前年度のCS委員会による学園・学校評価結果等を受けて
　　　改善点などを抽出し，今年度の改善方策や今年度の重点目標などを示

図4-5 アンケート例（平成26年度 中学校生徒用）

自らの学習活動・学校生活を振り返って

以下のそれぞれの質問で、あてはまるもの一つにマークをしてください。

(1) 学年： ◯1年 ◯2年 ◯3年

(2) クラス： ◯1組(A組) ◯2組(B組) ◯3組(C組) ◯4組(D組) ◯5組(E組) ◯6組(F組)
◯7組(G組)

(3) 性別： ◯男子 ◯女子

(4) 以下の各項目について、「そう思うか（適合度）」をお答えください。

		適合度		
	そう思う	大体そう思う	あまりそう思わない	そう思わない
1 教科書・ノートなどの忘れ物をしなかった。	◯	◯	◯	◯
2 チャイム着席をして授業の用意がしっかりできた。	◯	◯	◯	◯
3 授業中、ていねいにノートに記入できた。	◯	◯	◯	◯
4 授業に意欲的に取り組むことができた。	◯	◯	◯	◯
5 先生の話を集中して聞くことができ、自分の学習に生かすことができた。	◯	◯	◯	◯
6 家庭学習をしっかりやった。	◯	◯	◯	◯
7 部活動に意欲的に取り組むことができた。	◯	◯	◯	◯
8 合唱コンクール・修学旅行・校外実習などで、学級・学年の一員として、他の生徒と協力して取り組むことができた。	◯	◯	◯	◯
9 「連雀たてわり活動」・「あいさつ運動」などの、小・中の交流行事に積極的に参加することができた、または今後参加しようと思っている。	◯	◯	◯	◯
10 「いじめ」のない学校をめざし、「いじめ」の防止（しない、させない）へ向けて行動することができた、または今後行動しようと思っている。	◯	◯	◯	◯

質問は以上です。ご協力ありがとうございました。

出典：三鷹市立第一中学校「学校評価アンケート用紙　生徒用」2014年11月

し，教育委員会，CS委員会および保護者等に報告します。CS委員会で了承されれば今年度の学園・学校計画とも正式なものとなります。
○教育委員会が示した評価の枠組みは，左半分が学園内全ての学校に共通の内容であり，右半分は学校ごとに内容を吟味して，各学校の取り組みに従って記入されるものです。

図4−6 CS委員会による学校評価アンケート例（平成27年度　CS委員用）

平成27年度連雀学園小・中一貫教育に関するアンケート
【CS委員用】

お子さんの学年にマークをしてください。
(1) 学年：　○1年　○2年　○3年　○4年　○5年　○6年　○中1　○中2　○中3

(2) 以下の各項目について、「(A)どのくらい重要だと思うか（重要度）」と「(B)実現できていると思うか（実現度）」をそれぞれお答えください。

		重要度				実現度			
		重要である	やや重要である	あまり重要ではない	重要ではない	よく出来ている	大体出来ている	あまり出来ていない	出来ていない	わからない
1	【キャリア・アントレプレナーシップ教育】学校が自ら課題意識を高めて、チャレンジする子どもを育てるキャリア・アントレプレナーシップ教育を行うこと	○	○	○	○	○	○	○	○	○
2	【地域人財の活用】学校が「一中教育活動支援者」を積極的に活用すること	○	○	○	○	○	○	○	○	○
3	【選択交流学習】(5・6年生の保護者の方のみお答えください) 学園内の交流を通して、学園の子どもたちが仲間意識を高める取組を行うこと	○	○	○	○	○	○	○	○	○
4	【小・中交流】(5・6年生の保護者の方のみお答えください) 中学校への体験入学、連雀音楽会を通して、小学校の子どもたちが中学校への理解やあこがれを深めること	○	○	○	○	○	○	○	○	○
5	【健全育成・あいさつ運動】学校が子どもたちが自主的かつ自発的にあいさつをするように取組むこと	○	○	○	○	○	○	○	○	○
6	【児童会・生徒会交流】児童会・生徒会が交流を深めたて割り活動や新たな活動を企画し実践すること。	○	○	○	○	○	○	○	○	○
7	【学園研究】小・中一貫教育カリキュラムをもとに、連雀学園の4校が合同で学園研究を進め、今年度は研究発表会も実施し、子どもたちが、思考力、表現力を身に付ける授業が行われていること。	○	○	○	○	○	○	○	○	○
8	【家庭学習】学校が「三鷹『学び』のスタンダード」をもとにした「連雀『学び』のスタンダード」をとおして、家庭学習の習慣化について子どもたちに適切な指導を行っていること	○	○	○	○	○	○	○	○	○
9	【体力向上】子どもたちが積極的に授業や休み時間、放課後などに体力づくりに取組むこと	○	○	○	○	○	○	○	○	○
10	【CS委員会評価部】コミュニティ・スクール委員会の評価部が学園評価アンケートをもとに学園の教育活動を評価し次年度に生かす活動をすること	○	○	○	○	○	○	○	○	○
11	【CS委員会広報部】コミュニティ・スクール委員会の広報部が学園ニュースの定期発行（9回）とホームページ発信更新回数の向上を図ること	○	○	○	○	○	○	○	○	○
12	【CS委員会サポート部】コミュニティ・スクール委員会のサポート部が、学園としての健全育成や学習のサポートを行うこと	○	○	○	○	○	○	○	○	○
13	【CS委員会活動の充実】学園として「子ども熟議」等の行事をとおして、児童生徒の健全育成を図り、連雀の地域への愛着心を育てること	○	○	○	○	○	○	○	○	○

出典：連雀学園コミュニティスクール委員会「平成27年度　連雀学園小・中一貫教育に関するアンケートのお願い」平成27年9月3日

図4−7　連雀学園NEWS（平成26年12月18日号）

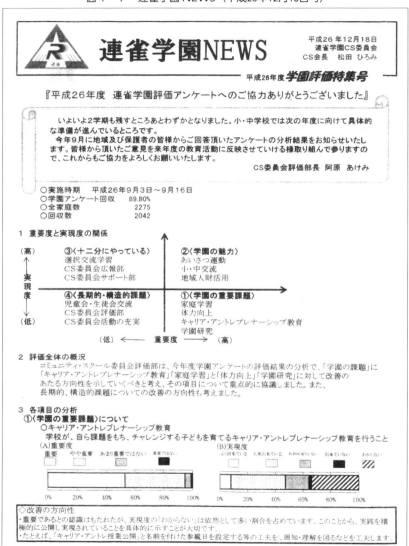

出典：連雀学園CS委員会CS会長松田ひろみ「連雀学園NEWS　平成26年度学園評価特集号」平成26年12月18日より一部抜粋

○各学校は報告書に記載の「今年度の重点目標」ごとに評価指標を設定し，それについて教職員とCS委員会に報告します。
○1学期終了後と12月の2回，教職員，児童生徒，CS委員会委員等にアンケート調査を実施し自己評価します（図4－5参照）。
○自己評価結果をCS委員会に報告し，CS委員会は自己評価内容の妥当性を審議します（学校関係者評価）。
○2回の学校評価結果と，CS委員会による保護者・地域住民アンケートによる学園評価結果をもとに，評価担当の校長が，学園評価項目を記入します。
○学園評価と学校評価の結果を教育委員会に報告し，各学校はホームページ上で公開します。

<u>CS委員会による学園評価の流れ</u>
○毎年度7～8月に，CS委員会が学園評価項目を策定します。
○それに基づいて，9月頃保護者および地域住民に対しアンケート調査を実施します（図4－6参照）。
○1月頃までに分析結果を出し，次年度の経営計画に反映されるようにします。
○分析結果は，連雀学園コミュニティ・スクール広報誌「連雀学園NEWS」（図4－7参照）に掲載し，保護者・地域住民に報告すると同時に，各校の分析も加えて，1月までに学園内各校に報告します。

　連雀学園とそれぞれの学校は二つのCS委員会評価の結果をもとに次年度の経営計画を策定することになります。

三鷹市における学園評価・学校評価のこれから

　三鷹市の学園評価・学校評価においては自己評価と学校関係者評価の充実ぶりは目を見張るものがあります。一方で，第三者評価についてはいま

だ導入されていません。

　三鷹市の地の利を考えれば，学校教育の専門家等による第三者評価委員会の設立等には困難は考えられず，むしろ，三鷹市教育委員会が第三者評価の必要性を感じていないのでしょう。

　文部科学省の学校評価ガイドラインにいう第三者評価は，全国的にも導入が盛んだとは言えません。むしろ，いかに教育の専門家であるとはいえ，日常的に学園や学校の状況を知らない人が，果たして評価などできるのだろうかという疑問が，多くの現場にあることは疑いありません。客観的で専門的な第三者評価が必要とされるのは，学校選択制などの際に，保護者が学校間の比較を行いたいときなどに，ニーズが高まると考えられますが，現状の多くの学園評価・学校評価は，学園や学校の運営の改善，子どもたちにとってより良い教育を目指して行われており，欧米型の学校評価との大きな違いはそこにあります。

　三鷹市における学園評価・学校評価は，半分は教育委員会の枠組みの中で行われています。連雀学園に限って言えば，CS委員会の能力は高く，CS委員会独自の評価項目は学園の運営に，教育委員会が示した項目以上に有用なものばかりです。教育委員会の枠組みをはずし，CS委員会の策定した項目のみの評価に切り替えていっても十分にPDCAサイクルを回すことが可能ではないでしょうか。広い市域にあって，学園ごとの事情や地域性，文化などに差異があることは当然で，一律の評価項目を設定する意義はあまりないように思われるからです。

4-1-4　横浜市の学校評価

　横浜市における学校評価の始まりは1954（昭和29）年にさかのぼります。その年，横浜市で最初の「学校評価の手引」が発行されました。その後は，学習指導要領の改訂等にあわせて，教育課程編成と関連付けながら，教育評価や学校運営の評価を中心とした学校評価の手引が発行されてきました。

　2004（平成16）年の横浜教育改革会議，学校運営部会において，学校評

価システムの確立が提案されていました。同年9月27日開催の第1回学校運営部会資料によれば、「開かれた学校づくりの推進」の主な論点の一つが「学校評価システム」の推進でした。同年，市では学校評価システム研究モデル校として，小中学校各区各1校，高等学校1校，盲・ろう・養護学校1校，計38校を指定しています。

　そして，2005（平成17）年度，横浜教育改革会議の「最終答申」と，国の学校評価に関する動向を受けて横浜市の学校評価システムを策定しました。その主な内容は「各学校が自己評価を基軸に学校評価PDCAサイクルを構築する」「学校評価報告書の提出を義務化」「横浜学校評価シンポジウムの開催開始」の三つでした。

　2006（平成18）年1月に「横浜教育ビジョン～「教育のまち・横浜」の実現を目指す10年構想～」が策定され，重点施策の中に学校版マニフェストの策定と学校評価・情報発信の推進が盛り込まれました。また，横浜市のガイドラインに基づく学校評価の確立と，それによる学校運営の改善と教育の質の向上が求められました。

　同年11月から「よこはま学校評価ニュース」の発行が始まり，12月から各学校が順次中期学校運営計画（学校版マニフェスト）の策定を行いました。これは，各学校が3～5年間の中期的な重点目標や具体的な取り組みを明らかにして，保護者・地域に発信するものです。

　2007（平成19）年には「横浜版学習指導要領　総則」が策定され，「横浜版学習指導要領」による学校づくりが開始されました。すなわち，各学校は教育実践の質的向上のために，学校評価と連動させてカリキュラムの運営・評価・改善の充実を図ることとなったのです。

　2008（平成20）年3月に「横浜市学校評価ガイド～横浜教育ビジョンに基づく学校教育目標を実現するために～」が策定されました。市立学校がPDCAサイクルに基づき，自己評価・学校関係者評価に取り組み，開かれた学校づくりを推進するための学校評価および教育委員会の支援の内容と方法を説明したものです。

2010（平成22）年２月，「横浜市学校評価ガイド〈改訂版〉」策定。中期学校経営方針に基づく学校評価を推進し，組織的・継続的に学校運営の改善を図り，学校・家庭・地域の連携協力による信頼される学校づくりを目指しました。

　2011（平成23）年１月，「横浜市教育振興基本計画」策定。重点施策の一つとして，学校の組織力の向上を掲げ，学校評価をより効果的に活用し，保護者や地域住民の理解や参画を得ながら，継続的に学校運営の改善を図るものとしました。

　2013（平成25）年２月，「横浜市学校評価ガイド〈24年度改訂版〉～中期学校経営方針に基づく学校評価～」策定。横浜市の学校評価が，常に学校の自己改善力を高めるために機能することを目指して次のような視点で学校評価ガイドを見直しました。

　・「学校の自己改善力を高める」学校評価を再確認
　・「小中一貫教育推進ブロック内相互評価」を規定
　・方面別学校教育事務所の学校評価への関わりを明確化

横浜市学校評価ガイド〈24年度改訂版〉

　執筆当時適用されていた〈24年度改訂版〉から，横浜市における学校評価の概要をまとめてみましょう。

　<u>横浜市の学校評価のねらい</u>
　①組織的・継続的な学校運営の検証・改善
　　市立学校が，学校教育目標の実現に向けて意図的に中期学校経営目標を作成し，その中で示した取り組み目標の達成状況や達成に向けた取り組みの適切さ等について振り返り，計画的に学校運営の改善を図ることにより，組織的・継続的な学校運営の検証・改善を行う。
　②家庭・地域と連携した学校運営の推進
　　市立学校が，中期学校経営方針および評価内容・評価結果の公表や学

第4章　小中一貫教育のマネジメント

図4－8　中期学校経営方針に基づく学校評価

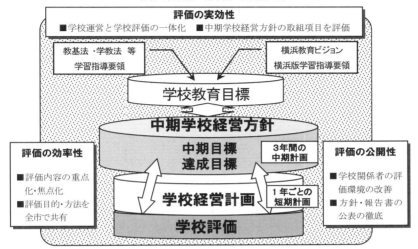

注：本資料の最新版は〈27年度改訂版〉。
出典：横浜市教育委員会「横浜市学校評価ガイド〈24年度改訂版〉～中期学校経営方針に基づく学校評価～」p.2，平成25年2月

校関係者への理解と参画および課題の共有を促進することにより，学校運営の公開性を高めて学校・家庭・地域が連携協力した学校づくりを推進する。

③教育委員会の学校支援の充実

　市立学校の学校評価結果に基づいて，教育委員会事務局（方面別学校教育事務所・特別支援教育課）が，学校との計画的・継続的な関わりを通し，学校運営の方向性や課題を確認しながら中期学校経営方針の実現に向けた支援を充実することで，教育水準を保障し，その向上を図る。

横浜市の学校評価の特徴
①中期学校経営方針に基づく学校評価（図4－8参照）
　・3年間を見通した中期学校経営方針の実現に向けた具体的な取り組

みについて，単年度ごとに振り返り，その結果を反映させて次年度の計画や取り組みを見直すことで，中期学校経営方針と学校評価の連携を図る。
- 中期学校経営方針に学校評価の指標となる取組項目を位置付けることにより，学校評価の実効性を高めるとともに，学校評価の公開性を向上させる。
- 中期学校経営方針と学校評価報告書の様式を連動した形で統一することにより，学校評価の効率性を高め，学校関係者にとってもわかりやすい学校評価にする。

②小中一貫教育推進ブロックを軸とした相互評価
- 小中一貫教育推進ブロックを活用し，主幹教諭等を中心とした相互評価を位置付ける。
- 小中一貫教育推進ブロックにおける合同授業研究を推進し，授業力の向上，児童生徒指導の充実に取り組むとともに，これらの機会を通して，主幹教諭等がブロック内相互評価を行うことで，小中ブロック内における教育の推進。活性化，協働体制の構築を目指す。

③教育委員会事務局による学校支援
- 教育委員会事務局（方面別学校教育事務所・特別支援教育課）では，学校評価を踏まえ，目標の実現状況や課題を整理し，学校の自己改善力を高めることをねらいとしたきめ細かな学校支援を行う。
- 小中一貫教育推進ブロック内相互評価を学校担当指導主事がサポートする。
- 優れた取り組みや学校評価に関する情報を発信・共有し，共通の課題について意見交換する場を設定する。

横浜市の学校評価の仕組み（図4－9参照）
①目標設定：P
- 中期学校経営方針は，学校教育目標の実現を目指して3年先に実現

第4章　小中一貫教育のマネジメント

図4−9　横浜市の学校評価の仕組み

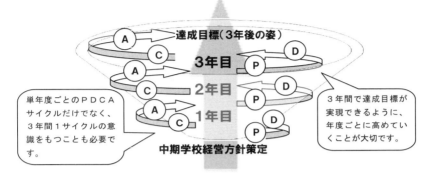

注：本資料の最新版は〈27年度改訂版〉。
出典：横浜市教育委員会「横浜市学校評価ガイド〈24年度改訂版〉〜中期学校経営方針に基づく学校評価〜」p.4，平成25年2月

する学校の姿を，学校経営中期目標および達成目標として描く。
・年度ごとに示される「教育委員会運営方針」も踏まえつつ，学校経営中期目標の実現状況について教職員，保護者，地域住民が共通に理解し，連携して教育活動を進められるようにする。
・前年度までの自己評価結果を反映して，達成目標が変わることもある。

②教育実践：D
・中期学校経営方針に示した達成目標と達成目標を具体化した年度ごとの取り組みを学校評価により検証・改善していく。各学校は，共通取り組み内容と重点取り組み分野に重点化，焦点化することで効率性を高める。
・共通取り組み内容は，市立学校が共通に取り組む内容を示したものであり，重点取り組み分野は，横浜市が設定した取り組み分野の中から重点化する分野を学校が選択するか，または学校独自の内容を設定することもできる。
・目標達成に向け，具体的かつ持続可能な取り組みを計画する。

③評価：C
- 目標の実現状況を測るための資料として保護者等へのアンケートを実施するなど，評価の目的を踏まえて，評価方法を精選し，効率性を高める。
- 今年度取り組んだ具体的な取り組みを評価することで，実効性を高める。
- 学校関係者評価及び小中一貫教育推進ブロック内相互評価の役割を教職員と学校関係者が共有し，学校経営中期目標の実現に向けた組織的な学校評価にしていく。
- 学校関係者評価委員や小中一貫教育推進ブロック内相互評価者への情報提供の仕方や聞き取った意見の自己評価への活用等，必要に応じて評価内容・評価方法の改善を図る。

④改善：A
- 学校関係者評価委員や小中一貫教育推進ブロック内相互評価者からの意見を踏まえた自己評価結果から，実効性のある改善策につなげていく。
- 改善策は次年度の学校評価報告書の〈具体的な取り組み〉にも反映させる。
- 改善の方向性を中期学校経営方針や次年度の学校経営計画に反映させて更新し，公表することで学校運営の質的な改善につなげる。

3種類の評価とその関係
①自己評価
- 学校自らが教育活動を振り返り，成果や課題を分析し，その結果および今後の方向性について学校関係者評価委員会が評価する。
- 市立学校共通の学校評価報告書の様式でまとめる。
- 自己評価に対して学校関係者評価委員や小中一貫教育推進ブロック内相互評価者から意見があれば，学校の見解を検討し，必要に応じ

第4章 小中一貫教育のマネジメント

図4-10 横浜市の小中一貫教育推進ブロック内相互評価

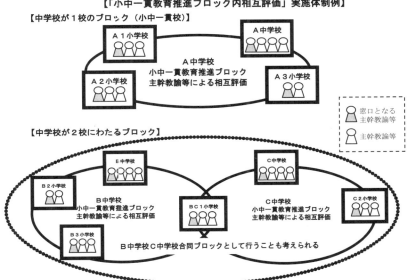

注:本資料の最新版は〈27年度改訂版〉。
出典:横浜市教育委員会「横浜市学校評価ガイド〈24年度改訂版〉〜中期学校経営方針に基づく学校評価〜」p.6,平成25年2月

て自己評価および今後の方向性を修正する。

②小中一貫教育推進ブロック内相互評価(図4-10参照)

・相互評価者である小中一貫教育推進ブロック内の主幹教諭等は,教育活動の参観や情報交換の機会などを積極的に活かして,ブロック内の子ども9年間の育ちを考え,より良い学校づくりに向けて,それぞれの立場,視点から意見を出し,お互いの見取りや気付きを大切にした相互評価を行う。

・自校にその気付きを持ち帰り,自校の学校運営の改善にも役立てていく。

・中期学校経営方針に位置付けた「小中一貫教育推進ブロック共通目標」の進捗状況を確認し,評価し合う。

- ブロック内相互評価に加え，学校運営に関する外部の専門家を評価者とした第三者評価が可能な学校については，学校の実態に応じて進める。

③学校関係者評価
- 各学校は，学校が行った自己評価の精度を高めることを目的に，「『まち』とともに歩む学校づくり懇話会」や，学校評議員，学校運営協議会等を実情に応じて学校関係者評価委員会として位置付け，学校関係者評価を行う。
- 評価という協働作業を通して，学校と保護者や地域住民などが，互いに理解を深める。
- 学校関係者が学校と一緒になって子どものことを考え，より良い学校づくりに向けてそれぞれの立場，視点から意見を率直に出し合う。

<u>評価結果の公表・報告と活用</u>
①公表・報告
- 学校評価の結果を公表し，学校運営の公開性を高める。
- 市立学校共通の学校評価報告書の様式に記入した中期学校経営方針と学校評価報告書をあわせて公表・報告する。また，学校独自に実施した学校評価に関する資料も実情に応じて公表を検討する。
- 中期学校経営方針と学校評価報告書は方面別学校教育事務所（特別支援学校においては特別支援教育課）に提出する。

②活用
- 評価結果を公表し，保護者や地域住民に学校の取り組みを積極的に伝えることにより理解と協力を得られるように，情報共有，連携のために活用する。
- 方面別学校教育事務所や特別支援教育課を中心に教育委員会事務局と連携しながら，学校評価の充実に向けた取り組みを推進する。
- 学校担当指導主事の計画訪問の際，教育活動，人材育成，教育環境

に関することなど，課題や改善策を検討していく。

日限山中学校ブロックの学校評価

　横浜市立小中学校の学校評価報告書は，中期経営目標の年度に沿って3年間で1枚のシートに仕上がる枠組みとなっています。

　日限山小学校の本田校長先生は，横浜市教育委員会がブロック内相互評価の設計をした当時，市教育委員会に指導主事として在籍し，ブロック内相互評価の設計を担当した本人です。2013（平成25）年度よりスタートしたブロック内相互評価ですが，当時は横浜市立学校の教職員の間で学校評価についての負担感がまだ強く受け止められていたこともあり，相互評価の意味も正しく理解されることは今よりも困難な状況にあったと振り返ります。横浜市のブロック内相互評価は，あくまでも学校の自己改善を目的とし，既存の取り組みを生かしてできるだけ無理のないように行えるようにし，学校評価の第三者評価的な位置付けを目指したものでした。

　横浜市のブロック内相互評価の特徴をまとめると次のようにいうことができます。

- 各学校の主幹教諭等がブロック内の子ども9年間の育ちを考え，より良い学校づくりに向けて，それぞれの立場，視点から意見を出し，お互いの気付きを大切にした相互評価を行う
- 相手校のみならず，自校にその気付きをもち帰り，学校運営の改善に役立てていく
- 中期学校経営方針に位置付けた「小中一貫教育推進ブロック共通目標」の進捗状況を確認し評価し合う
- 既存の取り組み（例：小中合同授業研究会，各区生徒指導・児童支援専任教諭協議会，ブロックの教務主任会等）を活用して相互評価に取り組む

　日限山中学校ブロックでは，以上のことを踏まえ，2015（平成27）年度は主に小中合同授業研相互評価に取り組みました。その際，主幹教諭だけ

表4-9　日限山中学校ブロック内相互評価シート

平成27年度小中連携合同授業研究会授業観察シート
（日限山中学校ブロック内相互評価シート）

★合同授業研究を中心に今年度のさまざまな交流場面から評価してください。
★お名前の記入は任意です。

平成　27　年　　月　　日

評価項目	（　　　　　　　）学校
1　「わかる、楽しい授業」が展開されていた。	
2　話をしっかり聞き、学習課題の解決に向けて意欲的に取り組んでいた。	
3　児童・生徒同士で望ましいコミュニケーションがとれていた。	
4　気持ちのよいあいさつができていた。	
本日の授業で小中のつながりや関連について良かった点・改善点等をご記入ください。	
上記項目以外で、お気づきになられた各校の良さや改善点、感想などをご記入ください。	

（　　　　　　　）学校　名前（　　　　　　　）

出典：日限山小学校聞き取り調査参考資料

でなく，参加する全員が「授業観察シート（ブロック内相互評価シート）」（表4－9参照））をもち，共通の視点で授業研究に臨んだ後，3校の参加教職員同士の話し合いがもたれ，その中でお互いの気付きの交換やそれぞれの学校での取り組みや工夫等の情報交換の中で，相互評価作業を行っています。

　例えば2015（平成27）年11月17日に日限山小学校において実施された第2回小中合同授業研究会における小学校2年外国語活動の授業後の研究協議では，以下のような内容が話し合われました（一部）。

○授業者自己評価
A（担任）：発音や速度など心配していたが，子どもたちは楽しそうにできていた。ゲームが入ると英語を使う場面が薄れるので課題である。
B（英語指導助手）：今日のゲームは初めての取り組みだった。別のやり方も次の時間にやってみたい。
C（小学校の外国語活動を支援するYICAサポーター）：難しいかなと思いながらも子どもにチャレンジさせることは大切だと感じた。

○グループ協議
D：ゲームに入る前のデモンストレーションをもっと強調して行うと，ゲーム中の子どもの英語を話す意識ができる。日限山小と南舞岡小での学習内容をそろえておくことで，中学校でのスタートが合わせやすい。
E：5年生は，授業のはじめに日・曜日・天気を言うようにしている。
F（南舞岡小教諭）：南舞岡小でも言っているが，学年による。

○全体協議
G（南舞岡小教諭）：南舞岡小では「先生が言った色を教室から探してタッチする」という活動もしている。
H（日限山中教諭）：日限山中では最初は音で聴いて→読んで→書く。中1の段階で英語の音を教えることが大切。ローマ字と英語のズレを直していく。

表4－10　日限山小学校　学校評価報告書（平成27年度）

共通取組重点取組	平成２７年度		
	具体的取組	自己評価結果	
1 確かな学力	全ての子どもに分かる楽しい授業を提供するために、授業のユニバーサル化に視点を当てた授業改善を図ります。	ユニバーサルデザイン化を図った授業構成・展開の工夫を考えてきた。分かる楽しい授業につながり、自信をもって話したり聞いたりする子どもの姿が見られた。交流による学習をさらに進めていきたい。	A ⒷC D
2 豊かな心	授業や日常生活の中で、一人ひとりが大切にされているという気持ちをもてるようにします。また、人権教育に視点を当てた授業参観を年1回行うとともに、取り組んだ内容が保護者に伝わるよう今以上に取組内容を発信していきます。	全教職員で児童理解を深め、一人ひとりの子どもを大切にできた。ペアタイムではないよさや相手を認め合える活動をした、振り返りを掲示したり、保護者に発信したりした。さらに、交流の輪を広げていく取組を考えていく必要がある。	A ⒷC D
3 健やかな体	健康な体をつくり体力向上を図るために、体育学習のなかでの運動量の増加を図ると共に、休み時間の外遊びを奨励します。	体育学習では、慣れの運動を工夫し、運動量の確保に努めた。体力アップ月間、大縄集会を企画し、休み時間の外遊びにつながる働きかけをした。さらに活性化させるには年間を通した働きかけが必要である。	A ⒷC D
4 教育課程学習指導	小中一貫カリキュラムを基に、9年間を意識した指導を行うとともに、中学校ブロック内の小小連携を図ります。また、学習の遅れがちな子だけでなく、学習の進んだ子も伸ばすために、個に応じた指導を充実させます。	小中合同授業研では今年度も指導案検討から小中合同で行い、身に付けたい力を明確にして取り組んだ。小小連携では重点研究の授業をもとに学び合ったり、総合で児童が交流したりした。授業の中で個に応じた指導をさらに充実できるようにしていきたい。	Ⓐ B C D
5 児童・生徒指導	自分からあいさつのできる子を育てるために本校独自の「オアシス」を創り、オアシス活動を充実させます。また、保護者の協力を得るために家庭と一体化した取組を行います。	本校独自の「オアシス」の作成を、代表委員会で提案をした。あいさつカードを作成し、活用することで家庭と一体化した取組になり、あいさつすることへの意識が高まった。ただ、カードの内容や形式に関しては再考を要する。	A ⒷC D
6 教職員の研究・研修	重点研究を学年又はブロックで組織的に行うとともに重点研究の授業研究以外にも気軽に授業を教室研究を見合うようにします。教育関連の最新情報を確実に教職員に伝え、各部署で話し合います。学校内外の研修に積極的に参加し、情報を共有し合います。	重点授業を行う際には、学年間で授業を見合ったり、他の学級で授業を行ったりすることで児童理解や教材研究の深まりが見られた。また、年2回講師を招いて国語科の研修会を開き、教職員の授業力向上に努めた。効率よく情報共有し合える環境作りをさらに進めていく必要がある。	A ⒷC D
人材育成組織運営	校務分掌や学年の運営をチームとして組織的に行うことにより、教職員一人ひとりの経営参画意識を高めます。また、メンター研修会を月一回のペースで開き、校内の経験豊かな教師を講師に迎えて計画的に行いに教師力の向上を図ります。さらに校内研修・研究の計画的な実施により、適切な人権感覚、法令遵守、危機管理、授業力アップなど教職員として身につけなければならない能力の向上に努めます。	組織的に人材育成が行われ、教職員が合意形成の上、学校経営に参画する学校風土ができている。合同研修会でも経験の浅い教員の授業力・教師力を高め、同僚性を築くことで効果的に機能している。校内研修・研究も計画的に実施され、様々な視点から教職員として身に付けなければならない能力の向上や、リスクマネジメントへの意識を高めることができた。今後は、教育の動向や学校の今日的課題をふまえた人材育成や業務の効率化を一層意識した組織運営が望まれる。	A ⒷC D
小中一貫教育推進ブロック内相互評価結果	小中合同授業研究会の成果としては、資料の準備や提示の仕方が工夫され、子どもたちの学習意欲を高めていることや児童が互いの意見を認め合って学習を進めていることを評価していただいた。挨拶については、昨年度より向上してきているというご指摘をいただいたのでさらに高めていきたい。		
学校関係者評価結果	平成25年度より保護者アンケートの満足度は年々上昇している。挨拶については、小中連携、小小連携を意識しながら、保護者や地域住民の一層の理解と協力を得て進めていく必要がある。小中連携の取組をふまえ、よりよい学校づくりを推進していくことが望まれる。		
評価結果に対する学校の見解	学校の強みと課題を整理しつつ、経営ビジョンをさらに明確化し、学校が今後目指す方向を教職員、保護者、地域が共通理解し、「子どもにとってどうか」という視点を大切に着実に取り組みたい。		
学校経営中期目標達成状況	各教職員の授業力や対応力が高まっており、保護者・地域の協力のもと、児童が安心・安全に過ごせる豊かな学校経営が実現しつつある。「確かな学力」については、ユニバーサルデザイン化の視点に加え、今年度重点研究会で取り組んできた「話す」「聞く」の言語活動の充実を生かし、次年度のよりよい授業実践につなげたい。日限山中学校ブロックは、横浜市の中でも先進的な小中連携の取り組みが実践されており、今後この強みを生かして学びの連続性を意識し、学校教育目標の実現に向けてさらに教育活動を充実させていくことが望まれる。		

出典：日限山小学校聞き取り調査参考資料より一部抜粋

I（講師）：子どもたちが生き生きと取り組んでいて良い授業が展開されていた。小学校の英語活動はスキル面の上達ではなくコミュニケーションをとろうとする態度を育てることが大切である。

　このようにして，相互の学校が折々に気付きを交換し，相手の学校を評価すると同時に自校の学校評価（自己評価），授業やカリキュラムの改善に反映させていきます（表4－10参照）。

　自己評価と学校関係者評価は，児童生徒や保護者アンケート等を活用して取り組んでいます。本田校長先生は，経年変化を見るためにアンケート項目を一定期間は変えないで継続することが大切だと感じています。2014（平成26）年度と2015（平成27）年度の保護者アンケートでは，全ての項目で満足度の向上が見られ，その結果を公表することで保護者の学校への信頼と，教職員の満足感，達成感が上昇したことを強く認識できたと語ります。学校評価の意義は，このように現場の努力や工夫が成果として明らかにされ，そのことで教職員の満足度が高まり，益々意欲が高まるという好循環を生み出すことであると本田校長先生は考えています。この良い循環は児童アンケート結果にも表れています。「児童用学校評価ふりかえり集計表」全校集計の平成26年度と27年度の結果を比較してみると全ての項目で，肯定的評価が増加しています（表4－11参照）。

横浜市の学校評価のこれから

　「市立学校の教科等のカリキュラムは，小中一貫した9年間のカリキュラムを編成する〜中略〜小中学校双方の教員が意見交換を密に，義務教育9年間のカリキュラムを作成すると同時に，カリキュラムの編成後も，学校評価のPDCAサイクルを機能させ，カリキュラムの実践・検証を積み重ね，カリキュラムを編成していく」

　横浜版学習指導要領総則（p.26）には上記のように記されています。小中一貫カリキュラムのマネジメントは学校評価で行うと明記されている

表4-11 日限山小学校児童用学校評価ふりかえり集計表（平成26年度／27年度比較）

	アンケート内容	「そう思う」「どちらかといえばそう思う」合計割合（％）	
		平成26年度	平成27年度
1	学校では，友だちといっしょに楽しく過ごしている。	95.6	95.9
2	授業で自分の考えや意見を発表している。	69.0	74.7
3	進んで音読に取り組んだり，ごい表や辞書を進んで使ったりしている。	70.7	75.7
4	パソコンやテレビ，カメラなどを使った学習はわかりやすい。	88.8	89.4
5	友だちや先生，地域の方に自分からあいさつをしている。	90.8	94.5
6	人のためになることをすすんで行っている。（係活動・当番活動・委員会活動など）	85.9	93.3
7	廊下の歩き方に気をつけている。	72.9	78.0
8	忘れ物をしないように気をつけて準備している。	86.1	86.7
9	生活目標を意識して過ごしている。	71.4	78.8
10	相手を傷つけないよう，言葉づかいに気をつけている。	84.6	88.0
11	思いやりの気持ちをもって，周りの人に対して優しくしている。	86.6	91.0
12	学校や家などで，本をよく読んでいる。	73.1	74.9
13	運動会やキッズフェスタ，遠足，体験学習などでは，目標に向かってすすんで活動している。	90.7	95.5
14	集会や全校遠足，たてわり活動など，他学年との交流は楽しい。	82.4	93.0
15	学校の授業以外で毎日学習している（塾をふくむ）。	81.1	83.7
16	天気の良い日に外で遊んだり，進んで運動したりしている。〈休み時間や放課後（習い事以外）〉	72.6	81.0

出典：日限山小学校「児童用学校評価ふりかえり集計表」平成26・27年度データより筆者作成

のです。

　しかしながら，全ての学校がこのことを理解して学校評価に取り組んでいるかといえば，それにはまだほど遠い状況であるようです。横浜市のような大規模な都市にあっては，市教育委員会の方針や方向性を全市で統一し共有することはかなり困難です。なぜなら指導する立場の指導主事でさえ，理解の程度に差があり，それぞれが担当する学校の指導に手いっぱいで，相互に認識を確認したり指導内容を再確認したりする余裕もなく，それぞれの認識と力量に任せるしかないからです。

　また，横浜市の教育のもう一つの特徴である中期学校経営計画等の策定にあたっては，教職員や保護者・地域等とともにしっかりと話し合いや共通理解を行い，それぞれの立場からの学校教育への希望や目指す子ども像を調整して策定していくべきです。しかしながら，実際には，学校現場では，校長がほとんど一人で様々な情報を参考にしながら策定していることも多いようです。本田校長先生は，目指す目標や経営方針の共通理解のために，今後さらに教職員が納得感をもち自分事にできるよう，自校での話し合いの時間もより多く確保していきたいとおっしゃいました。

　現在横浜市は，「横浜市学校評価ガイド〜中期学校経営方針に基づく学校評価〜〈24年度改訂版〉」で示した学校評価と連動した中期学校経営方針の実現程度の振り返りや，2015（平成27）年度に文部科学省の委託事業を受けて「自律的・組織的な学校運営に資する実効性のある学校評価に向けた実践研究」を進めています。この研究成果等をもとに，「横浜市学校評価ガイド〜中期学校経営方針に基づく学校評価〜〈24年度改訂版〉」を検証し，「横浜市学校評価ガイド〜中期学校経営方針に基づく学校評価〜〈27年度改訂版〉」のあり方を研究しましたが，横浜市の学校評価の特徴である中期経営目標の設定とそれに基づく自己評価，学校関係者評価，および，第三者評価に代わるブロック内相互評価という形に変化はありません。

　今後はいかに現場が評価の趣旨を理解して，積極的にかつ負担の少ない形で，学校運営の中に取り入れていくことができるかということでしょう。

まだまだ教育委員会や学校現場の理解と活用が十分であるとは言えず，実際に実施していく中で，各校の認識の深まりとマネジメントへの積極的な活用を進めていくことが望まれる時期にあたると考えられます。

　日限山小学校は教職員のモチベーションがあがり，子どもたちの満足度も高まり，学校運営の改善は良い成果を生んできています。横浜市においては日限山中学校ブロックのように，各校の校長の理解と積極的な取り組みが，道具としての学校評価の精度を高め小中一貫教育のマネジメントツールとしての効力を増していくものと考えられます。

4-1-5　三好市の学校評価

　第3章で述べたように，私が聞き取り調査を行った時点では，三好市全体としては小中一貫教育の導入は進んでいませんでした。したがって，小中一貫教育の学校評価についても三好市全体の取り組みというよりも，小中連携教育校である東祖谷小・中学校の取り組みを紹介します。

2013（平成25）年度の東祖谷小・中学校の実証研究

　開校2年目の2013（平成25）年度，東祖谷小・中学校は小中学校の連携を強めるために以下のような取り組みを行いました。
　①小中のPTA組織を一つにした
　②学校評議員を小中で一本化した
　③「校内評価委員会」と「学校関係者評価委員会」を小中合同で組織し，学校評価を一元化した
　④学校のホームページの，トップを小中で一元化した

〈学校関係者評価〉
　2013（平成25）年度から一元化された東祖谷小・中学校の学校評価の体制は図4-11のとおりです。校内の評価委員会は校長，小中の教頭，教務主任，連携推進主任の7人で構成されています。また学校関係者評価委員

第4章 小中一貫教育のマネジメント

図4-11 東祖谷小・中学校の学校評価実施体制

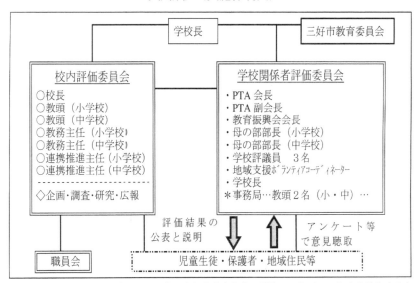

出典：三好市教育委員会「平成25年度 文部科学省指定 学校のマネジメント力を強化するための実践研究事業」p.5, 平成26年2月

会は一元化されたPTA会長，副会長，同じく一元化された学校評議員3人のほか，教育振興会会長，小学校と中学校の「母の部」部長，地域支援ボランティアコーディネーターなどで構成されています。

2013（平成25）年度は，「学校関係者評価委員会」を3回開催しました。
○第1回学校関係者評価委員会　7月3日
　・「学校関係者評価委員会設置要綱」の確認
　・学校経営の説明（本年度の最終重点目標）
　・児童生徒の生活についての意見交換
○第2回学校関係者評価委員会　12月12日
　・学校評価アンケートについての検討
　・児童生徒の様子について（児童生徒アンケート結果の報告）

図4－12　アンケート結果（乗り入れ・交流授業について）

アンケート結果（授業）…2013年7月　小5（8）〜小6（8）計16人

アンケート内容	A	B	C	D
①いろいろな先生に教えてもらったことはよかったですか。	12	4	0	0
②中学生と一緒にした授業はよかったですか。	13	2	1	0
③二人の先生が教えてくれたことはよかったですか。(6年のみ)	4	4	0	0

A：よかった
B：どちらかといえばよかった
C：どちらかといえばよくなかった
D：よくなかった

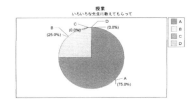

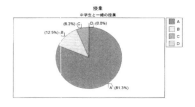

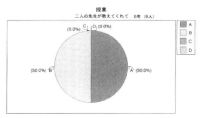

○いろいろな先生に教えてもらったことや二人の先生が教えてくれたことについては、すべての児童が『よかった』「どちらかといえばよかった」と感じている。

○小中学生が一緒に授業したことについてもほとんどの児童が『よかった』「どちらかといえばよかった」と感じている。

出典：東祖谷小・中学校「アンケート結果」2013年7月より一部抜粋

児童生徒アンケート結果

　7月に小学校5・6年の16人に対し乗り入れ授業や交流授業について、また小学校5年〜中学校1年の23人に対して小中の交流についてアンケートを実施しました。それによれば、ほとんどの児童がいろいろな先生に教えてもらったり、小中学生が一緒の授業を受けることを肯定的に捉えています（図4－12参照）。

　また、交流行事についてはほとんどの児童生徒が良かったと感じていますが、進んで参加したり、協力して活動できなかったと感じてい

第4章 小中一貫教育のマネジメント

図4-13 アンケート結果（中学生・小学生と交流したいこと）
小5～中1（23人）2013年7月

アンケート内容	A	B	C	D
①あなたにとって交流行事はよかったですか。	16	6	0	1
②あなたは交流行事に進んで参加できましたか。	10	10	3	0
③あなたは交流行事で協力して活動できましたか。	14	4	4	1

A：よかった（できた）
B：どちらかといえばよかった（どちらかといえばできた）
C：どちらかといえばよくなかった（どちらかといえばできなかった）
D：よくなかった（できなかった）

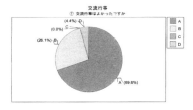

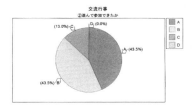

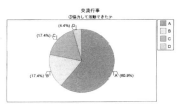

1)「交流したいこと」について
 ・小中学生ともスポーツ交流が一番多い。
 ・小学生は『一緒に遊ぶ』も多かった。
2)「交流行事」について
 ・ほとんどの児童・生徒が「交流行事」をよかったと感じている。ただし，進んで参加したり，協力して活動できなかったと感じている子どもたちもいる。

出典：東祖谷小・中学校「アンケート結果」2013年7月より一部抜粋

　　る児童生徒もいました（図4-13参照）。
○第3回学校関係者評価委員会　2014（平成26）年2月3日
　・学校評価結果についての協議（分野別評価）
　　①学校経営・学校運営に関する評価
　　②教育目標および教育計画に関する評価
　　③主要な教育活動に関する評価
　　④保護者や地域との連携に関する評価

図4-14 学校評価アンケート結果

③学校評価アンケート結果（小・中連携教育）
A：よくできている　　B：まあまあできている　　C：あまりできていない　　D：できていない

児童・生徒　　　　　項　目	A	B	C	D
1．あなたは交流行事に進んで参加できましたか。	34	12	1	1
2．交流行事の回数や時期は適切でしたか。	30	13	3	2

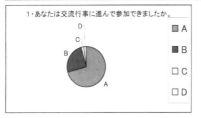
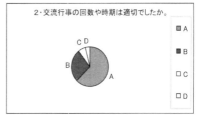

小・中学生とも，交流行事に進んで参加できているし，回数や時期も適切であると感じている。

保護者・教職員　　　　　項　目	A	B	C	D
1．小・中の交流行事の回数は適切である。	30	30	3	0
2．交流行事での活動は，子どもたちの成長にプラスとなっている。	46	17	0	0

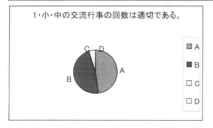
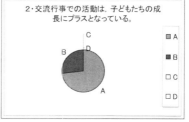

保護者・教職員とも，「小・中の交流行事は，子どもたちの成長にプラスになっている」ととらえている。また，「小・中の交流行事の回数は適切である」と考えている人がほとんどである。

出典：三好市立東祖谷小・中学校「連携教育　平成25年度　東祖谷小・中学校の実践」p.7，平成26年より一部抜粋

学校評価アンケート結果

　2014（平成26）年1月に児童生徒・保護者・教職員にアンケート調査を行いました。児童生徒には，小中の交流行事について2013（平成25）年7月と同じ質問「あなたは交流行事に進んで参加できましたか」も行っていますが，比較すると，肯定的評価が増加していることがわかります（図4－14参照）。

〈小中合同教職員研修〉

さらに2013（平成25）年度には，2012（平成24）年度からの小中連携プロジェクトに加え，教職員のスキルアップのための小中合同の校内研修を進めました。指導は鳴門教育大学大学院久我直人教授に依頼しました。

○第1回小中合同研修　5月23日
　・講義「東祖谷小・中学校の可能性」
　　東祖谷小・中学校の子どもたちは15歳で巣立つ（通学可能圏内に高等学校はなく，高等学校から全ての子どもが親元を離れることとなる）。少人数で育ちながら，早期に厳しい社会に出ていく。→精神的な強さや生き抜くための社会的スキルを身に付けさせたい。

○第2回小中合同研修　8月29日
　・講義「東祖谷小・中学校の子どもたちに育てたい力と組織的な取組」
　・グループによる意見交換研修…「良さ・課題＋育てたい力」を中心に
　　　R：リサーチ…事前に児童生徒・教職員にアンケートを実施し，子どもの実態を把握した。その内容に基づき「育てたい力」について意見交換しました。
　・全体会…各グループからの報告とまとめ，今後の見通し

○小中合同校内研修　10月
　　　P：計画…8月の久我教授の講義を受けて「組織的な取組」について，全教職員で協議し次のように決定しました。
　　　　　「生活」「学習」「心」の三つの観点から，組織的な取り組みを実践する「学習」について育てたい力を「進んで学習に取り組む人」に決定
　　　D：実行…「学習」について，次のように具体的に取り組みました。
　　　　　「聞き方」「考え方」「話し方」のスキル表（図4－15参照）を作成し，実践していく。

図4−15 「聞き方」「考え方」「話し方」のスキル表

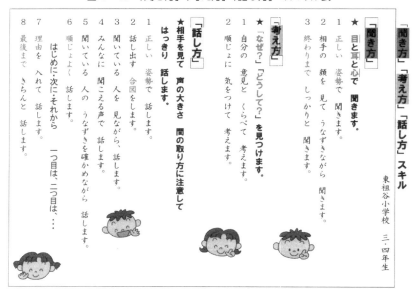

出典：三好市教育委員会「平成25年度　文部科学省指定　学校のマネジメント力を強化するための実践研究事業」p.7，平成26年2月

○第3回小中合同研修　12月17日
- 講義「東祖谷小・中学校の9年間のグランドデザインを考える」
- グループによる意見交換研修…各学年で育てたい「学びづくり」「生活づくり」
- 全大会…各グループからの報告とまとめ

  C：評価…このような取り組みの成果はアンケートにも表れています。「聞き方」について久我教授が2013（平成25）年5月と8月，および2014（平成26）年1月に東祖谷小・中学校の児童生徒および教職員に行ったアンケートによれば，10月の合同校内研修以降の1月には，教職員は「人の話を『聞く』ことの指導を徹底している」が，100%に達しており，それに応じるように児童生徒は「わたし

図4-16 「聞き方」に関するアンケート結果

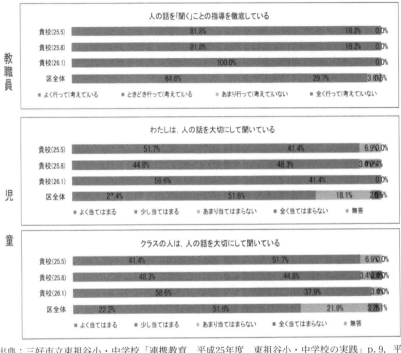

出典：三好市立東祖谷小・中学校「連携教育　平成25年度　東祖谷小・中学校の実践」p.9, 平成26年

　　　　は, 人の話を大切にして聞いている」が1月には肯定的回答が100％,「クラスの人は, 人の話を大切にして聞いている」が同じく97％となっています（図4-16参照）。
　　A：改善…今後は, 学年に応じた「考え方」「話し方」の向上を目指していくこととします。

〈第三者評価〉
　2013（平成25）年度は, 久我教授による第三者評価を行いました。前述したとおり, 久我教授は教職員研修の講師を務めながら, 東祖谷小・中学

図4-17 データから読み取れる成果（東祖谷中学校生徒）

ア 自分への信頼（中学校）

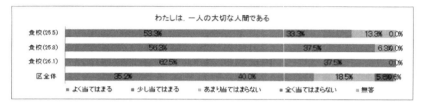

イ 被受容感（中学校）

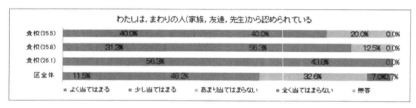

ウ 自主学習（中学校）

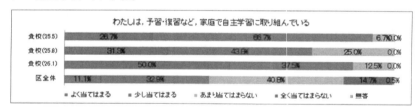

エ 規範意識（中学校）

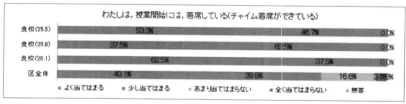

出典：三好市立東祖谷小・中学校「連携教育 平成25年度 東祖谷小・中学校の実践」pp.13-14，平成26年より一部抜粋

第4章 小中一貫教育のマネジメント

図4-18 データから読み取れる成果（東祖谷小・中学校教職員）

オ　ボイスシャワーの取り組み（小学校）

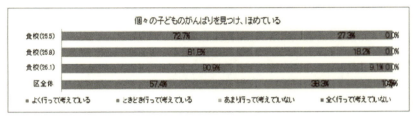

カ　ボイスシャワーの取り組み（中学校）

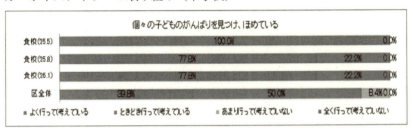

出典：三好市立東祖谷小・中学校「連携教育　平成25年度　東祖谷小・中学校の実践」p.14，平成26年より一部抜粋

校の教育の実情を把握すべく，1年間に3回のアンケート調査を行い，その結果をもとにした具体的な分析と評価を行っています。第三者評価報告書の概要は以下のようなものです。

①東祖谷小・中学校の特徴
　・地理的な条件により，東祖谷小・中学校の卒業生の全てが，15歳で実家を離れて高等学校に進むこととなる。このことは15歳の生徒たちにとって大きな試練である。そのため，自立できるたくましい児童生徒の育成は本校教育の中心的ミッションと言える。
　・へき地校の児童生徒は表現力やコミュニケーション能力が乏しくなりがちだと言われているが，本校児童生徒は笑顔であいさつができ，質問にもにこやかに答えられ，コミュニケーション力は十分に育成されていると言える。

②データから読み取れる成果
・アンケート調査によれば，本校児童生徒は自分に対する信頼が高く(ア)，被受容感が高く(イ)，自主学習への意欲が高く(ウ)，規範意識が高い(エ)。これらのことから15歳での自立の礎が小中連携の中で組織的に促されていると捉えられる（図4－17参照）。
・全教職員で，子どもの意識と行動の構造に適合した効果のある指導として，組織的に「勇気付け教育（ボイスシャワー）」に取り組んだ(オ)，(カ)（図4－18参照）。
・その他，学習規律・生活規範をつくるしつけ指導等も組織的に取り組み，そのことにより児童生徒の学びと生活における好ましい変容が促されたと考えられる。

〈成果と課題〉

2013（平成25）年度の実証研究の成果と課題としてまとめられたのは以下のとおりです。
①成果
○PDCAに先立ちR（リサーチ＝実態把握）を行ったことは大変有効であった。小中連携教育の推進にリサーチは特に重要と考えられる。
○教職員アンケートの実施により，物理的・心理的課題を把握したことが，教職員の協働意識を高めた。
○小中合同職員研修により目標を共有化して組織力を向上させることができた。また教職員間の交流も深まり協働意識が醸成された。
○児童生徒の発達段階を考慮し，9年間を見通した教育活動が構築された。
○PTA組織・学校評議員等を一本化したことで，小中学校が連携した学校関係者評価のシステムが構築された。
○学校関係者評価を通して，学校の成果や課題を共有することができ，

学校・家庭・地域の連携が深まった。
○第三者評価により客観的な視点をもつことができた。
②課題
○小中の時程等の違いにより，職員研修の時間確保が難しいときがあること，および教職員の負担感の軽減等が課題である。
○教職員に「経営参画意識」をもたせるために，校長のリーダーシップと教頭のコーディネート力が問われる。
○学校のビジョンを明確にし，児童生徒・保護者・教職員が同じ方向に向けて努力することが重要である。
○学校のグランドデザインを可視化し，教育活動の記録を残し伝えることで，教育の継続性を維持することが必要である。
○小1プロブレムや中1ギャップ等の課題に対応するために，園小中の教育をつなぐ活動をさらに充実させていく必要がある。
○地域ネットワークの拠点校として，小中が連携した学校関係者評価や，学校支援ボランティアを活用して，地域との連携をより一層深めていく必要がある。

　本校の取組内容を市内各校の実情に応じて参考にしたり取り入れたりすることで，それぞれの学校のマネジメント力の向上につながるものと考えられる。

4-2　学校評価による小中一貫教育のマネジメント

　本節では，前節で紹介した五つの地域の学校評価について比較検討を加え，小中一貫教育のマネジメントにおいて学校評価が果たす役割と可能性を検証します。なお，この節の内容は，2016（平成28）年6月の日本教育経営学会において報告した内容をベースにしています。
　比較検討を行うにあたっては，PDCAのマネジメントサイクルを念頭に置いています。まずは各地域の小中一貫教育の導入目的や施設の形態を

基礎情報として頭に入れてから，PDCAの前に行いたい観察やリサーチ（See）の有無とその主体，Plan（計画）の核となる内容とその策定主体，Do（実行）の主な内容などを比較します。

検討の中心課題となるCheck（評価）については複数の学校で小中一貫校を形成する際の学園（または学区，ブロック）評価の目的と，その設計，主体，方法と，それぞれの個別の学校評価との関係を比較し，さらに，個々の学校評価における学校関係者評価や第三者評価のあり方を比較します。最後にAction（改善）内容を示しました。

以上のような比較分析の後，小中一貫教育を現場で維持発展させていくための，マネジメントのあり方について提言を試みます。

4-2-1　事例分析と比較

横浜市の場合，学校評価はそれぞれの学校が主体的に取り組んでいるほか，ブロック内他校の教員が，お互いに評価をし合う，「ブロック内相互評価」も実施しています。また，全市のビジョンともいうべき，目指す「横浜の子ども」像の実現に向けて，各学校が「中期学校教育目標」を掲げ，毎年，それに基づいた「単年度計画」を立てて，その具体的な取り組みや自己評価結果をA，B，C，Dの4段階で評価しています。ブロック内相互評価結果や学校関係者評価結果も参考にして，中期目標がどのくらい達成されたかも定性的に表現します。約3年を中期目標の達成期間とし，らせん状に向上する3年間のサイクルを意識しています。学校関係者評価は，「『まち』とともに歩む学校づくり懇話会」や学校運営協議会等，それぞれの学校が既存の組織等を活用して実施しています。評価結果を公表し，教育委員会は方面別学校教育事務所の指導主事等を派遣して，学校とともに改善策等を検討していきます（図4-19参照）。

つくば市では，小中一貫教育を行うブロックを「○○学園」と呼んで学校同士の一体感を醸成していました。つくば竹園学園は竹園東中学校と竹園東小学校，竹園西小学校の3校で構成され，学園評価のモデル学園の一

第4章 小中一貫教育のマネジメント

図4-19 横浜市の学校評価

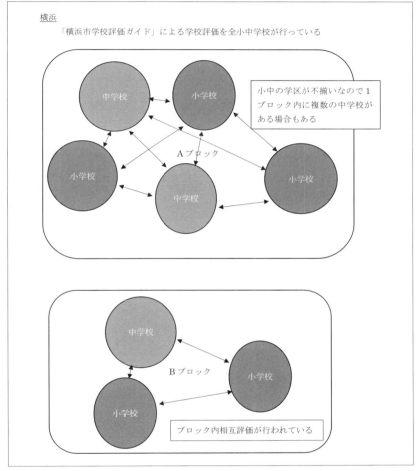

筆者作成

つです。モデル学園では，学園独自の評価設計を行い，学園内全ての学校が共通してもつ評価項目と，各学校それぞれが独自に行う評価項目があります。学校関係者評価は学校ごとに開催します。

つくば竹園学園では第三者評価は大学教授と教育委員に依頼しました。

図4-20 つくば市の学校評価と学園評価

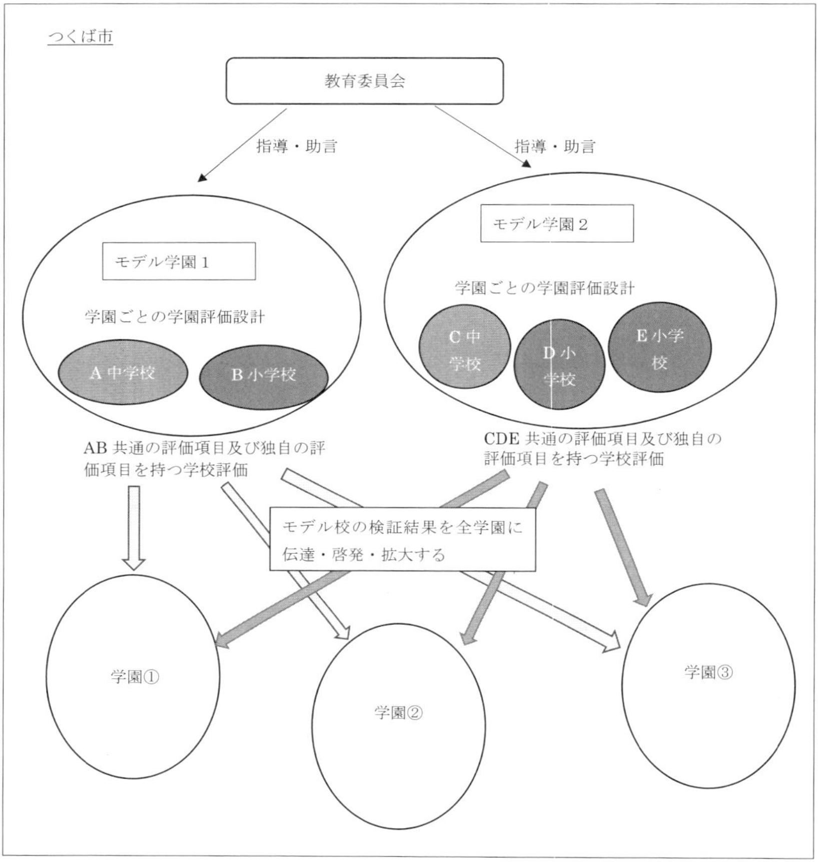

```
つくば市
          教育委員会
      指導・助言   指導・助言

   モデル学園1         モデル学園2
   学園ごとの学園評価設計   学園ごとの学園評価設計
   A中学校 B小学校     C中学校 D小学校 E小学校

   AB共通の評価項目及び独自の    CDE共通の評価項目及び独自の
   評価項目を持つ学校評価       評価項目を持つ学校評価

        モデル校の検証結果を全学園に
        伝達・啓発・拡大する

   学園①      学園②      学園③
```

筆者作成

　第三者評価の結果は即，学園の全教職員対象の研修会で報告され，今後の評価のあり方，活用の仕方などがアドバイスされます。

　つくば市ではモデル校の取り組みの成果を，全市に広めていくこととしています（図4-20参照）。

　三鷹市では小中一貫教育を行う小中学校で一つの「学園」を形成し，全ての学校に学校運営協議会を設置し，学園内で各校の学校運営協議会を統

第4章 小中一貫教育のマネジメント

図4−21 三鷹市の学校評価と学園評価

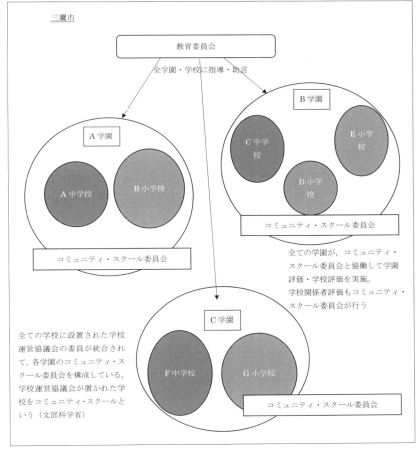

筆者作成

合したCS委員会として活発に学園評価に関わっています。

　学園の教育目標は学園長（校長の代表）が策定し，他校の校長はそれに基づいて各学校の教育目標を定めます。連雀学園では教育委員会の定めた枠組みによる学校評価における学校関係者評価をCS委員会が行うほか，CS委員会独自の学園評価も行い，双方の結果が次年度の学校改善に反映

図4-22 三条市の学校評価

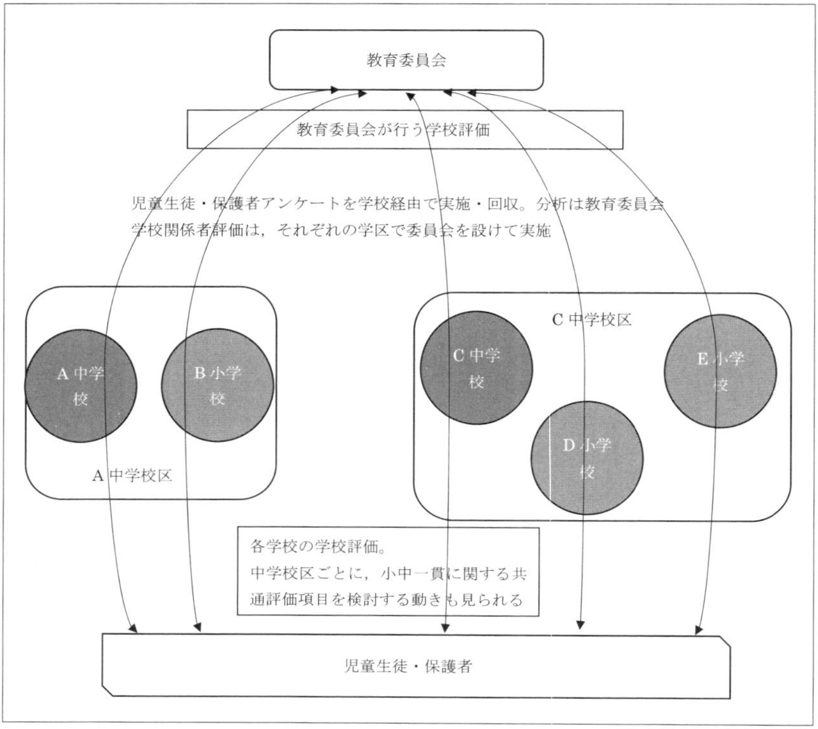

```
                        教育委員会
                教育委員会が行う学校評価

    児童生徒・保護者アンケートを学校経由で実施・回収。分析は教育委員会
    学校関係者評価は，それぞれの学区で委員会を設けて実施

   ┌─────────────────┐    ┌──────────────────────────┐
   │                 │    │          C中学校区        │
   │  A中   B小      │    │   C中      D小    E小     │
   │  学校  学校     │    │   学校    学校    学校    │
   │                 │    │                           │
   │   A中学校区     │    │                           │
   └─────────────────┘    └──────────────────────────┘

              各学校の学校評価。
              中学校区ごとに，小中一貫に関する共
              通評価項目を検討する動きも見られる

                      児童生徒・保護者
```

筆者作成

される仕組みです（図4-21参照）。

　三条市では，小中一貫教育の成果を教職員にも感じてもらい，小中一貫教育推進の原動力としての意識の醸成と達成感を感じてもらうために，教育委員会が主体となって小中一貫教育の評価を行いました。三条市でも全市で小中一貫教育を展開していますが多くは施設分離型です。施設一体型の第二中学校・一ノ木戸小学校も，もともとあった中学校建物に小学校部分を増築したもので職員室も分かれており，施設一体型のメリットが十分生かされている状態であるとは言えません。そのような状況を打破するために，教育委員会として現場の活力とやる気を生み出そうとして学校評価

第4章 小中一貫教育のマネジメント

図4-23 三好市の小中連携校の学校評価

筆者作成

を活用しています。

　第二中学校・一ノ木戸小学校では、もともと様々な交流事業の都度、児童生徒・保護者アンケートなどを実施して、事業の事後評価を行ってきました。また年度末には各学校で学校評価を独自に行っています。小中一貫教育を行う小学校と中学校で共通の評価は、教育委員会の取り組みが最初でしたが、第二中学校・一ノ木戸小学校は、教育委員会の評価とは別に、独自の共通評価項目を検討し、それぞれの学校評価に加えていく取り組みを始めました（図4-22参照）。

　最後に三好市の例です。三好市では、徳島県の掲げる「チェーンスクール」という、施設分離型の小中一貫教育の取り組みが近年市内の一部の学校で開始されたところです。それより以前に「小中連携」として、施設一

体型の小規模校でもあることから，日常的に小中一貫した教育を展開している東祖谷小・中学校があります。そこでは，一人の校長が小中学校を兼務し，PTAも学校評議員も，学校関係者評価委員会も一つであることから，学校評価がそのまま小中一貫教育の評価となっています。国の研究指定を受けることで費用を捻出し，第三者評価も大学教授により行いました。これらの取り組みにより，市内で初めての施設一体型の「連携」教育も順調に成果をあげ始めています（図4－23参照）。

五つの事例の比較

　小中一貫教育の導入目的としては，全ての地域で学力向上をあげていますが，不登校の減少等中1ギャップの解消に力を入れているのは都市部（横浜，つくばなど）に多く見られ，少子化に対応した学習集団の規模や教職員配置の適正化を理由とするのは地方（三条，三好など）に見られました。

　施設形態は一体型もしばしば見られますが，全体としてはそう多くはありません。施設隣接型，施設分離型であっても，一体感の醸成や取り組みの工夫で十分に小中一貫教育の成果をあげているところもあります（三鷹，つくばなど）。

　評価の基本となる目標設定については毎年の学校教育目標をベースとしながら，「目指す子ども像」を設定したり（三鷹，三好など），「中期目標」を立てて中長期的に取り組む例（横浜）もあります。

　学校評価の目的はほとんどの所でPDCAのマネジメントサイクルを回すことや，学力向上，学校改善，保護者・地域への説明責任などをあげたほか，教職員のスキルアップや意識改善（三条，三好など）もあげられました。

　ほとんどの地域で，学校評価に加えて，小中一貫教育を実施するグループ共通の評価を行っていましたが，その実施はほとんど学校に任されている中，教育委員会が評価主体として積極的に進めている例（三条）もあり

ました。

　小中一貫教育を共に展開するグループでの評価とそれぞれの学校評価は，一部連動している形が多いですが，全く別個である例（三条）や，全く一体化している例（三好）もあります。学校関係者評価はほとんどの地域で実施していますが，第三者評価を実施しているのは少数（つくば，三好）でした（表4－12参照）。

4-2-2　考察と提案

　事例から得られた知見をもとに，小中一貫教育をより良くマネジメントしていくための学校評価のあり方を考察し提案します。
〈PDCAの前にS（See）（リサーチ，マーケテイング等）を行うことが有効です〉
　多くの小中一貫教育導入校は，これまでに行われてきた文部科学省による全国学力・学習状況調査や都道府県による学習定着度調査結果等，あるいは不登校・いじめ発生件数等の現状把握の上に小中一貫教育における学校運営プランを立てています。三好市の小中連携校では，全ての教職員が初めて経験する小中連携教育を進めるために，校長が強力なリーダーシップをとりましたが，その際に力を入れたのは「地域を知る」「子どもたちを知る」「教職員を知る」ことと，それを全教職員が共有することでした。校長先生はこれを「まずはリサーチありき」と述べられましたが，取り組み以前の状態を把握して目標を立て，取り組み以後の状態と比較することで，教職員のスキルが飛躍的に高まったのです。

　また，横浜市や三鷹市では，市教育委員会が中心となって小中一貫教育導入の前に審議会や委員会などを組織して丁寧な現状把握を行っています。横浜市ではその結果に基づいて課題の把握と，目指す「横浜の子ども像」を策定しており，その後の小中一貫教育の方向性の基盤となりました。日限山小学校の校長先生によれば，「目指す子ども像の明確化と可視化は，現場の教職員の納得につながり，現状が目指す姿に少しでも近づいていく

表4-12 五つの地域の学校評価・学園評価の比較

			横浜	つくば	三鷹	三条	三好
基礎情報	小中一貫教育導入目的	1	中1ギャップ	中1ギャップ	中1ギャップ	中1ギャップ	
		2		学校統廃合		学校統廃合	学校統廃合
		3	学力向上	学力向上	学力向上	学力向上	学力向上
		4	審議会答申	教育長主導	市長公約	市長主導	
	施設形態	1	一体型	一体型		一体型	一体型
		2		隣接型	隣接型		
		3	分離型	分離型	分離型	分離型	
S	有無		有	無	有	無	リサーチ
	主体		審議会が横浜の教育の現状を調査把握し「横浜の子ども」像を提示	前年度評価結果等活用	学校関係者等による審議会等を立ち上げ,入念な現状把握	前年度評価結果等活用	学校
P	内容		中期学校経営計画,単年度計画 目指す"横浜っ子"像	グランドデザイン 学校教育目標 単年度計画	学園教育目標 学校教育目標 単年度計画目指す子ども像	学校教育目標 単年度計画	小中学校共通教育目標目指す15歳の姿
	主体		学校・教育委員会・審議会	学校,学園	学校・コミュニティ・スクール委員会	学校	学校,教育委員会
D	主な取り組み		ヨコハマ・コミュニケーション・プログラム等	聞き方系統表の作成等	キャリア・アントレプレナーシップ教育等	リトルティーチャー活動等	手洗い指導等
	評価の目的(学園(学区・ブロック))	1	PDCAマネジメント	PDCAマネジメント	PDCAマネジメント	PDCAマネジメント	PDCAマネジメント
		2	学校改善	学校改善	学校改善	学校改善	学校改善
		3	説明責任	説明責任	説明責任	説明責任	説明責任
		4			市民協働	教職員意識改善	教職員スキルアップ

C	学園（学区・ブロック）評価の設計	教育委員会が枠組みを示す	学園独自の評価枠組みと評価項目	教育委員会が枠組みを示したものと，学園独自のもの	教育委員会が示した全市共通の評価枠組み	学校独自の評価
	学園評価主体	ブロック	学園	学園，コミュニティ・スクール委員会	教育委員会	学校
	学園（学区・ブロック）評価手法	児童生徒・保護者アンケート	児童生徒・保護者アンケート	児童生徒・保護者アンケート	児童生徒・保護者アンケート	児童生徒・保護者アンケート
		ブロック内相互評価	学園内共通評価項目	コミュニティ・スクール委員会評価		教職員アンケート
	学校評価との関係	学校評価の中に含む	学園評価と連動し，学園共通項目を含む学校評価	学園評価と連動しながら各校独立した学校評価	教育委員会による評価とは独立	一体化
	学校関係者評価	実施	実施	実施	実施	実施
	学校関係者評価・評価者	学校運営協議会等既存の組織	学校評議員，保護者・地域住民代表	コミュニティ・スクール委員会	PTA代表，地域住民代表	保護者・地域住民代表，学校評議員
	第三者評価	―	実施	―	―	実施
	第三者評価・評価者		大学教授，教育委員			大学教授
A	内容	次年度計画反映	次年度計画反映	次年度計画反映	次年度計画反映	次年度計画反映

筆者作成

実感が得られれば，大きなやりがいにつながっていく」と述べていました。三鷹市では保護者・地域との意識の共有に大変効果的でした（表4－13参照）。

表4-13　PDCA の前の SEE の有効性

	横浜	つくば	三鷹	三条	三好
See，リサーチ，意識の共有などの有無	○	—	○	—	○
教職員のスキル向上，意識変化等	○目指す方向性が明確になり，教職員のモチベーションが向上する（校長談）	—	○保護者・地域との意識の共有が図られた（三鷹市教育委員会，2012）	—	○教職員の飛躍的なスキル向上につながった（三好市教育委員会，2014）

筆者作成

〈ブロック内相互評価など小中一貫ならではの工夫が評価の精度を高めます〉

　横浜市のブロック内相互評価，つくば市のモデル学園で構想する学園内相互評価などは，まさに施設分離型小中一貫教育ならではの取り組みです。共に小中一貫教育に取り組むグループ内での相互評価は，自己評価と学校関係者評価の中間的な意味合いをもちます。自己評価のもつ信頼性の薄さ（恣意性）や，学校関係者評価のもつ妥当性の低さ（素人による）を補いながら，学校間の一体感の醸成や情報共有に資しています。小中一貫教育を行う学校同士の連携や一体感の醸成があまり進んでいない場合には，相互評価はむしろ第三者評価的な意味合いをもち得るでしょう。

　横浜市における主幹教諭によるブロック内相互評価では，主幹教諭が教育のプロとしての目で，主に相手校の良さを相手校に認識させると同時に，自校の取り組みの反省や改善の視点に結び付けることができていました。つくば市の学園内共通評価項目は，学園としての取り組みの可視化に有効でした。また，三鷹市の CS 委員会評価は保護者や住民の小中一貫教育に対する理解を深め，協力を強めています（表4-14参照）。

　私は特に横浜市が取り組んでいるブロック内相互評価に期待をしています。横浜市の場合，大都市であるがゆえの課題として，ブロックごと，あ

表4-14 小中一貫教育ならではの評価の工夫

	横浜	つくば	三鷹	三条	三好
ブロック内・学園内相互評価等の有無	○	○	○	―	―
評価の精度の高まり意識	○自己評価や学校関係者評価の欠点を補いつつ、相手校のみならず自校の良さや改善の視点に気付くことができた（横浜市教育委員会, 2014）	○共通の評価指標により、学園としての取り組み＝小中一貫教育の成果が目に見えるようになった（つくば市教育委員会, 2015）	○保護者による主体的な評価と公表により、保護者・地域の小中一貫教育への理解と協力が深まった（三鷹市教育委員会, 2015）	―	―

筆者作成

るいは学校ごとの取り組みへの温度差や教職員の理解度のばらつきが感じられました。けれども、教員自身が教育のプロとしての自覚とプライドをもって、自校およびブロック内各校の学校経営に関して意見を表明し、ダイレクトに改善に反映させていく仕組みは、今後の我が国の学校教育のあり方の一つの方向として、十分に期待と希望を抱かせる取り組みです。私はこの取り組みの成功と定着、そして発展を切望する立場です。

〈評価設計時点からの保護者・地域住民の参加が望ましい〉

　三鷹市における不登校の減少や学力向上の現状から見れば、CS委員会が積極的に学校評価に関わり、地域ぐるみで小中一貫教育に関心を寄せることで、学校のモチベーションがあがり結果的に三鷹市の小中一貫教育が成果をあげていると言えましょう。他地域との大きな違いは、保護者・地域住民を学校マネジメントに主体として取り込んでいることです。このCS委員会の積極性は、そもそもの計画段階からCS委員会が関わり、学

表4-15 評価設計時からの保護者・住民の参加

	横浜	つくば	三鷹	三条	三好
学校関係者評価以外での保護者・住民の参加	○	―	○	―	―
教職員のモチベーションを高める，小中一貫教育が成果をあげるなど	○保護者の満足度の高まりが，教職員のモチベーションを高め，そのことが子どもたちの変容につながるという良い循環が回っている（横浜市教育委員会, 2016）	―	○保護者・地域の関心の高さが学校の工夫や熱意を生み，子どもたちに良い変容が見られるという良い循環が回っている（三鷹市教育委員会, 2015）	―	―

筆者作成

校運営協議会という形で計画を承認し，責任感と関心をもって取り組んでいるからにほかなりません。小中一貫教育のより良い展開のために地域との連携協力が必須であるとされる認識からいえば，今後は，学校が苦手としている地域住民との意識の共有を図っていく上で，三鷹市の取り組みは大きなベンチマークと言えるでしょう。

　また，横浜市では，中期学校経営計画などを策定する際に，保護者・地域・教職員等との意識の共有を図る機会をもち，地域を巻き込んだ小中一貫教育の展開と保護者の満足度の高まりが教職員の満足度を高め，モチベーションをあげていました。校長先生は「保護者の満足度の高まりを教職員に周知したことが効果的だった」と語っています（表4-15参照）。

〈市区町村教育委員会の適時・適切な支援が有効です〉
　市区町村教育委員会が導入を決断する小中一貫教育にあって，最も多く

表4-16　教育委員会の支援のあり方

	横浜	つくば	三鷹	三条	三好
教育委員会による学校評価	—	—	—	○	—
現場の納得とモチベーションの向上				○当初現場には混乱が見られたが，教育委員会の評価により小中一貫教育の意義や成果を実感し，教職員のモチベーションの向上や工夫が見られるようになり，小中一貫教育の効果が出てきた。(三条市教育委員会，2015)	

筆者作成

　の地域が認識する課題は，現場の教職員の意識をいかに高め，積極的な取り組みにしていくかということです。三条市を除く四つの地域では教育委員会は指導・助言のみを行い基本的に運営や評価は学校に任せていました。地域との連携等を図りながら学校独自で積極的に運営し成果をあげている地域も多いですが，特に導入直後は現場に戸惑いが見られる例も多いのです。その時に教育委員会はどのような支援ができるのでしょうか。三条市では，市教育委員会が独自に学校評価を行い，小中一貫教育の成果を現場の教職員に示してモチベーションをあげると同時に，市民への説明を行って，納得と協力の意識の醸成も図っていました。行政のバックアップと，市民の理解が，三条市の学校現場の意識を次第に高めて，より良い小中一

貫教育の推進に向けて独自の工夫を考えるまでに至ってきました。その結果，三条市の小中一貫教育は，児童生徒の「中学校進学への不安軽減」や「人間関係力の育成」に効果をあげる等，徐々にその成果を示し始めています。三条市の例は，教育委員会の時宜を得た積極的な支援が現場のモチベーションの向上に有効であることを示しています（表4－16参照）。

　私自身の反省も含め，教育委員会という「お役所」は，学校との連携や支援を声高に謳いながらも，現実には，真に現場が必要としているときに必要十分な手助けができているかといえば，たぶん現場からの評価は想像以上に低いのだと思います。「お役所仕事」という言葉が暗に示すように，現場からの「求め」や「必要」に応じることは得意でも，求められなくても「進んで」支援する，あるいは連携を積極的に「提案」してその手当てをしていくことは苦手です。三条市教育委員会の勇気と挑戦には小中一貫教育の推進以上に大きな価値があったと感じます。

　今回の調査で，小中一貫教育の現場から実に多くのことを学ばせていただきました。横浜市の事例からは，「ビジョンの策定と共有」の重要性や，ブロック内相互評価の手法等を学ぶことができました。つくば市の事例からは小中一貫教育を構成する学校間の一体感の醸成の重要性や学校関係者評価者選考の重みを示唆していただきました。三鷹市の事例からは評価も含む学校運営への「住民参加」の意義と有効性，都市部における学校と地域の連携のあり方等多くの示唆をいただきました。三条市の事例からは「教育委員会の支援のあり方」について考えを深めました。また，三好市の事例からは，小中一貫教育のマネジメントにおける校長のリーダーシップの重要性を強く感じ取ることができました。

　その一方で，小中一貫教育を継続し，より良く進めていく上でまだまだ多くの課題が存在することも認識されました。

　例えば，横浜市の事例では，既存の組織を利用した学校関係者評価が行われていましたが，既存の，もともと当該学校教育に肯定的でありがちな

限られたメンバーだけでなく，広く保護者や地域住民の参画を進めてしかるべきでしょう。これはある意味，三鷹市の事例にもあてはまることです。三鷹市は官民協働の歴史が長く手法も洗練されており，CS委員会の活躍には目覚ましいものがあります。けれども，CS委員会に所属しない多くの一般の保護者や地域住民の声は届いているのでしょうか。アンケートの活用などで，全体の声を聴いたことにするというのは多くの自治体で取り組んでいることですが，実際には集計分析の手間を省くために，マークシート方式や，択一問題のみで構成されることも多いのです。アンケートでは必ず自由意見欄を設け，少数の意見も拾い上げる努力が必要でしょう。

　また，つくば市の例に限らないのですが，小中一貫教育で目指すビジョン，目指す子ども像などはほとんど学校のみでつくられていました。評価に学校以外の主体を入れるためには，評価のそもそもの基本となる目標，ビジョンの制定から，保護者や地域住民が加わることが望ましいのは当然です。自分たちの声や意見が反映され，納得できて共有されるビジョンであればこそ，実現に向けて共に汗もかけるし知恵も出せるのです。

　三条市では，施設一体型という小中一貫教育にまたとない絶好の環境を整備されながら，それを十分に生かし切れていない実態を目の当たりにしました。これは，行政主体で進める教育政策が，現場の意欲を喚起しにくいことの警鐘です。そのために，教育委員会は評価という手法を用いて，教職員に小中一貫教育の成果を明らかにして見せようとしたのでした。小中一貫教育導入時に行政主体であるならば，行政の思いや目指すところを校長はじめ教職員はもとより，保護者や地域住民に十分に説明するところからスタートしなければなりません。そもそも，小中一貫教育は学校教育を自校以外の他校種校も含めた外部に開いていく仕組みなのです。その原点に立ち返り，学校・保護者・地域が一堂に会し，この地域の子どもたちをどのように育てたいのか，どのような15歳を目指した教育なのか，話し合う機会をもちたいものです。そして，そのようなときにこそ教育委員会が前面に出て場所と機会の設定をコーディネートし，保護者・地域，時に

は生徒たちの思いを大切にした小中一貫教育を，学校任せでなく地域の協力のもとで進めていくという，納得と了解と確認の作業を行うべきでしょう。

　三好市の事例は，教育のダウンサイジングが全国で進む一方の我が国においては最も参考に資する事例かもしれません。私立中学への進学と争う学力競争の意味ももつ小中一貫教育は，実は一部の都会の話であり，その他の多くの地方にとっては小中一貫教育は学校の存続と，小規模化してもなお高い質を維持し続ける教育方法の模索の一つなのです。

　短期間に，五つの地域を回らせていただき，一つの時代のその一部の現状を，小中一貫教育のマネジメントという視点で見せていただきました。その中で，今，私が普代村で取り組んできたことが小さな取り組みではあったけれども，間違っていなかったと確信することができています。五つの地域それぞれに教育委員会や学校の知恵と工夫，そして失敗や成功の繰り返しがありました。

　その中でも特に印象深かったのは三鷹市の取り組みです。それは，大都市と地方の小さな漁村という全く環境の異なる事例でありながら，私が普代村で一貫して大切にしてきた思いと同じ熱さを感じたからです。一言で言えばそれは「住民とともに」ということでした。たとえどんなに時間がかかっても，どれほど手間がかかっても，子どもたちにとって大切なことは，住民とともに考え，住民とともに決断し，住民とともに汗を流し，住民とともに喜びたい。それが私の希望でしたが，三鷹市の小中一貫教育とコミュニティ・スクールが一体となったマネジメントは，私の願いを先んじて具現化して見せてくれたもののように思いました。三鷹市における保護者・地域と，学校との関係は長い間の協力関係と関係者の努力によって少しずつ築かれていったものです。同様のことが全ての地域でできるとも思えませんし，その必要もないかもしれません。けれども，今，学校が，教育が，保護者・地域の協力や理解なしで機能していくことは不可能な時代です。三鷹市の取り組みにはこれからも続くより良い教育の継続可能性

と，子どもたちを幸福にする仕組みとしての希望が感じられます。

　時に，小中一貫教育は学校統合とあわせて批判的に語られることもありますが，私は学校統合も小中一貫教育も，その地域の人々の選択肢の一つであり，その選択について外部から適否を語り得るものではないという考えです。地域の教育は地域の人々と，現実に目の前の子どもたちと向き合っている教職員（学校）が，様々な情報を共有しつつ，子どもたちにとって最善と思う方向を定め，共にその実現に向けて汗をかき，歩を進めるものであり，それぞれの地域の工夫や取り組みには正解も優劣もないからです。

　あるのはその方向性と決定のプロセスの違いだけです。そもそも我が国の義務教育に限って言えば，学校教育を評価できるのは学校自身とその関係者（児童生徒・保護者・地域・行政等）だけではないでしょうか。第三者評価で専門家が語れるのは，教師のプロとしての仕事（カリキュラム開発や教授法等）に限定されるのではないでしょうか。あるいはビジョン設定や学校教育目標の策定，評価指標の是非について技術的なアドバイスを期待できるかもしれません。けれども，地域に開かれ，地域とともにある学校教育を目指す小中一貫教育の成果や，課題の発見はやはり地域に根差した人々にしかできないように思います。第三者評価を否定するものではありませんが，高等教育における全国標準の認証評価のような仕組みは少なくとも我が国の義務教育には，あまり重要ではないというのが私の考えです。国は最低限度，国民が身に付けるべき教育の基準をつくりそれに必要な財源を手当てすればそれで十分です。都道府県は，市区町村の実情をよく見極め量的にも質的にも十分な教職員の育成をすることが最大の責任です。市区町村は学校の自由な工夫が可能になるように，できるだけ学校の裁量を認める予算編成を行うべきです。何をすべきか，何が子どもたちの成長に有効かは，地域と学校が一番良く知っているのですから。

最後に，事例から得られた知見をもとに，小中一貫教育をより良くマネジメントしていくための学校評価のあり方を提案します。
　マネジメントの基本からいえば，小中一貫教育における学校評価は，以下のようなマネジメントサイクルの中に位置付けられます。
S：See（観察）（M：マーケテイング，R：リサーチとも）
　・計画立案前の現状把握，ニーズ調査などです。
　・主体は学校・児童生徒・保護者・地域住民などですが教育委員会が参加・支援するのが望ましいと言えます。
　・初年度は丁寧に行う作業ですが，２回目からは前年度の評価結果を現状値とすることができます。システム構築時の最初が肝心で，ここに時間と労力をかける必要があります。
　・ここで小中学校教職員や保護者・地域住民との協働作業が開始されると同時に，小中一貫教育導入の意味や経緯を保護者・地域住民と共有する絶好の機会となります。
P：Plan（計画）
　・Seeで得られた現状や課題を前提に，最初にビジョンを描きます（グランドデザイン，「小中学校で目指す15歳像」など）。
　・ここには地域住民や行政が望む地域の子ども像，児童生徒自身がなりたい自分像，保護者が望む15歳の姿，教員が望む育てたい15歳像などが反映され，思いが共有され，合意されることが重要です。これもシステム構築時に時間をかけるべきもので，このビジョンは当面変わらないものです。もしも変えるときには同様の作業が必要となります。この策定作業にも教育委員会が支援・参加することが望まれます。またそのビジョンは検証や評価に耐えられるための具体性（説明）が必要です。検証に耐えられなければ，マネジメントサイクルを回すことができないからです。
　・ビジョンが設定されたら，それを具現化するための個別の目標設定や年間計画を学校がつくります（政策評価でいえば，ビジョンは政策，

個別の目標が施策，その目標達成のためのカリキュラムが事務事業と捉えられます）。ここには具体的な指標と目標値が必要となりますが，それは計画の全てに必要なのではなく，「今年度の重点目標」等，主要なもの，ポイントになるもののみで良いのです。評価のための指標づくりや目標設定作業が教職員の負担になっては本末転倒です。

D：Do（実施）
・計画は毎日の授業，交流活動，行事等で実施されます。
・学校の立てた年間計画に沿って教職員と児童生徒，時には保護者・地域住民の参加も含めて実施されます。
・行政はビジョン達成のために必要な支援（経済的，人的支援等）を計画的に行い，学校や地域に説明します。

C：Check（評価）
・教職員自身による自己評価は自己点検の意味で積極的に行います。
・教職員の満足度調査アンケートは学校や教育委員会にとっては必須です。学校運営における教職員の満足度を把握し，それを高めることなしに，子どもたちの成長に資する教育を学校が提供することは不可能だからです。
・児童生徒・保護者による意識調査アンケート等も行います。アンケートの設計もシンプルにコンパクトに要点を押さえたものにします。
・上記調査結果の学校による分析と学校としての自己評価を行います。
・上記調査結果および分析結果に対する保護者・地域住民・有識者等による学校関係者評価を行います。

A：Action（改善）
・学校自身による計画・目標と評価結果の比較分析を行います。
・可能ならば専門家等による分析と助言等（第三者評価）があっても良いでしょう。
・次年度に向けて改善方針の策定を行います。可能であればここに保護者・地域住民の声が入る工夫が望まれます。

図4−24 小中一貫教育のビジョン

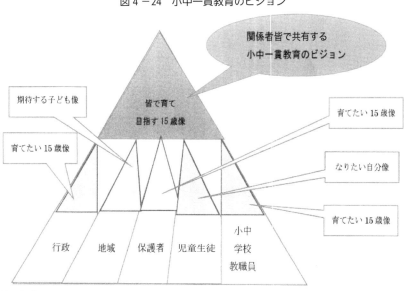

筆者作成

・新たな目標値の設定（理想とする目標値は変わらなくても，年度ごとの目標値は現状値から新たに導かれます）。
・保護者・地域住民・教育委員会への評価結果と改善方針の公表・説明・協議・承認等を行います。

　このようにしてA（改善）から次年度のP（計画）につながります。2年目からは前年度のC（評価）による現状把握やAの改善方針が，初年度のS（観察）に相当することとなります。したがって，2年目からはPにおいて，学校自身がAを踏まえて年間計画を立てれば良いのです。
　これを繰り返すことで，理論上は最初に関係者皆で策定したビジョン（目指す15歳像）に，年ごとに近づいていくこととなります。ビジョンは，校長や教職員の異動に関わりなく，地域と学校の財産として引き継がれますが，年間目標や実施計画はその時々の児童生徒の実態，校長のリーダー

図4−25 学校評価を活用した小中一貫教育のマネジメントサイクル

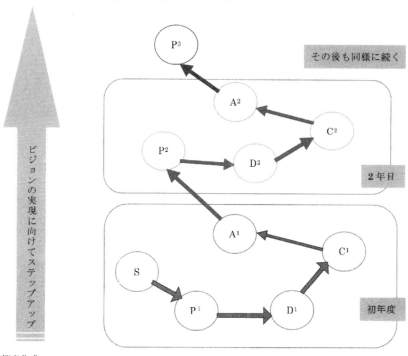

筆者作成

シップ，教職員のスキル等で柔軟に変化することとなります。

　簡易で，誰にでもわかりやすく，負担が少なく，継続できる学校評価を設計して，マネジメントサイクルをきちんと回すことができれば，小中一貫教育をより良くマネジメントでき，教職員の異動などによって振出しに戻ることなく，着実にビジョンに近づいていける学校経営に資することができるでしょう（図4−24，図4−25参照）。

　しかも，小中一貫教育校が取り組んでいることや，目指している姿を保護者・地域住民が共有し，理解することで学校に対する信頼や協力が生まれるのです。

〈参考文献〉
- つくば市教育委員会，つくば市校長会「つくば市学校評価〈改訂版〉」平成22年2月
- つくば市教育委員会「学校評価の充実・強化に向けた実践研究報告書〜学園で連携・協働した学校関係者評価の体制整備の在り方〜」平成27年3月10日
- 三条市教育委員会「文部科学省委託事業 小中一貫教育校による多様な教育システムの調査研究 小中一貫教育における教育委員会による点検・評価及び点検・評価結果の活用に関する調査研究〈1年次研究のまとめ〉」平成26年3月
- 三条市教育委員会「文部科学省委託事業 小中一貫教育校による多様な教育システムの調査研究 2年次『平成26年度 小中一貫教育フォーラム in 三条 要項』」平成26年11月21日
- 三鷹市教育委員会「平成26年度 三鷹市立小・中一貫教育校 全7学園の評価・検証報告」平成27年5月
- 連雀学園CS委員会 CS会長松田ひろみ「連雀学園NEWS 平成26年度学園評価特集号」平成26年12月18日
- 横浜市教育委員会「既存の取り組みを生かした『小中一貫校育推進ブロック内相互評価』」学校評価シンポジウム配布資料，平成26年12月26日
- 三好市教育委員会「平成25年度 文部科学省指定 学校のマネジメント力を強化するための実践研究事業」平成26年2月
- 三好市教育委員会「学校評価フォーラム 小中連携関係者評価〜東祖谷小・中学校の実践〜 平成25年度『学校のマネジメント力を強化するための実践研究』」発表資料，平成27年10月2日
- 天笠茂編『学校管理職の経営課題5 学校をエンパワーメントする評価』ぎょうせい，平成23年
- 木岡一明『学校評価の「問題」を読み解く─学校の潜在力の解発』教育出版，平成16年
- 窪田眞二・木岡一明『学校評価のしくみをどう創るか─先進5カ国に学ぶ自律性の育て方』学陽書房，平成16年
- 熊坂伸子『NPMと政策評価─市町村の現場から考える』ぎょうせい，平成17年
- 小堀道和『数値目標が学校を変える─ゴーン流で学校改革』学事出版，平成20年
- 呉市教育委員会編『呉市の教育改革 小中一貫教育のマネジメント』ぎょうせい，平成23年
- 三浦智子「学校改善に向けた学校評価システムの考察」『国立教育政策研究紀要』第139集，国立教育政策研究所，平成22年
- 西川信廣「小中連携にあたり教育委員会に求められる支援とは何か」『月刊教職研修』平成25年12月号，教育開発研究所

第 4 章　小中一貫教育のマネジメント

- 長南良子「教職員の前向きな意識を醸成する働きかけ」『月刊教職研修』平成25年12月号，教育開発研究所
- 高橋興『小中一貫教育の新たな展開』ぎょうせい，平成26年
- 玉木洋「『学校評価』と『経営品質セルフアセスメント』—『やらないよりマシ』から『やってよかった』の『学習評価』へ」『教師教育研究』Vol. 4，福井大学，平成23年
- 山本由美編『小中一貫教育を検証する』花伝社，平成22年
- 横浜国立大学教育人間科学部附属横浜中学校編『学校間評価—自己評価と学校関係者評価とをつなぐ新しい学校評価システムの構築』学事出版，平成21年
- 吉田和夫「『対話・協働・変革』を目指した学校マネジメント」『月刊教職研修』平成25年12月号，教育開発研究所
- 善野八千子『学校力・教師力を高める学校評価』明治図書出版，平成19年

〈参考 URL〉
- つくば市教育局総合教育研究所ホームページ→学校評価の充実・強化に向けた実践研究報告書→「平成26年度　自立的・組織的な学校運営体制の構築に向けた調査研究　学校評価の充実・強化に向けた実践研究～学園で連携・協働した学校関係者評価の体制整備の在り方～」
http://www.tsukuba.ed.jp/~soken/?p=4801#/-1/
- 文部科学省「平成27年度学校評価フォーラム『小中一貫体制を生かした学校評価の充実・強化』茨城県つくば市立つくば竹園学園～ Creative Takezono ～竹園東中学校・竹園東小学校・竹園西小学校」
http://www.mext.go.jp/component/a_menu/education/detail/_icsFiles/afieldfile/2015/10/16/1361199_04.pdf
- 文部科学省「平成27年10月2日　学校評価フォーラム　学校評価の充実・強化に向けて　つくば市教育委員会」
http://www.mext.go.jp/component/a_menu/education/detail/_icsFiles/afieldfile/2015/10/16/1361199_03.pdf
- 三条市ホームページ→教育委員会→教育総務課→教育制度検討委員会会議録の公開→「第1回教育制度検討委員会会議録」平成19年1月31日
http://www.city.sanjo.niigata.jp/common/000013484.pdf
- 三条市ホームページ→市民生活→子育て・教育→三条市の小中一貫教育→「第二中学校区の推進状況(4)中学校区発行の小中一貫教育の広報紙『小中一貫教育だより　第13号』第二中学校区推進協議会評価・広報部会」平成24年12月19日

http://www.city.sanjo.niigata.jp/common/000066539.pdf
- 横浜市教育委員会「横浜市学校評価ガイド〈24年度改訂版〉～中期学校経営方針に基づく学校評価～小学校・中学校・特別支援学校編」平成25年2月
http://www.edu.city.yokohama.jp/tr/ky/hamaup/theme11/guide/guide-kaiteiban.pdf
- 横浜市教育委員会「OPEN YOKOHAMA→横浜市教育振興基本計画検証」平成26年4月
http://www.city.yokohama.lg.jp/kyoiku/vision/kennsyousyousai.pdf
- 三好市教育委員会ホームページ→東祖谷小・中学校→属性→学校からのお知らせ→「学校評価アンケート結果（小・中）」平成27年2月8日
http://www.miyoshi.ed.jp/hiyachu/docs/2015020600084/files/hyoka2014.pdf
- 横浜市教育委員会「学校評価ニュース No. 17」平成26年6月16日
http://www.edu.city.yokohama.jp/tr/ky/hamaup/theme11/news/ghnews-new17.pdf
- 文部科学省ホームページ→政策・審議会→審議会情報→調査研究協力者会議等（初等中等教育）→学校の第三者評価のガイドラインの策定等に関する調査研究協力者会議→（第2回）会議配布資料→資料1「学校の第三者評価と大学の認証評価との共通点・相違点について（日永委員提出資料）」平成22年1月
http://www.mext.go.jp/b_menu/shingi/chousa/shotou/059/attach/1288115.htm

第5章
我が国の教育の将来を考える

　ここまで，小中一貫教育のマネジメントを中心に，近年の教育事情を概観してきました。我が国の教育は今どこに向かっているのでしょう。そしてどこに向かうことが本当に子どもたちを幸せにするのでしょうか。そんなことを考えながらこの2年間，お茶の水女子大学大学院の研究生という立場で多くのことを学ばせていただきました。特に私の師事した耳塚寛明教授のご専門である教育社会学からは格差とは何か，特に教育における平等とは何かを教えていただきました。社会的な格差と教育との関係は複雑で奥が深く，まだまだ理解が十分とは言えませんが，国民を幸せにする教育のあり方について思いがけず真剣に向き合う時間をもつことができました。

　最後の本章では，小中一貫教育の先進国であり，世界的に教育による平等が最も成功しているとされているフィンランドの教育を参考にしながら，小中一貫教育も含めて，我が国の教育の将来に思いをはせてみたいと思います。

5-1　フィンランドの教育制度に学ぶ

　第4章まで，我が国の小中一貫教育の現場で様々に工夫して取り組んでいる様子を見てきましたが，小中一貫教育を国の制度として取り入れ，しかもOECDのPISA調査（国際学力調査）などで高成績を収めていることで知られるフィンランドの小中一貫教育の現場をこの目で実際に見てみたくなりました。

多様性の尊重と世界一の教育制度を見る

　私は幸運なことに2016（平成28）年8月末から9月上旬までフィンランドの教育制度を実際に目で見，耳で聞く機会を得ることができました。

　8月30日，午前中はフィンランド第2の都市タンペレ（Tampere）中心部にあるユハンヌスキュラ基礎学校（Juhannuskylän Koulu）を訪問しました。ここでは基礎学校の副校長であり，小学校部の校長でもあるマルケッタ氏（Ms. Marketta Kannisto）より，フィンランドの地方自治体における教育行政について講義を受けました。

　マルケッタ氏によれば，フィンランドには難民が多くやってきますが，外国人でも7～16歳までの教育が保障されています。

　6歳になると就学前教育が義務として与えられますが，これは小学校への入学準備です。7歳から基礎教育が始まります。

　フィンランドの教育の評価が高いのには三つの理由があるとマルケッタ氏はおっしゃいました。

(1)　教員の質が高いこと。全ての教員が修士以上の学位をもっています。
(2)　教員が信頼されていること。国や市町村が教員を監視することをやめて，教員が自由に教えることができます。
(3)　生徒支援制度が学校にあること。

①10年生制度：高等学校，職業専門学校へと進学するのに不十分だとされた場合や，自分のキャリアデザインに時間をかけたいと判断した場合，個々にふさわしいカリキュラムで，さらに1年間学ぶことができます。

②学童保育：フィンランドでは多くの家庭が共働きであり，離婚率も高いです。しかも授業時間数が少ないのですが，学校に行く前と後の時間に子どもたちが過ごす場所が充実しています。学童保育は小学校2年生までで，3年生からなくなります。

　義務とされる就学前教育については1日4時間，遊びを通して数学的，

言語的，倫理的，体育的等の指導を行います。就学前教育と小学1・2年生のクラスは連携し，幼い子どもが小学校に入る緊張はかなり和らげられています。フィンランドでは異校種間の段差が子どものストレスになっていると考えられることから，その段差をできるだけソフトにするように努めています。そのために幼と小，小と中，中と高の連携を強化しています。

また，言語は非常に重要視されており，小学校でも国語としてのフィンランド語と公用語としてのスウェーデン語を学ぶほかに必ず外国語を学ぶこととされています。英語は必修で，その他ロシア語，ドイツ語などの中から選択することができます。担任が専科の免許をもっていれば教えることもありますが，多くの場合は語学の教科教職員が指導します。

この日は，午後から，ホテル近くの青少年活動センター（Monitoimitalo）において，今回の旅の現地コーディネーターを務める藤井ニエメラみどり氏と，ペトリ・ニエメラ氏によるオリエンテーションと，フィンランドの社会行政の概要についての講義が行われました。

講義によれば，1917年の2月革命，10月革命でロシア帝国は崩壊し，12月6日にフィンランドは独立宣言を行いました。1919年に憲法が制定され，1921年には義務教育法が公布されました。就学義務は7～13歳の6年間とされました。当時は貧困家庭が多く，福祉制度と教育制度を良くすれば貧困家庭からも立派な人材を輩出できると政府は考えたのだそうです。

翌8月31日は，カニヨニ基礎学校（Kanjonin Koulu）を訪問しました。
見学に先立って，ロビーでシルク校長先生（Ms. Sirkku Vartiainen）の説明をお聞きしました。それによれば，この学校はこの辺り（ヘルワンタ地区）の典型的な学校であり，児童生徒数は約200人。そのうち約30％が外国人であるとのことでした。

学校の概略をお聞きした後，それぞれの教室に案内していただきました。まずは就学前教育の教室。2クラスあるうちの「星組」のクラスにお邪

魔しました。子どもは10人ほど。ちょうど6歳のお誕生会の最中で誕生日の子どもが頭に王冠を載せて中央の椅子に座っていました。子どもたちの肌の色も髪の色も様々で，8か国（フィンランド，ソマリア，シリア，ロシア，ナイジェリア，イラン，アフガニスタン，バングラディッシュ）の子どもたちが一緒に学んでいました。

　3年生のクラスでは本格的な工具を使って木工の授業をしていました（写真5－1）。

　1年生はアルファベットの書き方の練習中でした。

　6年生は国語（フィンランド語）の授業です（写真5－2）。スウェーデン語も公用語なので6年生から習います。また，この学校では3年生から英語の授業があります。その他一つの外国語が選択科目となります。したがってこの学校では，最多で4種の言語を小学校時代から習うこととなります（フィンランド語，スウェーデン語，英語に加えて，選択言語ドイツ語，ロシア語など）。

写真5－1　3年生の木工の授業の様子

筆者撮影

写真5－2　6年生の国語（フィンランド語）の授業の様子

筆者撮影

　その後，再び就学前教育のクラスに行ってみました。今週の当番のアルボ君（Arvo）は，「今週のスター」です。ランチのとき一番最初に食堂に行ってメニューを見て皆に教えることができます。また，教員からスターインタビューを受けて，その結果が，廊下に誇らしげに貼り出されていました。大きな時計を使って，5分間の自由遊びを指示し，針が11時を指すと皆でランチルームに向かいました。

第5章 我が国の教育の将来を考える

　私たちも11時から一緒に給食をいただきましたが，食堂が混み合うためずいぶん早く10時頃からクラスごとに順番にランチが始まっていました。ランチはカフェテリア方式で，自分で量を決めて盛り付けて食べるのです（写真5－3）。出される料理は少しでもいいから必ずとるよう

写真5－3　カフェテリア方式

筆者撮影

促されますが，牛乳や水，クラッカー，果物などはとってもとらなくてもいいのです。今日のメニューはレタス，キュウリ，ポテト，サーモンのクリーム煮，無脂肪牛乳，パン，クラッカー等でした。給食も無料なので質素なのだとコーディネーターのみどりさんがおっしゃっていました。ランチをとりながらコーディネーターのお二人とお話しました。フィンランドでもいじめはありますが，たいていは小さいいじめのうちに気が付いて対処するとのことです。トゥルク大学（Turun yliopisto）のキヴァ学校（Kiva koulu）プロジェクトがつくったいじめ対策プログラムをマニュアル化し，それを全国で活用することで，いじめが20％以上減少したということでした。

　9月1にはタンペレ大学（Tampereen yliopisto）で，教育学部のウルヤナイネン教授（Ms. Sari Yrjänäinen）より，教員養成等についての講義を受けました。ウルヤナイネン教授は元は数学の教科教員でしたが，現在はタンペレ大学とトゥルク大学で教員養成を担当しています。
　フィンランドでは1979年以降，教員には修士までの資格が求められるようになり，以後，医師や判事などと同等の社会的地位となったと言います。
　教育実習は大学1年生から行われ，教員が病気になったときの代わりを学生が短期に体験することもできます。その際学生はアルバイトの扱いとなるそうです。教育実習は「実習校」において行われ，実習は非常に重要

視されています。実習校の教職員には「教職員になる人の人間性を育てる」という高い能力が求められています。

　9月4日，ペトリ氏ご夫妻にお願いして，午前中ヘルシンキ市内のホテルにて，お二人にインタビューを行いました。ペトリ氏はフィンランドで生まれ育ちフィンランドで教育を受けた後，日本の大学に留学し10年間日本で生活していました。一方みどりさんは日本で生まれ育ち，日本の教育を受け，大学でペトリ氏と知り合って結婚し，現在はフィンランドで3人の子どもを育てながら学校に勤務しておられます。お二人なら日本とフィンランドの教育について比較して，双方の利点や課題などを指摘していただくことが可能だろうと考えました。

　最初に，日本とフィンランドの小中学校の一番大きな違いと，それぞれの良いところ悪いところをみどりさんに伺いました。みどりさんは「フィンランドの公教育は全国どこでも『平等』が保たれている。私立の学校はとても少ない。先生の質が高く安心して子どもをゆだねることができる。塾などはないが，学校に落ちこぼれをつくらないシステムができているのはとても良いと思う。一方で，フィンランドでは学習に重点が置かれすぎているとも感じる。日本のような学級活動は，（連帯責任などの）行き過ぎがなければとても良いと思う。」とおっしゃいました。

　次にお二人に，ご自分の学校時代と子どもたちを通わせた経験から，日本とフィンランドの教育制度を比較してどう思うか尋ねると，みどりさんは「フィンランドで子育てできて良かったと思う。日本では塾通いなどに疑問を抱いても周りに流されそうだから。子どもを忙しくしてしまうと思うので。」と話され，ペトリ氏は「自分が子どもだった頃は，基礎学校制度ができたばかりだったので，昔ながらのままのことも多かった。今，自分の子どもたちの時代は，先生の能力が高くなってとても良いと思う。フィンランドの教育改革は成功だと思う。一時，能力別クラス分けなどを導入したが，それが良くないとわかって廃止した。そのような改善はとても

良いことだと考える。」とおっしゃいました。

　また，フィンランド教育が「格差のない教育」と言われる，その一番大きな理由は何だと思うかを尋ねると，ペトリ氏は「学校は成績を公表していない。また子どもにそれぞれが住んでいる地域の学校に通う。日本のような有名私立学校というのもない。有名私立学校の学力が高ければ，貧しい子どもは学力の高い学校に行けないことになる。フィンランドのように全てが無料になれば，日本でも学校間の格差が少なくなると思う。」と答えられました。

　それではお二人にとって，フィンランドの教育は「理想の教育」なのでしょうか。この質問にペトリ氏は「平等性から言えば理想だと思う。」と答えられ，みどりさんは「世界中の学校のシステムを知っているわけではないけれど，知っている範囲で言えば一番いいと思うし，満足している。」とおっしゃいました。

　次に，日本の教育で改善すべきところはどこだと思うか尋ねると，みどりさんは「日本の先生たちの資質はとても高いと思う。また，日々の教材づくりや授業準備，学級運営の工夫に費やす時間は，フィンランドの先生たちのそれより，長いのではないだろうか。そんな日本の先生たちが気持ちよく働く環境づくりが一番大切ではないか。日本の先生は忙しすぎるし負担が多すぎると思う。人を増やすことが一番の改善ではないか。先生は教育を専門にして，事務的なことはその専門の職員がやればいいと思う。」と話され，ペトリ氏も「クラスを少人数にして先生の負担を減らすことも大切だから，先生の数をもっと増やした方がいい。」と，ほぼ同様の改善点を指摘されました。

　フィンランドの学校は日本に比べて授業日数も１日の授業時間も，かなり少なく，それでナショナル・カリキュラムをこなすのに苦労しないのだろうかと，当然の質問をすると，ペトリ氏は「ナショナル・カリキュラムは日本の学習指導要領のように細かくなく，とてもおおざっぱにできている。」とおっしゃいました。また，みどりさんは「日本では，学級会・生

徒会活動，掃除や配膳指導などの教科外活動にしっかり時間がとられていると思うが，フィンランドの場合，日本に比べるとそういった活動の時間が少ない。つまり，時間割の構成は教科授業がメインとなり，学校の1日が非常にコンパクトに収まっている。また，フィンランドでは日本の運動会や文化祭などのように，多くの日数を費やして準備や練習を念入りに行う行事はあまりない。1年の中でも大事な行事といえば，クラスの出し物などが伴うクリスマス会と春の会であるが，それでも，準備は日本に比べるとあっさりしたものである。」と話されました。

　さて，フィンランドは9年間一貫の基礎学校に統合したという事前の知識があったのですが，タンペレで訪問した二つの基礎学校は6・3制であるように見えました。市によって制度が異なるのか，国全体としてはどうか，また小中一貫教育についてどう思うかをお二人に尋ねました。それに対してペトリ氏は「フィンランドは全国で小中一貫教育を行っているが学校施設は以前からのものをそのまま使っているところが多い。そして新しく建てるときには一体型にすることが多い。また，小学校の担任が副専門教科をもっていて，他のクラスでその授業をすることもある。」と教えてくださいました。またみどりさんは「私たちの住むエリアの基礎学校は，1〜4年までと5〜9年までの学校に分かれている。次男が現在通う5〜9年までの学校では，中学部の専科教員が5・6年生に教えている教科もある。また，小学部，中学部合同の行事や活動も多い。そのため，中学校に上がるときに顔なじみの先生や上級生がいて，次男は安心していたように思う。」と話されました。

　インタビューしたのはお二人だけで，決してフィンランドの人々の意見を代表しているわけではないでしょうが，私にとってはとても説得力に富んだ意見に思われました。お二人にはお忙しい中での慌ただしいインタビューとなったことをお詫びし，旅行中一切の心のこもったコーディネート，およびご協力に心より感謝いたします。

フィンランドの教育制度から学ぶこと

　フィンランドはOECDの2000年と2003年のPISA（国際学力調査）で非常に高い学力水準を示しました。また，同調査はフィンランドにおいて，生徒間，学校間，家庭環境の違いによる学力格差が世界的にとても小さいことも示しました（渡辺，2005）。これは，長年にわたりフィンランドが重視してきた格差是正政策の有効性が証明されたとも言えます。

　フィンランド教育の成功要因は居住地・性別・経済状況・母国語のいかんを問わず教育に平等の機会を与えたことにあると言われています（中嶋，2005）。教育が総体的に無償であること，総合的・非選別的基礎教育と支援的で柔軟な管理（全体の中央集権的助言と地方での実施），褒めることを中心とした発達志向評価と児童生徒の自己評定（テストもなく序列リストもない），そして高度の資質を備えた主体的教師の存在も見落とせません。

　川崎（2007）によれば，フィンランドは未曽有の経済危機を脱出し，ITを中心とした知的財産による立国を目指す政策がとられてきました。教育の分野でも，教科書検定の廃止や分権化を含む新学習指導要領の導入が実施されました。それにより，予算による管理から目標による管理への移行，および学習到達度や教育の効率の評価システムの導入を中核とする大きな変革が行われました。中央政府は学習到達度の目標のみを設定して，結果を評価するだけになりました。教育の方法や具体的な授業内容は地方自治体，学校，個々の教員に権限が委譲されました。その基本的な考え方は「教える教育から学ぶ教育へ」「内容よりも方法を重視する」「全ての科目にわたって『起業家精神』的考え方を導入する」等のコンセプトからなっています。

　自分の学んだことや活動が他者からどのように評価されるかを正しく理解することによって，次の学習や活動に対するモチベーションが維持されます。児童生徒が自分の学ぶ学習計画の策定自体に関わることで主体的な

学習意欲を高め，目的意識を定着させるのです。

　PISA2009年調査の国際結果を受けて作成されたOECDの報告書（訳書，2011）によれば，フィンランドの教育に関する様々な改革の土台は，1968年に法制化された9年間（1〜9学年）の地方自治体運営の総合学校であるとしています。ほとんどのフィンランド人専門家が，後続する全ての改革はこれに基づいていると確信しているというのです。同報告書からCIMO（フィンランド国際交流・協力センター）理事長のパシ・サールベリ氏の言葉を引用します。
　「総合学校は学校制度の一形態であるのみではない。総合学校は教育の哲学と，全ての児童が何を必要とし，何に値するかという深い社会的価値を具現化するものである。」
　それ以前は大都市と地方，私立と公立などの違いによって教育の機会が並立し，中等学校へ進学する若者は全体の4分の1に過ぎないという状況にあったものを，この法律によって全ての子どもがどこに住んでいようとも中等学校まで教育を受けることが保障されたのです。
　そして家族背景に関わらず全ての児童生徒に平等に尽くす学校制度を創設するためには，非常にレベルの高い知識と技能を備えた教員が必要だったのです。
　OECDの報告書は，この総合学校制度への移行だけで，フィンランド教育の成功の全てが語られるわけではないとしていますが，その成功のかなりの部分が9年間一貫教育の総合学校の存在にあることもまた事実のようです。
　フィンランドの教育に関して私はあまりにも幻想を抱きすぎているでしょうか。本を読み，そして実際にこの目で見たフィンランドの教育は我が国に多くのことを教えてくれているようです。けれども，また別の視点があることも見逃すことはできません。社会学者の古市憲寿さんは著書（古市・トイボネン，2015）の中で，フィンランドの「教育現場は不満だら

け?」として，学校現場にお金がないことや，モンスターペアレントの存在をあげています。また，同書はPISAの資料はフィンランドの平均値がOECD加盟国の中で最高になったことを示すだけだとしています。成績の悪いフィンランドの児童生徒が他国の成績の悪い児童生徒を上回っただけで，高得点を得た児童生徒に関して言えば，オランダ，スイス，日本，韓国などがフィンランドより優秀な児童生徒を輩出していると指摘しています（ラウタリン・アラスターリ，2015）。

そして，フィンランドでは教育に携わる人々の大半がPISA調査の結果に対して懐疑的な態度をとっているとも述べています。つまり若者が数学のテストで優秀な成績を収めたのは，基礎教育がたまたま「PISA型の学力」を育成するものであったと言うのです。このようなPISA調査の成功を過小評価する動きに対して，ラウタリンとアラスターリは，フィンランド人特有の謙虚さの表れであると受け取る人もいるとしながらも，フィンランド人にとってPISA調査での成功が「予期せぬ出来事」であったと述べています。そしてPISA調査の弊害として，PISA調査の成功に「満足する官僚や専門家」と「満足せずに教育支出を望む教員たち」の対立をあげています。

さらに，平等を国是としてきたはずのフィンランドにおいて，子どもたちが必ずしも幸福でにないという報告もあります。オクサネン（2015）は，OECDやWHOなどの国際比較調査において，フィンランドの子どもは国際平均に比して友達の数が少ないことや家族の構成員と会う頻度が少ないことをあげています。農業社会であったフィンランドが極めて短期間に都市化し，超技術的・現代的社会へと変貌する中で，周りの人と仲良く暮らすよりも，隣人や他人への不信感が現代フィンランド文化の特徴であるとも述べています。援助をすることも求めることも下手な，個人主義と自助の精神がフィンランド社会に深く根付いていると言うのです。また，フィンランド国内の調査によれば15歳・16歳の半数が「他者をいじめたことがある」と答えているとしています。そして全国こども被害者調査で15歳

男子の55%，女子の29%が「暴力」あるいは「暴力の脅威」をこの１年間で経験していることが明らかになったとしています。加えて，同年代の仲間同士の人間関係が弱体化していくフィンランド社会において14〜16歳までの10人に１人以上が，中度から高度の鬱病に悩まされていると指摘しています。鬱症状の裏には多様な社会的要因が潜んでおり，両親の社会的地位や家庭の安定度と密接につながっています。さらに家族以外の他人との結び付きといった社会関係資本，そして支援の有無も重要です。2009年には15〜24歳のフィンランド人男子10万人に対して26.4件の自殺が発生しました（日本では20.4件），女子は8.7件でした（同9.8件）。福祉大国といわれるフィンランドでなぜこのように自殺が多いのか，オクサネンは「これは重大な問いかけだ」としています。ここでも，オクサネンは「信頼」という言葉を持ち出し，「信頼できる緊密な人間関係こそが未来の社会的・精神的福祉の基盤となる」と述べています。

このようにフィンランドの教育に関して様々な見方があることは承知しています。けれども，これからの知識基盤社会において，国際競争力を維持して強化する唯一の方法は，国民が一生涯学び続け，知的水準を引き上げることです。大学まで授業料は無料，国の奨学金や奨学ローン制度，学習目的の休業が可能な制度，生涯学習システムの充実などによりフィンランド国民は「誰でもいつでも，必要なことを」学ぶことが保障されているのです（川崎，2007）。その可能性を提供するフィンランドの教育システムには我が国の教育改革へのヒントが多く含まれているように感じます。

5-2 我が国の教育の将来

前節ではフィンランドの教育について触れました。では，日本の教育はどのように世界から評価されているのでしょうか。OECDの評価を参考にし，その後これからの日本の教育の行方について，小中一貫教育の今後の展望と絡めて考えてみます。

5-2-1 OECDの評価

　PISA調査，その他の国際的な教育が開始されて以来，日本は国際的順位のトップかその近くに居続けています。日本の教育は海外からどのように評価されているのでしょう。OECDの報告書（2011）から振り返ってみます。

　OECDの報告書（2011）から，日本の教育システムの特徴を一部紹介してみます。

1　標準化された，要求の厳しい教育課程基準

　日本には，学年や教科によって教えられるべき内容を定めた国の教育課程基準，つまり学習指導要領があり，このカリキュラムは10年ごとに再考されます。

　同報告書は，「日本のカリキュラムは西洋のどの国でも典型的に見られるものよりも，生徒の選択肢がいまだに少ない。」ことを指摘します。そして，このカリキュラムが非常に要求が厳しく，かつ一貫性のあるものであると言います。しかも範囲は狭いが非常に深い内容であることが特徴で，日本の中高生は，他の国の中高生が理解できない理科や数学のテーマを当たり前のように修得するとも述べています。

　また，教員は，教科書の全てを教えることを求められ，日本中の児童生徒全員が同じ基準で学ぶことを期待されています。しかもその教科書は，文部科学省によって検定され，カリキュラムに忠実であることが求められるのです。

2　児童生徒のやる気を重視する教授方法

　同報告書は，一見すると，日本の教育への取り組みは最も常識的な原理に反していると言います。すなわち，クラスの人数が多いこと，能力別に分けられていないこと，教具の種類も少ないこと，特別な教育を必要とする子どもも通常のクラスに振り分けられることなどです。

　教員の仕事は，児童生徒の全てがカリキュラムに遅れずについていき，カリキュラムを成し遂げていることを確認することです。また，教員は問

題のある児童生徒について話し合うために頻繁に集まり，そのような児童生徒にできるだけの個人的な注意を払います。そして，児童生徒をやる気にさせるほど日本の教員は嬉しくなるというのです。

　児童生徒のやる気を最大化することが，日本的方法の中核であると同報告書は指摘します。確かに日本の教員の教材研究の熱心さや，授業計画の緻密さは海外の教育関係者から見れば驚くべき努力でしょう。

3　学校と家庭のコミュニケーション

　小学校の学級担任が家庭訪問をすること，学習指導以外に進路指導や職業指導も行うこと，保護者との連絡を密にして，たとえ児童生徒が学業以外の問題を抱えていても，教員は問題の本質を保護者に連絡し，保護者は家庭で適切な援助を行うことが求められること，これらの取り組みは，児童生徒の能力を決める第一のものは能力でなく努力であるという信念によって支えられていると，同報告書は指摘します。

　また，第二次世界大戦後のアメリカによる占領期に，PTAを始めるように日本に要請しましたが，その後，アメリカではあまり成長しなかったPTAが日本では力強く成長し，教育政策や地域の実践に関する真の発言権を保護者に与えました。

4　教員の質の高さ

　日本における教育の質を説明する最も重要な手がかりは，教員の質であると同報告書は述べています。日本が教育システムを近代化したとき，教員のほとんどが士族の学校出身の武士であり，上流階級の一員でした。また儒教精神では教員は非常に名誉なものとされています。そして今日でも教員は日本において魅力ある職業の一つなのです。

　また，教育現場において授業計画が最も重要であることに加え，「授業研究」が極めて重要なものとなっています。この時，教員は共同で授業計画を立て，グループから一人の教員が授業を行い，他の教員は見学します。その後グループは再び会議を行い，教員の能力を評価し，改善に向けて提案します。このような実践は，民間企業においてチームで働くときのやり

方と全く一致していると同報告書は述べています。

　個々の教員は同僚による視察と批評に開かれ，集団の期待を裏切りたくないために，より良い授業計画を開発し，良い授業を行います。そして，同僚が授業計画を披露するときに適切かつ有用な批評をするために，懸命に働きます。これは，役人に対するアカウンタビリティという形ではなく，私的で現実的な，同僚へのアカウンタビリティであると同報告書は指摘しています。

5　公平性の重視

　日本のシステムは成績優秀な児童生徒があまり成績の良くない児童生徒を集団の中で，クラスの中で，学校の中で助けることができるようにつくられています。この取り組みはあらゆる児童生徒にとってメリットがあります。なぜなら，教える児童生徒も指導を受ける児童生徒とほぼ同じ程度に指導の課程で学べるからです。この取り組みは日本人の価値観と一致しており，日本の児童生徒の成績が高いことに貢献しています。

6　アカウンタビリティと試験

　日本には，公的な西洋流のアカウンタビリティ・システムにあたるものがなく，またそれを必要としていないと同報告書は指摘しています。

　高校と大学の入学試験が唯一のテストになっており，全てはこれらの成績次第とも述べています。現実にはそうとばかりも言い切れないかもしれませんが，それらにかなりの重きが置かれているのは事実でしょう。

　けれどもそれは，日本の教育の一面に過ぎません。

　学級担任制は，異なる次元のアカウンタビリティをもたらしています。担任は学年を通して児童生徒を見守り，学校の外でも児童生徒の生活に関わり，保護者と絶え間なく連絡を取り合うことで，保護者に対する責任を負っているのです。

　日本のシステムは児童生徒が学業で優れていることに対して明確で効果的で具体的な報償を与えます。短期的には保護者から褒められることであり，中期的には有名な高校や大学への入学です。それは児童生徒と，児童

生徒に関わる全ての人々にとって最も重要なことであり、高度な能力主義社会において、報酬は雇用主や社会が広く学業成績に価値を置いていることからもたらされるのです。

一方でこれは「受験地獄」の重要な一因となってもいるのですが、それにもかかわらず、日本の児童生徒が他のほとんどの OECD 加盟国の児童生徒よりも幸福であるということが知られてもいます。

「日本のシステムは、生徒の認知能力を育成することをはるかに超え、倫理的態度、能力主義の進展、社会的結束に基づく価値を有する社会成員を育成することに向かっているように思われる。」と同書は語り、これは日本の教育への大きな賛辞であると理解して良いのではないでしょうか。

5-2-2　小中一貫教育とローカル・スタンダード

OECD も高く評価する我が国の優れた教育システムでしたが、やはり、変わらなければならない点も多くあります。ここでは我が国の教育改革の課題に触れた後、将来展望に向けて、我が国で小中一貫教育が誕生してきた経緯を振り返り、小中一貫教育も含めた地方の教育の取り組みの変化をローカル・スタンダードという視点でまとめてみます。

分権改革の課題

日本学術会議（2010）は、世界の教育改革が分権改革として展開していると指摘します。日本も例外ではありません。日本でも、一見学校と教員の裁量と責任を拡大し、分権が進んでいるかのように見えますが、日本の教育における分権改革はむしろ学校と教員の自律性の衰退を導き、教育行政と学校経営の官僚主義化と硬直を導いていると危惧する指摘（日本学術会議、2010）もあります。この分権改革の矛盾の要因は、日本の分権改革が文部科学省から都道府県の首長への権限の委譲として進行し、その結果、都道府県の首長とその指揮下にある都道府県教育委員会が市区町村教育委員会や学校の自律性を制限し官僚的に統制することによって派生している

と分析しています（日本学術会議，2010）。

　このことは市区町村や学校の現場では当たり前のように感じているものです。もともと教職員は県費採用であり，異動も県が行うことから，教職員はどうしても県の方を向きがちです。また，市区町村教育委員会にあっても国というより県の意向を伺いながら仕事をする職員の姿が多く見られます。市区町村教育委員会の教育長の多くが元県費教職員であった校長経験者であることも，それに拍車をかけているのではないでしょうか。

　日本学術会議（2010）は，学校評価システムのあり方にも触れています。「教育の『質』の向上を実現するためには，教育内容と学びの過程を知識基盤社会にふさわしいものに革新し，教師の専門家としての資質と教養を高度化するだけでは不十分であり，子どもと教師の創造性と活力を引き出す学校経営のシステムと教育実践や教育投資の効果を向上させる学校評価のシステムを構築する必要がある」として，教員自身の専門家集団の自律性を基盤とするピア評価と，教育委員会による行政的評価と，子どもや保護者や市民によるレイマン・コントロールの評価の三つがトライアングルとして機能することが望ましいとしています。現状では，学校の教員自身の評価が欠落していると指摘していますが，第4章でも見てきたとおり，小中一貫教育に取り組む学校をはじめとして多くの学校の自己評価は進歩と成熟を見せ始めており，ここ数年でこのシステムはだいぶ浸透し，成長中であり，十分に期待できると私は感じています。

小中一貫・連携教育の史的基盤

　河原他（2014）によれば，小中一貫・連携教育の歴史的基盤は次の三つの理念的事項から考えることができます。
　①基盤的な学習環境の改善
　②「特色ある」学校づくり
　③教育の「質の保証」
　これらは，それぞれ公平性，卓越性，信頼性に関わる理念的契機として，

小中一貫・連携教育の実践を促し，方向付ける推進力として働いていると仮定できるとしています。

①に関して，児童生徒数の減少傾向に対応して，子どもたちの基盤的な学習環境の改善は離島や山間へき地教育が顕著に当面してきたものです。1956（昭和31）年の文部省通達「公立小・中学校の統合方策について」は，「適正な規模にまで統合することは義務教育水準の向上と学校経費の合理化のためきわめて重要である」として，統合方針と統合基準が定められています。

さらに1958（昭和33）年には「公立義務教育諸学校の学級編制及び教職員定数の標準に関する法律」が制定され，学級規模と教職員定数の適正化を図り，教育の機会均等と義務教育水準の維持向上を保障することとしました。

1984（昭和59）年には文部省助成課（当時）が「これからの学校施設づくり」を公表し，学級数による学校規模の分類として，過小規模：1〜5，小規模：6〜11，適正規模：12〜18（統合の場合19〜24），大規模：25〜30，過大規模：31〜としました。

実際に私が普代村で取り組んだことや，第3，第4章で取り上げた三条市や三好市の例などは，まさしくこの理念を追求したものだと言えます。児童生徒数の減少という課題の前で，なお学習環境の維持と改善を求めるために，試行錯誤の一つの帰結として小中一貫教育は非常に魅力的で，かつ実効性の高い施策になり得るのではないでしょうか。なり得るという表現を使ったのは，小中一貫教育はそもそも手段であり道具であるからで，より良い教育環境実現という目的にあった使い方すなわちマネジメントが必須条件だからです。理念にあった選択と，そこに血を通わせるマネジメントがあって初めて道具は道具となり得るのです。

②に関して，学校づくりは1872（明治5）年の学制公布以来，大正期の新教育運動を除いて，国の施策として伝統的に中央集権的に行われてきました（河原他，2014）。学校の建築，学級規模，教職員配置，教育課程な

どの「ナショナル・スタンダード」が設定されてきました。これによって，教育機会が均等に実現することを目指して行われました。

このような学校づくりはとりわけ1985（昭和60）年の臨時教育審議会答申以降の教育改革のもとで，国の「標準」を共通基盤として満たした上で，学校ごとに「特色ある」ことが求められることになりました（河原他，2014）。学校や地域が保有する諸資源の最大活用によって実現する「ローカル・オプティマム（地域ごとの最適状態）」を目指すこの対応は，公平性と対応していえば卓越性の理念を実現するものです（河原他，2014）。そしてそれは，教育課程の一貫性・系統性を目指す小中一貫・連携教育においても顕著です。さらに1991（平成3）年，文部科学省は「学校施設の複合化について」（平成3年3月5日付文部省大臣官房文教施設部長通知）の中で，「（複合化は）学校施設を地域社会における核として位置付けることを可能とする等，学校教育の活性化に資するものであり，地域の特性や学校の実態等を勘案しつつ今後一層推進する必要がある。」と指摘しました。2002（平成14）年以降は「構造特区」（構造改革特別区域）の認定を受けて"教育課程の弾力化"が進められ，その中に「学校種間のカリキュラムの円滑な連携や教材の自由な設定等の取組み」もありました。

さらに，2008（平成20）年には「教育課程特例校の指定に係る申請手続等について」（平成20年10月16日付文部科学省初等中等教育局長通知）によって「教育課程特例校制度」が始まりました。これにより，学習指導要領によらない特別の教育課程を編成・実施することが可能となりました。そして2012（平成24）年，中央教育審議会初等中等教育分科会の学校段階間の連携・接続等に関する作業部会文書「小中連携，一貫教育に関する主な意見等の整理」において，「児童生徒の義務教育9年間におけるよりよい学びの実現や生徒指導上の様々な課題の解決のためには，小中連携，一貫教育と地域連携に併せて取り組むことで大きな効果が期待できる」と示されました。

この，「ローカル・オプティマム」を目指す「特色ある」学校づくりこ

そ，小中一貫教育と「地域」の相性の良さを最大限有効に生かす理念であるということができるように思います。第3，第4章で登場した三鷹市の事例を筆頭として，多くの学校が地域との連携・協力を前提として小中一貫教育に取り組んでいました。それは多くの場合中学校区を単位とする取り組みである小中一貫教育のもつ必然でもあると私は感じます。なぜなら小学校の学区を超えて，さらには年齢の枠を超えて子どもたちが交流する空間は，地域の人々が暮らす日常の地域社会と限りなく重なるからです。小中一貫教育を実施している学校で保護者や地域住民が集まれば，多くの場合は所属する地域社会と重なります。普代村の場合にはそれが丸ごと村全体であり，三鷹市ではそれぞれの中学校区でした。

　③に関して，教育の「質の保証」とは，設定された教育の目標に準拠した結果・成果が導かれることに努め，そのことに責任をもち，対外的に証明することを言います（河原他，2014）。教育に関する目標設定の主体は国，都道府県，市区町村，学校，教職員など，種々のレベルがありますが「質の保証」は，学校が設立され，課程ごとに修了者が制度的に認定される限り，その時点から行われていると考えられます。その認定が学習結果に即して実質的に行われるかどうかがその都度問われます（河原他，2014）。とりわけ小中一貫・連携教育の場合には義務教育9年間が問われ，その間の接続が適切に行われているかが問われます。

　2002（平成14）年に，小学校等の専科担任制度が確立されました。これは教育職員免許法の改正によって，音楽，図画工作，体育，家庭に限っては，中学校教諭等の免許状を有するものが小学校で担当する教科等の教諭となることができるとしたものです。そして2005（平成17）年10月の中央教育審議会答申「新しい時代の義務教育を創造する」で，「国は，その責務として，義務教育の根幹（①機会均等，②水準確保，③無償制）を保障」しなければならないとし，義務教育システムについて「①目標設定とその実現のための基盤整備を国の責任で行った上で，②市区町村・学校の権限と責任を拡大する分権改革を進めるとともに，③教育の結果の検証を

国の責任で行い，義務教育の質を保証する構造に改革すべきである。」としました。このような構造改革により「国の責任でナショナル・スタンダードを確保し，その上に，市区町村と学校の主体性と創意工夫により，ローカル・オプティマムを実現する必要がある」としたのです。さらに「設置者の判断で9年制の義務教育学校を設置することの可能性やカリキュラム区分の弾力化など，学校種間の連携・接続を改善するための仕組みについて種々の観点に配慮しつつ十分に検討する必要がある」とも指摘されました。

そして2008（平成20）年の学習指導要領改訂で，「義務教育9年間を見通し，発達の段階に応じた小学校教育と中学校教育の連続性の確保を重視していることに留意する必要がある」と明記されたのです。

我が国の学校の目指す目的や目標が大きな転換期を迎えたことと，地方分権が進んだことにより，目標や目的の再提示とともに，質保証の必要性が強く認識されたという指摘があります（勝野，2014）。この質保証の議論は，必然的に学校評価の議論につながるのですが，小中一貫教育そのものが教育の質保証を理念とする取り組みであるという指摘は，大変興味深いものです。第4章で論じてきた小中一貫教育をマネジメントする道具としての学校評価が，小中一貫教育そのものをより良く展開させつつ，当然にその教育の質も保証していくことになるのです。この場合，学校が保護者に対して質保証を行っているのですから，説明責任を果たしつつお互いの信頼関係を育むという，学校改善だけではない使われ方を学校評価がされるわけで，第4章でも触れたように，小中一貫教育にとって学校評価は不可欠のものであるということが，ここからも言えると思います。

小中一貫教育は，中央集権型の日本の教育システムの中にあって，現場の実践が先行して国が後を追う形で変化を遂げてきた数少ない，制度改正の一つです。けれどもこうして文部科学省等の動きを概観してみると，国は国としての理念と信念にかなう範囲で着実に小中一貫・連携教育に取り

組む学校を支援し条件を整備し続けてきたことがわかります。ボトムアップとトップダウンのコラボレーションが生んだ制度改正と言えるかもしれません。

これからの小中一貫教育

　1971（昭和46）年の中央教育審議会答申は「幼稚園と小学校の低学年，小学校高学年と中学校の間には，それぞれ児童・生徒の発達段階において近似したものが認められること，中等教育が中学校と高等学校とに細かく分割されているのは，青年期の内面的な成熟に好ましくない影響を及ぼすおそれがあること」等を指摘し，「漸進的な学制改革」を提言しています。

　小中一貫教育は9年間の一貫した教育という方向性を内包していますが，9年間を一つの学校とすると，高等学校までの学校制度は9・3の制度体系となります。小中一貫教育を現行制度のまま進めていくのか，それとも，児童生徒の発達や学校組織のあり方等を含めて，初等中等教育全体のあり方として検討するかということが問われる（河原他，2014）という指摘は，市区町村が設置する小学校と中学校の一貫・連携のやりやすさが，小中一貫教育の普及に少なからず貢献してきたことの自覚とともに，市区町村と県の，それぞれの教育に対する責任と使命も含めて，今後広く議論されなければならないテーマではないでしょうか。

　また，日本の各地域における年少人口の推移も小学校，中学校教育の今後のあり方に大いに影響すると考えられます。

　国土交通省国土審議会政策部会長期展望委員会がまとめた「国土の長期的展望　中間とりまとめ」（平成23年2月）によれば，我が国全体では2005（平成17）年に比べて2050（平成62）年には若年人口（0〜14歳）は約900万人減少すると推測しています。また，市区町村別・人口規模別では，人口規模が小さい地域ほど人口減少率が高くなることも推計されています。全体的な人口減少の中，三大都市圏への人口割合が高まることと，過疎地域では人口が半分以下になることも予測しています。

このような予測内容は現実として地方からすでに始まっていました。三好市や普代村のような事例は，現在もどんどん増えていますし，これからも増え続けることでしょう。東日本大震災で被災した地域では過疎化が大きく進み，学校再建時に統廃合を伴って小中一貫教育を導入する例もしばしば見られました。

　我が国では全国で全ての学校が同じ学習指導要領に則って，同じ内容を学びます。それは過疎地であっても変わりません。当たり前のようにして享受してきたそのシステムは，私たちがどこに住んでいても能力と機会さえあれば希望する高等教育を存分に受けることができるように，国民に平等な機会を与えてくれました。ナショナル・スタンダードの力は絶大です。そしてそのスタートである義務教育はダウンサイジングの危機をも，小中一貫教育やその他の様々な現場の努力によって乗り切ろうとしている最中かもしれません。社会が変わればシステムも変わる。変わるというより広がるといった方がいいのかもしれません。多様性と柔軟性の中に小中一貫教育は取り込まれていき，それぞれの地域で多様に展開されていくのでしょう。もちろん都市には都市の小中一貫教育があり，それは第3章で見た，つくば市や横浜市，三鷹市のように有名私立中学校との競争も含めて，質の高い教育を目指す地域社会と時代の要請であるのかもしれません。また，普代村もそうでしたが紹介させていただいた多くの小中一貫校がそうであったように，地域と学校が共に目指す「地域の子ども像」の具現化に向けた，文字どおり地域と学校との協働作業としての小中一貫教育も今後，より一層様々に展開されていくのではないでしょうか。

教育のローカル・スタンダード

　2005（平成17）年中央教育審議会答申「新しい時代の義務教育を創造する」はまた，教育行政に関して「文部科学省，都道府県教育委員会，市区町村教育委員会の間で，上意下達の中央集権的な行政になっており」，それが地方の創意工夫を阻害しているとの指摘を踏まえ，「国と地方の関係

については，これまでも，指揮監督による権力的な作用よりは，指導・助言や援助による非権力的な作用によって，地方の主体的活動を促進することが基本」だったとし，「さらに，国の定める教育内容，教職員配置，学級編制などに関する基準を，できる限り大綱化・弾力化したり，最低基準性を明確にするなど，地方の裁量を拡大することが必要である」と指摘しています。

けれども地方が主体性を発揮するためには，その基盤となる財源保障が前提です。そのためにも現在の義務教育費国庫負担制度を堅持しつつ，学習指導要領や「公立義務教育諸学校の学級編制及び教職員定数に関する法律」などの基準・法令を地方の自由度を高める方向で見直すことを要請しています。さらに「都道府県教育委員会から，瑣末な部分にまで及ぶ指導の行き過ぎが行われないようにすることが必要」とも指摘しています。一方で「市区町村の側において，教育委員会が教育行政の責任ある担い手として，地域の教育課題に主体的に取り組むなど，市区町村教育委員会の機能の強化を図る必要がある」とも指摘しています。これは，私自身の教育委員会現場の経験に照らすと誠に的を射た指摘です。都道府県教育委員会は国以上に市区町村に対して権威主義になりがちであり，一方の市区町村教育委員会は，自ら考え工夫する訓練が不足していました。将来に向けて両者の関係が成熟しお互いに地域の教育の向上のために対等に議論し合い，市区町村の主体的な工夫と理念を都道府県がどのような形で支援していけるかが，我が国の教育のローカル・スタンダードの確立における大きな部分を占めるのではないでしょうか。

例えば，二宮（2009）は，鳥取県教育スタンダードの策定に際し，「教育立県」がもつ機能をその人材と組織に関して以下のように説明しています。

①本県教育の現状を的確に把握し，分析することのできる人材と組織が必要なこと

②明確にされた本県の教育課題に対して多様な視点から検討を加えつつ，

その解決を生み出す人材と，その種々の解決策を実際の行動に転化できる組織が必要なこと
③設定された解決策を確実に実行できる遂行力をもった人材と，それを支える組織が必要なこと
④実行した結果を正確に評価し，判断と価値付けのできる人材と組織が必要なこと
⑤その評価を生かし将来に向けた具体的な行動への指針と，新たな教育活動に向けたより高次の目標を設定できる人材と組織が必要なこと

　この指摘において，①〜⑤は，もしも学校現場の教職員が時間と能力が足りて実行可能であれば理想ですが，実際には現場の教員にはそのような時間はありません。そこで市町村教育委員会あるいは県教育委員会の支援が必要となります。市町村教育委員会あるいは県教育委員会が有識者等との協力のもとで，①，②を行いその結果提案された解決策を各学校現場に説明・支援します。各学校での取り組み結果は，各学校の自己評価を中心にして，県が設定したスタンダードに基づいて，①，②の当事者が確認します。⑤については可能な限り市町村教育委員会あるいは県教育委員会の担当者と現場の教員が話し合いを重ねながらその学校ならではの改善策を導いていくことになるでしょう。なぜなら，同じ県内であっても市町村ごとに，同じ市町村内であっても各学校ごとに，児童生徒の特徴は異なることが想定されるからです。もちろん年度によっては同じ学校であっても傾向が異なることもあり得ます。大切なことは，常に今そこにいる児童生徒たちの現状を，これまでの地域の特徴と傾向を参考にしながら，改善に導いていくことでしょう。そういった意味で，ローカル・スタンダードの主体は第1義的には各学校の教員であり，次に市町村教育委員会や市町村の教育関係者，そしてその後に県教育委員会や県の教育関係者ということになるでしょう。

　教育のローカル・スタンダードは誰のための何のためのものかといえば，それはその地域（市町村でもあり県でもありあるいはもっと広い意味での

地域でもある）に住む人々のためであり，そこで教育に携わる教員のためのものであり，その地域で育つ児童生徒のためのものです。そしてより具体的には，この地域で育つ児童生徒の力（広い意味での学力）の向上のためにあるのです。そして育てたい力は地域によって異なることでしょう。その地域で子どもたちに付けたい力について，大人の責任で地域をよく知る人々が知恵を集めて策定するものがその地域固有のスタンダードということになります。

　一つの例として，第2次長野県教育振興基本計画（2013）には「信州教育スタンダード」の設定がされています。その設定意義として，長野県の教育の質を将来にわたって維持・向上していくために，信州教育の伝統や財産，優れた教育水準を次世代に受け継ぎ，充実させる必要があること，また，社会のグローバル化や価値観の多様化が進む中，豊かな自然や歴史・文化などの長野県の特色や強みを活用して，長野県民としてのアイデンティティを育む教育の重要性が増していることを理由に「県民全体で理念を共有して守りたい『教育の伝統』や，維持・充実したい『教育活動』，実現したい『教育目標』を『信州教育スタンダード』として」示しています。

　説明によれば，学校設置基準，学習指導要領等のナショナル・スタンダードが基盤であり中心となって，その外に向かって「信州教育スタンダード」があり，さらにその外に向かって市町村・学校のスタンダードがあるという3層構造になっています（図参照）。

　三者は「教育水準」においては，国の制度を基盤に県および市町村・学校のスタンダードと相まって継続・充実させていく構造です。そして，「アイデンティティを育む教育」と「ポテンシャルを活かした教育」についてはもっぱら，県と市町村・学校のスタンダードにより実現させていく構造です。

　この計画に基づいて，県自身が様々な事業を行うわけですから当然県単位のスタンダードの設定には意味があるわけですが，私は将来的には市町

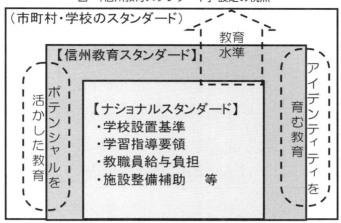

図　「信州教育スタンダード」設定の視点

出典：長野県「第2次長野県教育振興基本計画」p. 11，平成25年3月

村単位，あるいは広域圏単位でのスタンダード，若しくは学校単位のスタンダードと，国のスタンダードがあればそれで足りるのではないかと考えます。県単位のスタンダードは市町村や学校のスタンダードをどうしても縛ってしまいます。もちろん，小規模の市町村などでは独自のスタンダードの設定が難しいと感じるところもあるかもしれませんが，市町村教育委員会の仕事としては重要なものになっていくと思います。その中で屋上屋を重ねるのではなく，市町村や学校のスタンダードの実現に対して支援をしていくのが県の役割になっていくことが望ましいのではないでしょうか。国・県市町村の役割と責任の明確化が必要です。

　また，第3，第4章でも見たように，横浜市は国の学習指導要領の内容を全て盛り込んだ上で，小中一貫カリキュラムや「総合的な学習の時間」の「横浜の時間」としての再編成など，教育課程のローカル・スタンダードを示しました。各学校は，それぞれの特性に応じてカリキュラムをつくりますが，それを助けるものとして，横浜独自の方向性や価値観を盛り込んだものになっています。横浜市の規模だからこそ必要性も，実現可能性もあったかもしれません。同じことを他市区町村が行うことは難しいかも

しれませんが，市区町村と学校で目指すべきビジョンを制定するなど，できることはかなり多いはずです。

　もう少し小さい単位の例ですが，板橋区中台小学校では，区の教育ビジョンと，区の「授業スタンダード」を受けて「中台小授業スタンダード」を設定しました。内容は学習への意欲やノート指導などきめ細かいものとなって，これにより全校が同じ方向に授業改善と充実に向けて取り組むこととしています（中台小学校，2015）。

　このようにローカル・スタンダードは，都道府県単位，市区町村単位，学校単位と様々なレベルでつくられ始めています。さらに，小中一貫教育校においては，学園単位，中学校区単位のスタンダードがつくられるはずです。第3章で登場したつくば竹園学園の「竹園プライド」や三好市東祖谷小・中学校の「グランドデザイン」などもその一つと言えるでしょう。ローカル・スタンダードには，どのレベルのスタンダードであっても「私たちの」スタンダードという意識が少なからずあるはずで，それがとても重要なことなのだと思います。

おわりに

　日本に限らず，世界は均一な社会から多様化した社会へ，工業化社会から知識基盤社会，情報社会へと否応なく変化し，転換し続けています。変化する社会の中ではあらゆる組織，あらゆるシステムが変わらずに質を落とさないでいるということは不可能です。長い間，日本人の価値観を育て，穏やかで思慮深く規律を重んじ勤労意欲旺盛な多くの国民を育ててきた日本の教育システムも，緩やかにけれども確実に変化を続けてきました。

　普代村で私が取り組んできたことは，普代村という地域の現状と歴史と文化を基盤にして，教育委員会と学校と地域住民とが知恵と時間を共有して，地域の教育ビジョンをつくり上げ，実現に向けて関係者が汗をかくプロセスそのものでした。

　また，私が約1年かけて聞き取り調査をさせていただいた全国の小中一

貫教育の取り組みやそのマネジメントのあり方は，それぞれ個性豊かに地域の実情やリーダーの価値観，地域の文化を反映したものでした。それらの地域では小中一貫教育を選択していましたが，当然選択しないという判断もあっていいのです。フィンランドでは国策として小中一貫教育を導入し，幼児教育から高等教育までのあらゆる場面で段差を小さくする努力をしていましたが，我が国では，義務教育学校も小中一貫教育も選択肢の一つとして国が示しているのです。従来どおりの6・3制もまた，選択肢の一つとなったのです。

日本は小さな国ではありますが，都道府県ごとにあるいは市区町村ごとにその背負ってきた歴史と人々の大切にする価値観は異なっています。また，それぞれの地域で子どもたちに期待するものも異なり，子ども自身の目指すものも様々です。それでいいのだと思います。全国民が全て同じ方向を向いて同じものを目指す時代ではないのです。互いの違いを認め尊重する「多様性の時代」は「地方が考えて地方が決める時代」です。平等な教育を目指して成果をあげてきた中央集権的な教育システムを全て否定するものではありません。最低限の質保証と平等性を「ナショナル・スタンダード」で保障しながら，地方が求める教育水準や教育ビジョンを「ローカル・スタンダード」として大切に追い求めて，実現していくことこそが，これからの日本が目指す教育の姿ではないでしょうか。

これからも変化は続き，ゴールなど存在しない。それがあらゆるシステムのもつ宿命だと感じます。私たちにできることは，それほど遠くはない少し先の未来を見据えて，今ここにいる子どもたちと，少し後から生まれてくる子どもたちのためにより良いシステムを考えることだけなのでしょう。

そのシステムの一つとして，本書では小中一貫教育を取り上げました。義務教育学校や小中一貫教育校が法律で正式に認められたということは，この国の教育の歴史の中で，とても大きな出来事だったと思います。小中一貫教育は子どもたちの可能性と未来を信じて，その成長を願う多くの関

係者にとって力強い助っ人になるに違いありません。私は，自分の経験と各地で小中一貫教育の取り組みを見せていただいた中で，今そう確信しています。

それにしても子どもは希望です。教育という名の，子どもの未来を広げる分野に職務としてあるいは研究分野として関わることのできた幸せを，しみじみと感じながら，そして我が国の教育の未来に少しの明るさを見出したような喜びの中でこの稿を閉じたいと思います。

〈参考文献〉
- アッテ・オクサネン「『友達』が少ない子ども，自殺する若者たち」古市憲寿，トゥーッカ・トイボネン『国家がよみがえるとき―持たざる国であるフィンランドが何度も再生できた理由―』マガジンハウス，pp. 103-113，平成27年
- 古市憲寿，トゥーッカ・トイボネン『国家がよみがえるとき―持たざる国であるフィンランドが何度も再生できた理由―』マガジンハウス，平成27年
- 勝野正章「学校評価と学校づくり―現状と課題―」大学評価学会年報編集委員会編『「質保証」を問い直す―発達保障からのアプローチ―』大学評価学会年報第8号，晃洋書房，平成26年
- 河原国男・中山迅・助川晃洋編著『小中一貫・連携教育の実践的研究―これからの義務教育の創造を求めて―』東洋館出版社，平成26年
- 川崎一彦「福祉と経済を両立させる知業時代の教育システム―幼児期から自己効力感を育てる内的起業家精神教育」庄井良信・中嶋博編著『フィンランドに学ぶ教育と学力』明石書店，pp. 172-200，平成17年
- マリヤーナ・ラウタリン，プルッティ・アラスータリ「教育大国で鳴り響く不協和音」古市憲寿，トゥーッカ・トイボネン『国家がよみがえるとき―持たざる国であるフィンランドが何度も再生できた理由―』マガジンハウス，pp. 88-102，平成27年
- 中嶋博「差別・選別を廃し総合制学校を　そして未来へ―民衆の手で作る学習社会―」庄井良信・中嶋博編著『フィンランドに学ぶ教育と学力』明石書店，pp. 310-336，平成17年
- 西川信廣・牛瀧文宏『学校と教師を変える小中一貫教育―教育政策と授業論の観点から』ナカニシヤ出版，平成27年
- 経済協力開発機構（OECD）編著，渡辺良監訳『PISAから見る，できる国・頑張る国―トップを目指す教育』明石書店，平成23年
- 田中圭治郎「公教育制度における公共性の限界と今後の展望」仏教大学教育学部論集

22号，pp. 117-129，平成23年
- 渡邉あや「PISA好成績を支えるシステムと進む教育改革―現場裁量と"希望"のゆくえ」庄井良信・中嶋博編著『フィンランドに学ぶ教育と学力』明石書店，pp. 12-39，平成17年
- 吉田多美子「フィンランド及びイギリスにおける義務教育の評価制度の比較―学力テスト，学校評価を中心に」『レファレンス』No. 676，国立国会図書館，平成19年

〈参考URL〉
- フィンランド教育省，フィンランド国家教育委員会，フィンランド政府関係国際交流機関（CIMO）発行「フィンランド教育概要」『フィンランドの教育』平成25年
 http://www.oph.fi/download/151277_education_in_finland_japanese_2013.pdf
- 板橋区立中台小学校「平成28年度　中台小学校の教育活動について」平成26年
 http://www.ita.ed.jp/edu/nakades/kocho/h28kyouikukatudou.pdf
- 長野県「第2次長野県教育振興基本計画」平成25年
 https://www.pref.nagano.lg.jp/kyoiku/kyoiku02/gyose/zenpan/keikaku/documents/honbunall.pdf
- 日本学術会議心理学・教育学委員会教育学の展望分科会「日本の展望―学術からの提言2010　教育学分野の展望―「質」と「平等」を保障する教育の総合的研究―」平成22年
 http://www.scj.go.jp/ja/info/kohyo/pdf/kohyo-21-h-1-4.pdf
- 鳥取大学地域学部・地域学研究科ホームページ→矢部敏昭研究室→教育スタンダード→矢部敏昭「鳥取県教育スタンダード―学びを文化とする県をめざして―」平成21年
 http://www.rs.tottori-u.ac.jp/tsyabe/add_Text/pdf/std_syusi.pdf

あとがき

　東日本大震災から6年が過ぎました。震災の1か月前に生まれた孫娘はもう小学1年生です。

　人生にこのような出来事が起きるとは想像すらできず，それでも，普代村の教育長という立場で，災害対策副本部長として村の復興に携わり，2期目の任期満了までの3年間を夢中で過ごしていました。

　その間，自宅のある宮古市内では親戚の多くが家屋や社屋を流され，命を落とした知人も多くいました。母の家も土台を残すだけで，片付ける必要もないほど見事に流されてしまいました。生きているだけで幸運と言われたのです。

　2020（平成32）年の東京オリンピック開催が決まり，東京都知事が変わり，イギリスがEUからの脱退を決め，アメリカではトランプ氏が大統領になりました。私の目に写る社会は，東日本大震災の前と後では大きく変わってしまいました。

　命の前に，安全の前に，全ての努力や工夫はとても小さいものになってしまいます。より良い教育，より良い学校も，生きていればこその話。

　確かに，生きるということの前には，倫理や道徳や教育は小さなものかもしれません。けれどもまた，いいえ，それだからこそ，倫理や道徳や教育は変わることなく理想を語って欲しいと，今も私はそう感じています。

　社会がどのように変わろうとも，子どもを育て，子どもとともに育っていく，私たちの教育には，理想を掲げていきたいのです。教育がきれいごとを語らなくて，だれが語れるのでしょう。

　現場を離れて，少し客観的に，静かに教育を考えることに没頭できたこの2年間で，6年近く続いた落ち込みと生きにくさから，だいぶ回復できたように思います。

　貴重な機会を与えてくださったお茶の水女子大学の耳塚寛明教授，戒能民江名誉教授，ゼミの皆さん，普代村の皆さん，取材先の関係者の皆さん，第一法規の方々，そして夫（元宮古市長）に感謝します。

　特に，門外漢の私を寛大に受け入れてくださり，集中力の続かない中古

品の私を根気よくご指導くださり，さらに教育に関する最新の知識を伝授してくださった耳塚先生には，いくら感謝してもしきれません。先生のご研究の益々の発展を祈念いたします。

　皆様が幸せでありますように。感謝を込めて。

2017（平成29）年春　　熊坂伸子

【監修】耳塚寛明　お茶の水女子大学基幹研究院教授

【著者】熊坂伸子
1952（昭和27）年、岩手県宮古市生まれ。弘前大学理学部・慶応義塾大学文学部卒業。東北大学大学院経済学研究科修了。岩手県滝沢村（現滝沢市）助役、岩手県普代村教育委員会教育長等を歴任。自治体経営や教育改革等に関する講演・論文多数。著書に『NPMと政策評価』（ぎょうせい）、『自治体経営革命』（メタモル出版）、『730日・伸子助役奮闘記』『あおのくにの子どもたちとともに―普代村教育長の8年間の軌跡―』（共に岩手メディカルプランニング）など。博士（経営学）。

サービス・インフォメーション
──通話無料──
①商品に関するご照会・お申込みのご依頼
　　　　TEL 0120(203)694／FAX 0120(302)640
②ご住所・ご名義等各種変更のご連絡
　　　　TEL 0120(203)696／FAX 0120(202)974
③請求・お支払いに関するご照会・ご要望
　　　　TEL 0120(203)695／FAX 0120(202)973

●フリーダイヤル(TEL)の受付時間は、土・日・祝日を除く9:00〜17:30です。
●FAXは24時間受け付けておりますので、あわせてご利用ください。

検証・小中一貫教育のマネジメント
〜地域ビジョンと学校評価の活用〜

平成29年10月20日　初版発行

監　修　耳　塚　寛　明
著　者　熊　坂　伸　子
発行者　田　中　英　弥
発行所　第一法規株式会社
　　　　〒107-8560　東京都港区南青山2-11-17
　　　　ホームページ　http://www.daiichihoki.co.jp/
ブックデザイン　コミュニケーションアーツ株式会社

小中一貫教育　ISBN978-4-474-05855-2　C3037　(2)